紫微斗數之應期

精進紫微斗數必學時間盤

三禾山人——著

前言

生活中，我們遇到何種困擾，想知道結果，也想知道什麼時候出現結果，而後者，就是我們常說的「應期」。它的度量單位是時辰、天、月、年。

一般來說，找預測師進行求測之前，在心理，有一個累積過程，三番五次、翻來覆去想這件事，而無法預知結果，然後，才去找老師求測。並且，找哪一個老師去測，你也反覆斟酌過了。這些過程是大部分求測者所經歷的心路歷程。

這裡面有幾個重要問題需要知道：

第一，在心理的累積，是求測慾望的累積，累積到了一定的程度，也就有了力度。這裡的力度指的是慾念的強度，它會以能量形式釋放出來。也可以叫做誠意強度。

第二，你不管是找趙老師、李老師還是王老師，都是緣份使然，是在你心裡能夠對抗那個疑問的一種東西(也是一種能量)。

第三，你和預測老師見面的那個時間，或者發問的那個時間，它裡面儲存了你的疑問的所有資訊。

前面三點之中，可能令讀者費解的是後面的第三點，為什麼這個時間會儲存你的資訊呢?

這是時間的功能和能力!時間是萬維互聯的，你、我、他都是時間中游弋的一條小魚，時間囚禁了我們也養育了我們。關於時間的更多知識，請閱讀本書第一章第四節。

時間，是的，就是自然時間。它是我們這本書要介紹的主人公。是我們用來預測的憑證和預測內容的實質。時間，是偉大的，不管地球上是否會有人類，都會有時間存在，時間和空間組成時空客體，這是我們生活的疆域和命運演繹的舞臺。時間，是萬能的，不管你怎麼想怎麼做，時間，用它的方式記錄最真實的資訊，等待能解讀它的人。

紫微斗數起盤使用年、月、日、時，這是大家都知道的，紫微斗數分析盤是看宮位和星曜，這也是大家都知道的。請注意，在這裡前半句話說的是時間，後半句話說的是空間，是的，紫微斗數就是這樣的一門學問，是一門時空學，分析的是某個時間內的宇宙空間狀態。

本書運用的是純天然時間盤，我們給它取個名字叫做「天然盤」紫微斗數技術。這種方法的優點是隨時隨意和自然而然，只要你有準確的「即時」時間，就可以預測，不用你的出生時間，你也不用去問媽媽關於你的出生時間了，很方便，那麼有人要問：準確度如何呢？

那請你耐心看完本書，我用一百個例題證明它。

三禾山人　辛丑年二月

於中國陝西省寶雞市

目錄

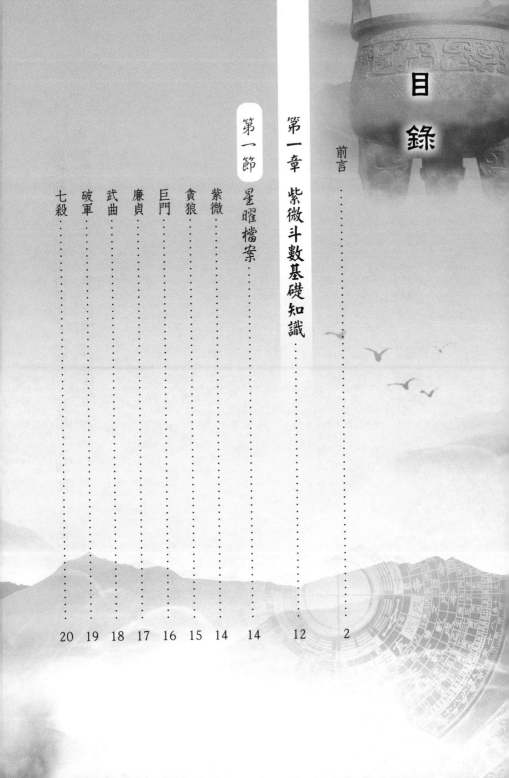

第二章　紫微斗數定應期例題……110

第一章
紫微斗數基礎知識

天市
天廚
艮
丑
癸

第一節 星曜檔案

姓名：紫微。

綽號：帝星。

屬性：己土。

職務：樞紐。實權。

級別：正星級

職業：主貴。解厄。

關係：感應副星龍池、天使。

住址：中天。

變化：壬化權，乙化科。

性格：厚重謙恭、聰明能幹；優柔寡斷、高傲、虛榮、貪名利。
喜忌宮：喜居丑未午。忌居辰戌。
喜忌星：尤喜府相。尤忌貪破、不忌火鈴七殺。

姓名：貪狼。
綽號：交際星。才藝星。桃花星。偏財星。
屬性：壬水。
職務：主禍福。主桃花。
級別：正星級。
職業：司慾望、物質。
關係：感應副星陀螺、天姚、天喜。
住址：北斗。
變化：戊化祿，己化權，癸化忌。

性格：善交際、有創新、能進取；好勝、任性、奸詐、兇狠、貪婪、好酒色，好投機。
喜忌宮：喜居子午卯酉辰戌丑未。忌居巳亥。
喜忌星：尤喜刑空。尤忌廉貞沐浴。

姓名：巨門。
綽號：口舌星。出行星。傷害星。宗教星。藥物星。法律星。
屬性：癸水。己土。
職務：主口舌官非、遷移、出行。
級別：正星級。
職業：司陰暗、是非。
關係：感應副星天巫、天哭、八座、火星。
住址：北斗。

變化：辛化祿，癸化權，丁化忌。
性格：善分析、善辯博學、心忠厚、好宗教；坎坷辛勞、多疑、多是非。
喜忌宮：喜居子午卯酉寅申巳亥。忌辰戌丑未。
喜忌星：尤喜祿。尤忌羊陀。

姓名：廉貞。
綽號：賭星。囚星。桃花星。法律星。
屬性：丁火、乙木。
職務：主官祿、主刑。
級別：正星級。
職業：司邪惡、歪曲、狡猾。
關係：感應副星天刑、紅鸞、蜚廉。
住址：北斗。

變化：甲化祿，丙化忌。

性格：固執好勝、剛強善辯、聰明能幹、廉潔、瀟灑；任性衝動、輕浮狂傲、好酒色。

喜忌宮：喜居寅申。忌居巳亥子午卯酉。

喜忌星：尤喜府相。尤忌貪破。

姓名：武曲。

綽號：財富星。將星。寡宿星。

屬性：辛金。

職務：主財錦。

級別：正星級。

職業：司財富田產。

關係：感應副星寡宿、天哭、封誥。

住址：北斗。
變化：己化祿，庚化權，甲化科，壬化忌。對四化敏感。
性格：主觀獨斷、殺力強、善創業、武勇坦誠；魯莽、好鬥、勞苦、孤剋。
喜忌宮：喜居辰戌丑未。忌居巳亥。
喜忌星：尤喜府相昌曲。尤忌破軍火鈴，不畏羊陀。

姓名：破軍。
綽號：消耗星。流氓星。垃圾星。冒險星。投機星。
屬性：癸水、庚金。
職務：主禍福，主破敗。
級別：正星級。
職業：司破損、消耗。
關係：感應副星天虛、破碎、大耗。

住址：北斗。

變化：癸化祿，甲化權。

性格：武貴勇敢、有效率、冒險創新、機智；骨肉疏離、多糾紛、兇暴奸猾、好賭浪費。

喜忌宮：喜居辰戌丑未巳亥。忌居子午卯酉。

喜忌星：尤喜紫微。忌諸凶。

姓名：七殺。

綽號：將星。元帥星。變動星。血光星。死亡星。黑惡勢力星。

屬性：庚金。丙火。

職務：主變化，主威權。

級別：正星級。

職業：司肅殺、孤剋，易有傷病。

關係：感應副星擎羊、孤辰、天傷。
住址：南斗。
性格：剛猛好勝、英勇能幹、重情義、有魄力；暴躁多疑，冒險歷辛，多困苦傷病。
喜忌宮：喜居子午卯酉寅申巳亥丑未。忌居辰戌。
喜忌星：尤喜紫微。忌諸凶。

姓名：天相。
綽號：福星。衣食星。印星。幕僚星。忠誠星。
屬性：壬水。
職務：主貴、主事業。
級別：正星級。
職業：司服務、文印。能制廉貞擎羊。

關係：感應副星右弼、天廚。
住址：南斗。
性格：思慮周全、高雅沉著、聰明、公正、圓滑；講享受、喜逢迎、眼高手低。
喜忌宮：喜居子午寅申辰戌丑未。忌居卯酉。
喜忌星：尤喜紫微。忌火鈴。

姓名：天同。
綽號：福壽星。懶人星。口福星。
屬性：壬水。
職務：主福德。
級別：正星級。
職業：司協調、壽數。能解厄。
關係：感應副星天福、解神。

住址：南斗。
變化：丙化祿，丁化權，庚化忌。
性格：仁慈溫和、精通文墨、有人緣；喜享樂、優柔寡斷、好吃懶做、懦弱。
喜忌宮：喜居申寅巳亥。忌居丑午未。
喜忌星：喜諸吉。忌諸凶。

姓名：天機。
綽號：驛馬星。智慧星。顧問星。幕僚星。
屬性：乙木。
職務：主機謀，主變動。
級別：正星級。
職業：司智慧、幻想、壽數、精神。
關係：感應副星天才、鈴星、截空。

住址：南斗。

變化：乙化祿。丙化權。丁化科。戊化忌。

性格：慈善博學、有謀略、機智敏銳、口才好；神經質、鑽牛角，陰謀詭計、信仰宗教。

喜忌宮：喜居子午卯酉寅辰。忌居丑未。

喜忌星：喜諸吉。尤忌巨門。

姓名：天梁。

綽號：長壽星。藥星。文星。吹牛星。逢凶化吉星。

屬性：戊土。

職務：主陰庇、主法律。

級別：正星級。

職業：司蔭福、福壽、解厄。

關係：感應副星天官、天壽。
住址：南斗。
變化：壬化祿，乙化權，己化科。
性格：成熟穩重、樂善好施、公正清高、勤奮細膩；孤僻、霸氣、好爭辯、操勞。
喜忌宮：喜居子午卯酉辰丑未。忌居申寅巳亥。
喜忌星：喜諸吉。尤忌羊陀。

姓名：天府。
綽號：財富星。庫星。
屬性：戊土。
職務：主田宅、主財錦。
級別：正星級。
職業：司才能、慈悲。主延壽，解厄制煞。

關係：感應副星左輔、鳳閣、台輔。

住址：南斗。

性格：慈善才藝、善理家理財、忠厚能幹；重名利、虛榮，保守，喜享受。

喜忌宮：最喜寅申。不喜居酉。

喜忌星：尤喜紫微左右。尤忌空耗，不忌火鈴羊陀。

姓名：太陽。

綽號：夫星。法律星。政治星。升遷星。名譽星。

屬性：丙火。

職務：實權。核心。

級別：正星級。

職業：司博愛光明；掌貴祿。

關係：感應副星文昌、天空、三台。

住址：中天。
變化：庚化祿，辛化權，甲化忌。
性格：慈善能幹，公正無私，豪爽慷慨；喜投機、浮躁、勞碌。
喜忌宮：喜居卯辰巳午。忌居酉戌亥子。
喜忌星：尤喜太陰。尤忌巨門。

姓名：太陰。
綽號：財庫。顧家星。藝術星。
屬性：癸水。
職務：主富貴。
級別：正星級。
職業：司清潔、清明。
關係：感應副星陰煞、文曲、天月。

住址：中天。

變化：乙化忌，丁化祿，戊化權，庚化科，癸化科。

性格：謙恭聰明，才華橫溢；多愁善感、縱慾、懶散、陰謀、喜宗教。

喜忌宮：喜居酉戌亥子。忌居卯辰巳午。

喜忌星：尤喜陽同。忌諸凶。

姓名：祿存。

綽號：財富星。孤剋星。瘤星。

屬性：己土。

職務：主爵祿貴壽。

級別：正星級。

職業：司俸祿、衣食、存款、錢幣、孤獨。

住址：北斗。

性格：善計畫、有機謀，喜存儲；膽小、孤獨、吝嗇。
喜忌宮：喜子午卯酉寅申巳亥。不喜居四墓。
喜忌星：最喜祿馬交馳。唯忌空亡。

姓名：天馬。

綽號：遷移星。調動星。旅遊星。
屬性：丙火。
職務：主驛動，主出行。
級別：甲級星。
職業：不穩定、變動。
住址：中天。
性格：馬虎、好動、獨來獨往、趕時髦、隨流行、勞碌。
喜忌宮：喜生旺之地。尤忌病絕之鄉。

喜忌星：尤喜祿存。尤忌空亡。

姓名：文昌。

綽號：文化星。支票星。汽車星。硬化星。

屬性：庚金。

職務：主科甲。

級別：正星級。

職業：司高尚、淑德、粉飾。

關係：和文曲星為對星。

住址：南斗。

變化：丙化科，辛化忌。

性格：文章蓋世、多情浪漫、性柔而義；女人多慾，孤僻甚則窮困。

喜忌宮：喜居中於辰巳酉丑。忌居寅午戌。

喜忌星：喜諸吉，忌諸凶。

姓名：文曲。

綽號：口舌星。文藝星。娛樂星。

屬性：癸水。

職務：主科甲，主是非口舌。

級別：正星級。

職業：司文學藝術，舌辯、辯論。

關係：和文昌星為對星。

住址：北斗。

變化：辛化科，己化忌。

性格：學識廣博，敏銳能幹、文雅善辯；多慾多疑、孤僻、窮秀才。

喜忌宮：喜居中於辰巳酉丑。忌居寅午戌。

喜忌星：喜諸吉，忌諸凶。

姓名：天魁。

綽號：文星。貴人星。提拔星。科甲星。

屬性：丙火。

職務：主科名，主功名成就。

級別：甲級星。

職業：為天乙貴人，長輩貴人。

關係：和天鉞星為對星。恩光為感應星。

住址：南斗。

性格：剛毅威嚴、勇敢機謀、風采文雅、廉潔奉公、喜以物質助人。

喜忌宮：十二宮皆吉。

喜忌星：喜諸吉，忌諸凶。

姓名：天鉞。

綽號：鼓勵星。貴人星

屬性：丁火。

職務：主科名，主成就。

級別：甲級星。

職業：為天乙貴人，長輩貴人。

關係：和天魁星為對星。天貴為感應星。

住址：南斗。

性格：文雅、忠義、善良、文章好、有權謀、喜以精神鼓勵助人。

喜忌宮：十二宮皆吉。

喜忌星：喜諸吉。忌諸凶。

姓名：左輔。

綽號：貴人星。助力星。行善星。

屬性：戊土。

職務：主輔佐。

級別：甲級星。

職業：司行善助人。

關係：和右弼星為對星。封誥為感應星。

住址：北斗。

變化：壬化科。

性格：喜助人、敦厚忠義、聰明謀略、風流瀟灑、能文能武。

喜忌宮：忌居卯酉，餘宮皆吉。

喜忌星：喜諸吉，忌諸凶。

姓名：右弼。

綽號：貴人星。實力星。暗助星。輪胎星。

屬性：癸水。

職務：主輔佐。

級別：甲級星。

職業：司保佑助益。

關係：和左輔星為對星。台輔為感應星。

住址：北斗。

變化：戊化科。

性格：喜助人、敦厚忠義、聰明謀略、多才藝。

喜忌宮：忌居卯酉，餘宮皆吉。

喜忌星：喜諸吉，忌諸凶。

姓名：擎羊。

綽號：攻擊星。衝突星。血光星。破相星。尖端星。加工星。

屬性：庚金。丙火。

職務：主刑傷凶厄。

級別：甲級星。

職業：為護衛、破損、攻擊、搶奪。

住址：北斗。

關係：和陀羅星為對星。

性格：權威機謀、剛強粗暴、霸道衝動、刑訟刑剋、奸詐殘暴、凶厄傷殘。

喜忌宮：喜居四墓。忌子午卯酉。

喜忌星：喜諸吉。忌諸凶。

姓名：陀羅。

綽號：攻擊星。暗箭星。破相星。糾紛星。
屬性：辛金。
職務：主糾紛、暗算、是非。
級別：甲級星。
職業：為護衛、傷殘、破相、攻擊。
關係：和擎羊星為對星。
住址：北斗。
性格：權威機謀、孤僻、記恨、無信用、多是非、拖延、狡詐、傷殘、排擠。
喜忌宮：喜居辰戌丑未。忌寅申巳亥。
喜忌星：喜諸吉。忌諸凶。

姓名：火星。
綽號：槍砲星。軍火星。兇殺星。發生器。

屬性：丙火。

職務：主刑災。

級別：甲級星。

職業：破壞、突發、爆炸。

住址：南斗。

關係：和鈴星為對星。

性格：英華超逸、剛強暴躁、膽大好鬥、多災禍、多傷殘。

喜忌宮：喜居寅午戌。忌居申子辰。

喜忌星：喜諸吉。忌諸凶。

姓名：鈴星。

綽號：軍火星。打殺星。振動器。生化武器。頑石。

屬性：丁火。

職務：主威名，主災害。
級別：甲級星。
職業：傷殘、破相。
住址：南斗。
關係：和火星為對星。
性格：善吹噓、好表現、陰沉嫉妒、剛強膽大、記恨、多災禍、多傷殘。
喜忌宮：喜居寅午戌。忌居申子辰。
喜忌星：喜諸吉。忌諸凶。

姓名：天刑。
綽號：借貸星。法律星。業力星。宗教星。醫藥星。
屬性：丙火。
職務：主刑傷。主官非。

級別：乙級星。

職業：孤剋，刑傷。

住址：中天。

關係：和天姚是對星。

性格：威權、武貴；孤高、剛烈、暴躁、固執、勞碌、刑剋。

喜忌宮：喜居寅午戌申子辰。忌丑未。

喜忌星：尤喜昌曲。忌諸凶。

姓名：地劫。

綽號：小人星。謠言星。創意星。破財星。幻想星。

屬性：丙火。

職務：主暗耗、主損失。

級別：甲級星。

職業：破失、暗算、離世。
住址：中天。
關係：與天空星是對星。
性格：孤僻、頑劣、疏狂、多疑、虛詐、邪門歪道、固執、勞碌、吝嗇，破耗。
喜忌宮：尤喜居辰戌。居餘宮不吉。
喜忌星：喜諸吉。忌諸凶。

姓名：天空。
綽號：中斷星。歸零星。破財星。宗教星。
屬性：丁火。
職務：司虛幻、破敗、精神損傷。
級別：甲級星。
職業：阻滯、百忙無功、損失。

關係：與地劫星是對星。
住址：中天。
性格：多幻想、多精神困擾、虛浮不實、勞碌破敗。逢凶不凶，逢吉不吉。
喜忌宮：廟火金二鄉。陷水木二鄉。
喜忌星：喜諸吉。不忌火鈴。

姓名：天姚。
綽號：桃花星。水災星。毒品星。虛榮星。風流星。
屬性：癸水。
職務：司風流色情。
級別：乙級星。
職業：閒情、情愛。
住址：中天。

關係：與天刑為對星。
性格：風雅，浪漫、風趣、淫蕩、陰毒、多疑、婚姻不順。
喜忌宮：最喜卯酉戌亥。忌丑未。
喜忌星：喜諸吉。忌諸凶。

姓名：紅鸞。
綽號：情侶星。戀愛星。風流星。
屬性：癸水。
職務：司喜慶、血光。
級別：乙級星。
職業：主戀愛、生育等。
住址：中天。
關係：與天喜是對星。

性格：聰明、直爽、桃花、虛榮、有異性緣。
喜忌宮：唯喜丑寅卯辰戌亥。
喜忌星：喜諸吉。忌諸凶。

姓名：天喜。
綽號：婚姻星。添丁星。桃花星。
屬性：壬水。
職務：主喜慶，主進財。
級別：乙級星。
職業：結婚、添丁、進人口。
住址：中天。
關係：與紅鸞是對星。
性格：善良活潑、善助人、喜熱鬧、喜交遊、有人緣、有桃花運。

喜忌宮：喜丑寅卯辰戌亥。
喜忌星：喜諸吉。忌諸凶。

姓名：三台。

綽號：司機星。輔佐星。文職星。
屬性：戊土。
職務：司顯貴。輔佐。
級別：乙級星。
職業：地位、車輛。
住址：中天。
關係：與八座是對星。三台八座是日月星的輔佐星。
性格：耿直、穩重、有威儀、有文才、謀略膽識。
喜忌星：喜諸吉。忌諸凶。

姓名：八座。

綽號：車輛星。輔佐星。武職星。

屬性：己土。

職務：司顯貴。輔佐。

級別：乙級星。

職業：地位、車輛。

關係：與三台是對星。三台八座是日月星的輔佐星。

住址：中天。

性格：耿直、善良、有義氣、有文才、組織能力強。

忌星：喜諸吉。忌諸凶。

姓名：龍池。

綽號：科甲星。口福星。功名星。

屬性：壬水。
職務：主科甲，主功名。
級別：乙級星。
職業：口福、大海、智慧。
關係：與鳳閣為對星。專輔天府星。
住址：中天。
性格：聰明秀麗、溫和善良、學問淵博、文雅聲譽、善於守業。
喜忌星：喜諸吉。忌諸凶。

姓名：鳳閣。
綽號：才藝星。樓閣星。別墅星。
屬性：己土。
職務：主科甲。主功名。

級別：乙級星。

職業：優雅、豪宅。

住址：中天。

關係：與龍池為對星。專輔天相星。

性格：清高、敏捷、浪漫而高尚、學問淵博、好裝飾享受。

喜忌星：喜諸吉。忌諸凶。

姓名：天官。

綽號：官位星。地位星。升遷星。

屬性：戊土。

職務：司貴。主官位。

級別：乙級星。

職業：順達、有身分、升官進職。

住址：中天。

關係：與天福為對星。專輔天梁星。

性格：清高卓識、聰明、懶散、善於支配他人。

喜忌宮：廟午未。

喜忌星：喜諸吉，忌諸凶。

姓名：天福。

綽號：享受星。福氣星。祖蔭星。

屬性：戊土。

職務：司爵祿。

級別：乙級星。

職業：福壽。

住址：中天。

關係：與天官為對星。專輔天同星。
性格：溫和善良、誠實、喜助人、喜旅遊、一生多福蔭。
喜忌宮：喜寅申巳卯。
喜忌星：喜諸吉，忌諸凶。

姓名：台輔。

綽號：文才星。輔佐星。制厄星。
屬性：戊土。
職務：司貴。遏制煞星。
級別：乙級星。
職業：為參謀、助力。
住址：中天。
關係：與封誥星為對星。專輔左輔星。

性格：剛強果斷、有魄力、才高八斗、多得賢人相助、高雅。
喜忌宮：忌酉戌，餘宮皆吉。
喜忌星：喜諸吉，忌諸凶。

姓名：封誥。
綽號：模範星。榮譽星。封章星。
屬性：己土。
職務：司科甲。遏制煞星。
級別：乙級星。
職業：為模範、行業代表人物。
住址：中天。
關係：與台輔星為對星。專輔右弼星。
性格：精明穩重、有氣度、聰明、得表彰嘉獎、模範人物。

喜忌宮：喜子丑寅卯午宮。忌申亥，

喜忌星：喜諸吉，忌諸凶。

姓名：恩光。

綽號：恩寵星。提拔星。賞識星。殊榮星。

屬性：丙火。

職務：主貴、主受恩賜。

級別：乙級星。

職業：貴人賞識、提撥等。

住址：中天。

關係：與天貴星為對星。專輔天魁星。

性格：光明磊落、才藝風流、高傲、謹慎小心。

喜忌宮：喜丑辰午戌，忌酉。

喜忌星：喜諸吉，忌諸凶。

姓名：天貴。

綽號：嘉獎星。名望星。賞識星。

屬性：丙火。

職務：主貴。主名望。

級別：乙級星。

職業：成功、信譽、官爵。

住址：中天。

關係：與恩光星為對星。專輔天鉞星。

性格：厚重、聰明、清高、公正、得到上司寵信嘉獎。

喜忌宮：喜寅辰陷酉。

喜忌星：喜諸吉，忌諸凶。

姓名：天哭。

綽號：憂鬱星。刑剋星。喪門星。

屬性：陽丙火。

面色：紅色。

職務：司憂傷哭喪。

級別：乙級星。

職業：主刑傷、勞碌、孝服。

住址：中天星。

關係：和天虛星是對星。

性格：勞碌破敗。性憂鬱，孤僻，憂愁，悲傷，愛哭，多愁善感，煩惱。

喜忌宮：唯廟丑卯申三宮。

喜忌星：喜諸吉，忌諸凶。

姓名：天虛。

綽號：煩惱星。懦弱星。

屬性：丙火。

職務：司憂傷，虛耗。

級別：乙級星。

職業：煩惱、體弱多病。

住址：中天。

關係：與天哭星為對星。

性格：好吹噓、華而不實、百事空虛、奸詐欺騙、陽奉陰違。

喜忌宮：喜丑卯申三宮。

喜忌星：喜諸吉，忌諸凶。

姓名：天才。

綽號：才能星。

屬性：乙木。

職務：司才能、才幹。

級別：乙級星。

職業：才藝出眾、聰明、有才華。

住址：中天。

關係：與天壽星為對星。輔天機。

性格：仁慈、有某種天才。

姓名：天壽。

綽號：才能星。壽命星。

屬性：戊土。

職務：司壽。
級別：乙級星。
職業：壽命、健康。
住址：中天。
關係：與天才星為對星，輔天同天梁星。
性格：忠厚、溫良、勤勞。
喜忌宮：喜酉戌亥。
喜忌星：喜諸吉，忌諸凶。

姓名：天巫。
綽號：術士星。醫士之星。遺產星。
職務：司醫卜。
級別：乙級星。

職業：能加快事情的進程，或突然成功，但易為人所誣陷。
關係：與天月星為對星。
住址：中天。
性格：聰明好學、積善修德、白手成家、喜愛異學五術。

姓名：天月。
綽號：疾厄之星。月老星。
職務：司疾厄。
級別：乙級星。
職業：幫兇、婚姻，月老。
關係：與天巫星為對星。
住址：中天。
性格：體弱、小疾、常有莫名其妙的煩惱、橫禍。

喜忌宮：忌入疾厄宮。
喜忌星：見煞主得慢性病或流行病。

姓名：解神。
綽號：和解之星。解散星。
職務：司和解、化解、分散。
級別：乙級星。
職業：化解災病、官司。
住址：中天。
關係：與陰煞星為對星。
性格：化解、解體、分散、緣份已盡、遇凶不凶。
喜忌宮：喜子寅卯辰午戌。忌入夫妻宮。

姓名：陰煞。

綽號：暗伴之星。陰魂之星。暗算星。小人星。

職務：司小人，陰謀。

級別：乙級星。

職業：多是非陰謀，多小人暗害。

住址：中天。

關係：與解神星為對星。

性格：猜疑、有暗疾、難產、隱患、暗害、謀害。

喜忌宮：忌入命宮及福德宮。

姓名：截空。

綽號：空亡之星。落空星。

職務：司落空、傷亡、阻滯。

級別：丙級星。

職業：當憂不憂，當喜不喜。阻滯、中途受阻、無好結果。

關係：與旬空星為對星。

住址：中天。

性格：落空、虧空、撲空、傷亡、攔腰截斷、斷裂。

喜忌宮：忌入命宮，喜入疾厄宮。

姓名：旬空。

綽號：突變之星。落空星。

職務：司損耗、虧空，傷亡、空散。

級別：丙級星。

職業：當憂不憂，當喜不喜。落空。

關係：與截空星為對星。

住址：中天。

性格：消失、突變，落空。

喜忌宮：忌入命宮，喜入疾病宮。

姓名：天傷。

綽號：虛耗星。喪亡星。

職務：司災難。

級別：丙級星。

職業：破財、喪亡。

住址：中天。

關係：與天使星為對星。

性格：官災、喪亡、橫禍、破財。

喜忌宮：居丑酉戌禍輕，居子卯辰午未禍重。

姓名：天使。

綽號：傳使星。橫禍星。

職務：司災難。

級別：丙級星。

職業：破財、喪亡。

關係：與天傷星為對星。

住址：中天。

性格：官災、喪亡、破敗、橫禍。

喜忌宮：居丑酉戌禍輕，居子卯辰午未禍重。

姓名：孤辰。

綽號：孤獨星。孤僻星。

屬性：丙火。

職務：主孤獨。

級別：乙級星。

職業：孤僻，不近人情。

住址：中天。

關係：與寡宿星為對星。

性格：獨處、高傲、多疑、自以為是。

喜忌宮：忌入父母宮、福德宮、夫妻宮。

姓名：寡宿。

綽號：孤獨星。孤僻星。

屬性：丁火。

職務：主孤寡。

級別：乙級星。

職業：孤僻、不近人情。
關係：與孤辰星為對星。
住址：中天。
性格：獨處、高傲、多疑、自以為是。
喜忌宮：忌入夫妻宮、福德宮、夫妻宮、命宮。
喜忌星：加會武巨殺機破以及四煞空劫，晚婚或者生離。

姓名：咸池。

綽號：桃花星。酒色星。
屬性：癸水。
職務：主桃花。
級別：乙級星。
職業：豔遇、淫邪、浮蕩。

住址：中天。
性格：聰明、溫柔、異性緣佳；好酒色、賭博、多病。
喜忌星：喜天德及空亡化解。

姓名：蜚廉。
綽號：孤剋星。酒色星。小人星。
屬性：丙火。
職務：主孤剋。
級別：乙級星。
職業：惹事生非、陰謀。
住址：中天。
關係：與破碎星為對星。
性格：孤僻、陰沉、心術不正、陰暗、細菌。

姓名：破碎。

綽號：失意星。外傷星。

屬性：丁火。

職務：主耗損。

級別：乙級星。

職業：財錦耗損、失意。

關係：與蜚廉星為對星。

住址：中天。

性格：財物耗散、外傷破相、事不圓滿。

姓名：劫煞。

綽號：小人星。搶劫星。

屬性：丙火。

職務：主劫損。
級別：乙級星。
職業：失竊、搶劫、外傷、損害。
住址：中天。
性格：小人、心急狠毒、自私殘暴、多惡念。

姓名：華蓋。
綽號：才藝星。宗教星。
職務：主才華。主神祕。
級別：乙級星。
職業：孤獨、聰明、才藝。
住址：中天。
性格：孤高、聰明過人、多才多藝、與術數宗教有緣。

姓名：博士。

綽號：文化星。博學星。

職業：主聰明博學、主科名、事業順遂。

級別：丙級星。

性格：有文風、聰明、智慧、思慮周密、博學多才。

姓名：力士。

綽號：武官星。壯士星

職業：利武職。但不利考試。

級別：丙級星。

性格：有小權勢。

姓名：青龍。

綽號：喜事星。進財星。

職業：主喜樂。

級別：丙級星。

性格：文官仕途、喜慶。

姓名：小耗。

綽號：耗財星。

職業：主失財。忌合夥。

級別：丙級星。

性格：錢財損耗，不聚財。

姓名：將軍。

綽號：前途星。

職業：利武不利文。

級別：丙級星。

性格：個性暴躁、性急、掌權、欠和、進財。

姓名：奏書。

綽號：文書星。聘書星。

職業：主文書之喜、詞訟勝利。

級別：丙級星。

性格：利文章、有福氣、獎狀。

喜忌宮：尤喜入命宮、事業宮、福德宮。

姓名：飛廉。

綽號：官司星。孝服星。誹謗星。

職業：誹謗，破財。

級別：丙級星。

性格：飛災橫禍、桃花、孝服、受中傷、孤獨。

姓名：喜神。

綽號：延壽發福之星。喜慶星。

職業：主喜慶、婚姻、生子等。

級別：丙級星。

性格：桃花、感情事、喜事延續。

喜忌宮：忌入疾病宮，餘宮皆吉。

姓名：病符。

綽號：生病星。

職業：主災病、是非。

級別：丙級星。

性格：生病、糾纏不順。

喜忌宮：忌入命宮、福德宮。

姓名：大耗。

綽號：破財星。

職業：主損失。

級別：丙級星。

性格：敗財、失物、失竊、事業受阻。

姓名：伏兵。

綽號：是非星。

職業：暗算、糾纏、責難。

級別：丙級星。

性格：暗伏不利、遭暗算、阻滯。

姓名：官符。

綽號：官司星。

職業：主官司牢獄之災。

級別：丙級星。

性格：官場不利、口舌官非、糾紛、受到領導責備。

姓名：將星。

綽號：將領之星。

職業：主武貴、得意，最喜與武貴之星守事業宮。

級別：丁級星。

性格：利武不利文。權勢地位、競爭得助力。

姓名：攀鞍。

綽號：順遂之星。啟程星。

職業：主武顯、遷移、奔忙、遷動之意。

級別：丁級星。

性格：登車起程、初程、結交權貴、得功名、事業順遂。

姓名：歲驛。

綽號：遷動星。驛馬星。

職業：主遷動，奔忙。

級別：丁級星。

性格：行程、轉職、忙碌。

喜忌星：喜與流祿、化祿同度，為祿馬交馳，發財。

姓名：息神。

綽號：消沉星。

職業：主消沉，喪志，不活潑。

級別：戊級星。

性格：休息、雪藏、退隱。

姓名：劫煞。

綽號：盜竊星。

職業：主破財。

級別：戊級星。

性格：錢財損失、被盜、遺失、災病。

姓名：災煞。

綽號：災禍星。

職業：主小人損害或災疾破財。

級別：戊級星。

性格：意外的困擾、災病。

姓名：天煞。

綽號：孤剋星。

職業：主災疾、破財。

級別：戊級星。

性格：分離、退財，男因父親花錢。

喜忌宮：忌入命宮、夫妻宮、父母宮。

姓名：指背。

綽號：是非星。暗算星。

職業：主遭遇誹謗、責難。

級別：戊級星。

性格：受人暗中誹謗、指責、訴訟事、背後是非。

姓名：月煞。

綽號：孤剋星。

職業：主破費。

級別：戊級星。

性格：跌倒、報復，不利親人。

姓名：亡神。

綽號：失去星。

職業：主破財。煩惱。

級別：戊級星。

性格：官非、死亡、破財，不利家長。

姓名：太歲。

綽號：年運星。

職業：較大的喜事或者災禍。

級別：丁級星。

性格：主一年禍福，逢吉喜事多，逢凶災病來。

姓名：晦氣。

綽號：倒楣星。

職業：主不順利。

級別：戊級星。

性格：情緒不穩定、暗損、波折、是非。

姓名：喪門。

綽號：喪亡星。

職業：親人不吉、喪亡一類的事情。

級別：戊級星。

性格：孝服、虛驚、災病、破財、傷心事。

姓名：貫索。

綽號：困擾星。

職業：訟獄之事。

級別：戊級星。

性格：被繩索綑綁，爭訟、牢獄之災、拖累、口舌是非。

姓名：官符。

綽號：官非星。

職業：官符貫索會齊，有牢災。

級別：戊級星。

性格：平民主官災、訴訟，原做官者逢吉反可升官，須防小人暗算。

姓名：小耗。

綽號：損失星。

職業：有小的破財。

級別：戊級星。

性格：忌合夥，防遺失、耗財。

姓名：大耗。

綽號：損失星。是非星。

職業：小人暗算、口舌是非、暗疾。

級別：戊級星。

性格：大的破財、敗落、諸事不順。

姓名：龍德。

綽號：解凶星。

職業：能逢凶化吉。

級別：丁級星。

性格：喜慶、添丁、受賞、事業順遂。

姓名：白虎。

綽號：凶災星。

職業：孝服。利考試交易。

級別：戊級星。

性格：兇狠勇猛、疾病、血光喪服、凶禍、破財、官司。

姓名：吊客。

綽號：障礙星。孝服星。

職業：主吊銷、阻礙、弔喪事。

級別：戊級星。

性格：孝服、虛驚、破財、不良變化、傷悲。

姓名：病符。

綽號：病災星。

職業：主身體疾患等。

級別：戊級星。

性格：小病傷、敗壞、是非、訴訟、流行病、傳染病。

姓名：天德。

綽號：解凶星。

職業：得祖蔭，天賜之福。對喜事有增加光彩的作用。

級別：丁級星。

性格：品德高尚、喜慶、事業順遂、能化凶為吉。

第二節　四化本意

1. 化祿

(1) 心態：快樂而忙碌、認緣份、樂意。
(2) 健康：發胖、愛運動、活躍。
(3) 智慧：秉賦好，悟性高，能力強。
(4) 人際：有情有意、受到關心、有人緣、異性緣好。
(5) 財物：錢財增加、收入增多、俸祿。
(6) 地位：升遷、兼職、名譽。

2. 化權

(1) 心態：主觀霸道、計較、佔有慾、任性自負。
(2) 健康：強壯、硬朗、費心勞神、碰傷或撞傷。
(3) 智慧：很能幹、有專業技術、業界權威。
(4) 人際：遵守道義、尊重法律、為人古板。
(5) 財物：增值、增長、上升。
(6) 地位：權力權勢、掌權、有威嚴、有成就。

3. 化科

(1) 心態：浪漫、隨和、內涵、樂善好施、私通。
(2) 健康：柔軟、性慾、懷孕。

(3) 智慧：聰明、博學、科名、升級、利考試。

(4) 人際：貴人、助力、珍惜、恩惠、和睦。

(5) 財物：有上升趨勢、有潛力、小的外財。

(6) 地位：功名、榮譽、聲望、名望。

4. 化忌

(1) 心態：焦躁、空虛、固執、暴躁。

(2) 健康：乾瘦、神經質、凶災、意外傷害、險厄。

(3) 智慧：自律、克制、忍耐、打碎牙往肚裡嚥。

(4) 人際：退避三舍、不來往、無緣、嫉妒。

(5) 財物：困擾、損失、虧空、被騙、賠償。

(6) 地位：是非、糾纏、變壞、降職免職、落選。

第三節 星曜與四化在定應期中的使用

第一、星曜自身的時間屬性

使用紫微斗數星曜判斷應期的思路有如下幾個：

1、南斗北斗思路

一般來說，北斗的星曜陽剛，所以在應期會靠前一些；而南斗的星曜陰柔，所以在應期會靠後一些。

北斗星有：

紫微、貪狼、巨門、祿存、文曲、廉貞、武曲、破軍、左輔、右弼、擎羊、陀羅。

南斗星有：

天府、天梁、天機、天同、天相、七殺、文昌、天魁、天鉞、火星、鈴星。

2、星曜的級別思路

甲級星在應期會靠前，乙級星靠後，其次是丙、丁級別和戊級別的星曜應期最慢。

甲級星：

主星有：紫微、天府、太陽、太陰。

正星有：貪狼、巨門、祿存、文曲、廉貞、武曲、破軍。天梁、天機、天同、天相、七殺、文昌。

助星有：左輔、右弼、擎羊、陀羅。天魁、天鉞、火星、鈴星。祿存、天馬。地劫、地空、天空。

乙級星：

天官、天福、天虛、天哭、龍池、鳳閣、紅鸞、天喜、孤辰、寡宿、蜚廉、破碎、華蓋、咸池、天德、天才、天壽、天刑、天姚、解神、天巫、天月、陰煞、台輔、封誥、八座、三台、恩光、天貴。

丙級星：

生年博士十二神，天傷，天使。

丁級星：

歲建、龍德、天德、將星、攀鞍、歲驛、華蓋。

戊級星：

晦氣、喪門、貫索、官符、小耗、大耗、白虎、吊客、病符、劫煞、災煞、天煞、息神、指背、咸池、月煞、亡神。

3、旺衰思路

越旺的星曜，它的發動性越強，應期越會靠前，越弱的星曜，它的發動性越弱，應期越會靠後。分級有廟、旺、得、利、平、不、陷。

4、星情思路

星情越活躍極端，那麼它的應期越靠前；星情越溫和平靜，那麼它的應期越靠後。

星情活躍極端的，有如下星曜：

紫微、太陽、貪狼、巨門、廉貞、武曲、破軍、七殺、擎羊、陀羅、天魁、天鉞、火星、鈴星、天馬、地劫、地空、天空、龍池、鳳閣、紅鸞、天喜、蜚廉、破碎、天德、天才、天壽、天刑、天姚、解神、八座、三台、恩光、天貴。

天德、將星、攀鞍、歲驛、喪門、貫索、大耗、白虎、吊客、劫煞、災煞、天煞。

星情越溫和平靜的，有如下星曜：

天府、天相、天梁、天同、天機、太陰、文昌、文曲、左輔、右弼、祿存、天官、天福、天虛、天哭、孤辰、寡宿、蜚廉、華蓋、咸池、天才、天壽、天巫、天月、陰煞、台輔、封誥、恩光、天貴、天傷，天使、歲建、天德、華蓋、晦氣、官符、小耗、病符、息神、指背、咸池、月煞、亡神。

總之，上述幾種方法，綜合評定之後，定出應期，其中星情和旺衰是主要的考慮因素。

第二、四化以星尋干

紫微　乙化科；壬化權。

天機　乙化祿；丙化權；丁化科；戊化忌。

太陽　庚化祿；辛化權；甲化忌。

武曲　己化祿；甲化科；庚化權；壬化忌。

天同　丙化祿；丁化權；庚化忌。

廉貞　甲化祿；丙化忌。

太陰　丁化祿；庚化科；癸化科；戊化權；乙化忌。

貪狼　戊化祿；己化權；癸化忌。

巨門　辛化祿；癸化權；丁化忌。

天梁 壬化祿；己化科；乙化權。

破軍 癸化祿；甲化權。

文昌 丙化科；辛化忌。

文曲 辛化科；己化忌。

左輔 壬化科。

右弼 戊化科。

第四節 時間與萬物互聯

有關時間的常識

岳飛說：「莫等閒，白了少年頭，空悲切！」

郭沫若說：「時間就是生命，時間就是速度，時間就是力量。」

歌德說：「忘掉今天的人將被明天忘掉。」

赫胥黎說：「時間最不偏私，給任何人都是二十四小時；時間也是偏私，給任何人都不是二十四小時。」

這些說的都是「時間」。

計時工具：

古代使用銅壺滴漏計時；漢朝把一夜分為五更，打更計時；以圭表測量太陽影長計時；明末清初，西方機械鐘錶傳入中國。

時區

國際規定，將地球表面按經線劃分為24個區域，相鄰區域的時間相差一小時，在每個區域內都採用統一的時間標準，稱為「區時」。例如北京在東八區，是中國的標準時間。

時間：

看不見、摸不著，無法儲存、無法借用，有始無終、不可逆，這就是我們認識的「時間」。時間是一個謎，是一個科學界公認的迷。

時間的始末

對時間的始末和本質，哲學家和科學家進行過大量的思考和探索，比如亞里斯多德、康得、黑格爾、海德格爾；牛頓、愛因斯坦、霍金等，他們都對時間有過論述。

霍金在其著作《時間簡史》中科普了：大爆炸宇宙學時間箭頭、熱力學時間箭頭等概念。主流的物理學認為，時間與宇宙同時產生，時間是客觀存在的。

時間只存在於物質世界，沒有宇宙，也就沒有物質，也就沒有引力場，也就沒有時間。所以我們說，時間必須依附於物質。宇宙大爆炸前的奇點、熱寂後的宇宙，是不存在時間的，也就是說，宇宙存在之前或者宇宙結束之後，都不會有時間。所以我們說，是運動產生了時間。

時間，它反應的是物質或者說能量的變化，變化的快慢、頻率、先後順序等。如果萬物沒有變化或不

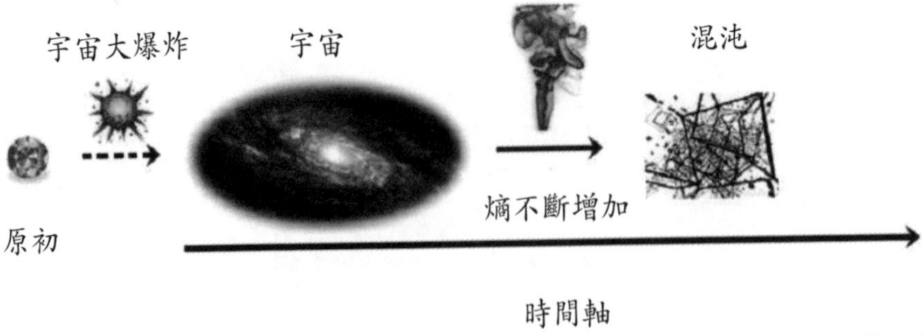

再變化，就不存在時間。

時間與空間的關係

如果宇宙中只有一個原子，那就沒有空間，也沒有時間。

如果宇宙中出現兩個原子，就肯定存在著距離，這樣空間也就出現了。當這兩個原子發生相對運動的時候，那麼它們之間的位置就會發生改變，而在這時，時間也就出現了。有了物質與物質的相互關係，才有時間，否則就不存在時間了。

在相對論中，時間和空間一起構成了時空客體。時空等價於引力場。牛頓認為時間和空間是客觀實在的；時間和空間一樣，是對存在的一種描述。

簡單說，時間和空間是無法分割的，空間就是我們所處的這個宇宙，然後我們用時間來表示我們的某一部分空間。

物質有三維即長、寬、高，時間是第四維，是物質的不可逆延展軸。物質三維屬性（大小、氣味、溫度等）的變化，是隨著第四維而變化的，而且是被第四維變化的。

在宇宙中，所有東西都可以看作是時間驅動的函數，而空間是這個函數的相位。時間、空間和物質是一體的，它們共同構成時空。時空是能量的時空，時間不能從時空中脫離出來，時間也是一種空間，是在某一點上的空間。

時間是物質和能量在空間上的變化。物質是能量的存儲與消耗的各種型態。任何物質的運動、變化都是能量的消耗。運動、變化的過程是時間，運動、變化的範圍是空間。

我們的世界是被限制在一個特定的時空結構中的。

時間不僅僅是概念和刻度

有人說，時間是為了量化宇宙變化規律而提出的概念。其實時間，不僅僅是人類用以描述物質運動過程的一個參數，時間是客觀存在的。世界是物質的，物質在不斷的運動，如果沒有人類，世界照樣春、夏、秋、冬。所以，時間不是人類的感覺、也不是什麼錯覺。

比如「力」這個詞是由人發明的，但是力是表述物質相互作用的，而相互作用是普遍存在的，同理，「時間」這個詞代表物質的變化，而時間以及其能量也是客觀存在的。

時間是物質在引力場中的位置，以及運動和量變的過程。時間是物質存在的一種客觀型態。

時間的物理屬性

時間從運動中產生，時間反應和體現的是物質運動和變化的過程，時間又是對物質運動變化的記錄。

簡單的說：時間是對相對運動的描述。如果沒有地球繞太陽旋轉的運動，就沒有了「年、月、日」這些詞。「年」是地球相對太陽公轉運動一周的描述，「天」是地球相對於外界自轉運動的描述。時間由此演化而來，一個週期運動就是一個時間單位，時間是對週期運動的描述。

時間不是物質，時間是物質的動態屬性。長寬高、品質、形狀、材質、顏色等是物質的靜態屬性。

時間，是物質的運動、變化的持續性、順序性的表現。

比如一塊靜置的鋼板，空氣的氧化是一種化學運動，塵埃不停的累積是物理運動，化學和物理運動累積得越多，那麼，鋼板看上去經歷的「時間」就越長。

時間是物質的運動。時間是物質變化的過程。時間是力的軌跡。

時間的分類

時間，是物理學中的七個基本物理量之一。

時間概念上可以分成物理時間和體感時間，實際上也就是客觀時間和主觀時間。我們研究的是客觀時間。

在不同的空間有不同的時間。

不同的區域有不同的時間，熱帶和寒帶的時間不同。不同的宇宙空間有不同的時間，金星上的時間和地球上的時間不一樣，地球上的時間和太陽上的時間不一樣等等。

時間承載著能量

以地球自轉運動為基礎的時間單位稱為「日」，以月球繞地球公轉運動為基礎的時間單位稱為「月」，以地球繞太陽公轉運動為基礎的時間單位稱為「年」。時間代表著動能，時間也是能量流動的表現形式，時間表述的是這個宇宙的能量變化過程。

宇宙井然有序，這種秩序就是能量。重力能、動能、電能等都是產生於一種高度的秩序，這種秩序就是運動和規律。時間有規律，時間有能量。

物理時間的本質是能量。它是一種能量，是一個相對量，並且它是導致物質進行物理或化學運動的一種驅動型能量。

時間可以改變一切。同樣的春天，不同時間點上的春天卻不一樣，也就是不同的時間承載著不同的能量。

時間是導致物質發生變化的關鍵因素。一千年前的山跟今天的山不同，一百年前的河與今天的河不同，十年前的你跟今天的你不同，一年前的白楊樹與今天的白楊樹不同。

再比如，你在炎夏中大汗淋漓時就會想：還要過多久天氣才會涼快啊？這時候，你驚訝的發現「時間」平凡而偉大。沒了時間，我們就像一根根朽木樁。

時間是什麼？時間是一把殺豬刀，我們都是準備挨宰的「豬」。時間內的人和事，是早就已經設定好了的。

海德格爾說：「與其說人類生活是發生在時間之中的，毋寧說人類生活就是時間本身。」

時間是宇宙熵增的演變過程，然而在熵增的洪流當中，生命的存在是依靠攝取高秩序的能量來維護自身的秩序，以減小個體的熵增，來繁衍生息的。

時間與萬維互聯

中國的先祖，最早對於時間的感知產生於對天象、天文的觀察和探索，是從日月星辰有規律的循環運動中，感覺到了「時間」的存在，並借助「年」、「月」、「日」來表述。

只要是物質就會有運動，物質在存在與運動中，就會受到各種障礙，物質互相障礙就是萬維互聯。

不同的物質，在相同的空間內，承載著相同的時間，這就是時間與萬物互聯。而個體對於相同時間的感應卻不同，這是因為不同物質自身稟賦著不同的時間因子。

時間軸的穿越，就是命運本身，並構成了整個世界和社會。

中國先祖哲人，用天干和地支表示時間，並且區分不同的時間所攜帶的不同能量。

心動信息則發

不同的研究方向對「時間」有不同的定義。比如心理學、哲學、物理學等對於時間的理解是不一樣的。我們預測學研究的時間是物理學和化學層面上的，所以我們必須從物理學角度來闡釋時間，而物理學是事物的實質。我們必須從化學的角度來觀察時間，而化學是事物演變的過程和結果。

物體由大量的分子構成，每個物體都可以看成是一個超級分子團，能量驅動分子的運動和變化。

也可以說，時間是原子「相對運動」量的一個標示，那麼原子相互運動的規律是怎樣的?答案:是化學反應規律，就是原子與原子間的連接變化，以及再次組建成新分子結構的過程。

能量是可以轉化和傳遞的。

時間是能量傳遞的過程和頻率。在這裡，「傳遞」指的是把一種能量由一方交給另一方繼續進行的行為。「能量」指的是一個事物對另一個事物的干預和影響以及效果。

人的精神、意識、思維、信念、靈魂都是反物質，我們是活在物質和反物質的世界中。而「時間」是物質和反物質的橋樑。人的意識和思想是反物質的，而它可以通過時間的橋樑進入物質中去，甚至可以改變物質。所以，你只要集中意念去想一個問題，或者有感而發問的時候，「這個時間」就能通達問題的結果和吉凶。

時間不可逆行，也不可隨意改變。但是，我們可以改變時間對我們的效應。比如，本來晚上你應該睡覺，結果你珍惜時間挑燈夜戰的學習，這就改變了時間對你的「效應」，改變了原有的時間的演變過程。改變時間，就是改變既定的規則和結局，也是改變命運。

什麼是紫微斗數？

紫微斗數是一門哲學，也是一門物理學。

什麼是哲學？

哲學是研究本質、關係、規律的學問，比如宇宙的本質、社會發展的規律、人的思維與存在的關係等，哲學是方法論，是人類認識世界的方法和觀念。比如常說的：我是誰？我從哪裡來？要到哪裡去？活著的意義是什麼？這些都是哲學問題。

中國古代哲學主要的流派有儒家、道家、法家、墨家等，其中尤其以儒、道、墨三家影響深遠。形成以易經與老莊為代表的的宇宙觀，以孔孟之說為代表的倫理社會觀，以儒道為代表的文化觀和審美觀。

什麼是物理學？

物理學，是研究物質運動的規律和物質基本結構的學科。研究範圍大至宇宙，小至基本粒子等。物理學注重研究物理現象、物質結構、物質相互作用、物質運動規律，以及物質、能量、空間、時間的性質與相互關係。它運用數學做為工作語言、以實驗做為標準，是最精密的一門自然科學。

天體物理，是研究星體的結構和演變、太陽系的起源，以及宇宙規律和歸宿等。它運用的物理原理包括力學、電磁學、熱力學、統計力學和量子力學等。

第二章 紫微斗數定應期例題

艮
丑
癸
天市
天廚

第二章　紫微斗數定應期例題

1、以下例題中所敘述的時間都是西曆時間。

2、如果沒有寫年份而只寫了月份和日期的，那就是求測者起盤的同一年中的月份和日期。跨年的一般都寫了年份。

3、排盤的時候沒有註明即時的年、月、日、時，如果需要，請自己翻閱萬年曆。

4、排盤的時候，不區分男、女，按照年干的陰陽屬性進行，一律順行，這是本門的獨門絕技之一。

5、預測的時候，根據事件的大小，應期會出現在月上還是日上，要結合實際生活，要先進行一個經驗性質的判斷，然後再結合紫微星曜和四化。

6、流月命宮和流日命宮的方法，是本門的絕技之一，讀者自己揣摩就能明白，讀書要動手動腦。

7、吉凶和應期的關係：吉凶是應期內的吉凶。應期是吉凶的應期。這兩者是一件事的兩個方面。吉凶和應期是不能分割的。

8、在排盤圖上，標出年份、月份或日期的宮位是其命宮，所需要的其他宮位逆時針數下去就可以了。

第一節 問感情

例題1

【背景】：

求測者說，2019年認識的，他個子高，也蠻清秀的，我們是同行，我受到身邊朋友慫恿，於是覺得他出軌了什麼的，導致吵成現在這樣，2020年3月鬧翻的，這份感情，是否復合無望？是否就算結束了呢？

巨地地天天副破劫月 門劫空貴使旬碎煞德 旺不廟平平廟陷 大耗 絕 劫煞 75～84 辛 小耗 疾厄宮 巳	廉天左天截天天 貞相輔福空哭虛 平廟旺平廟陷平 伏兵 胎 災煞 85～94 壬 歲破 財帛宮 午	天天陀副大龍 梁鉞羅截耗德 旺旺廟廟平 官府 養 天煞 95～104 癸 龍德 子女宮 未	七右祿火封蜚 殺弼存星誥廉 廟不廟陷 博士 長生 指背 105～114 甲 白虎 夫妻宮 申
貪文鈴龍天旬華 狼昌星池月空蓋 廟得陷廟 陷廟 病符 墓 華蓋 65～74 庚 官符 遷移宮 辰	乾造 庚 己 甲 庚(日空申、酉) 子 卯 戌 午 1命宮 2兄弟 3夫妻 4子女 5財帛 6疾厄 7遷移 8交友 9官祿 10田宅 11福德 12父母	甲干 廉貞-太陽 乙干 天機-太陰 丙干 天同-廉貞 丁干 太陰-巨門 戊干 貪狼-天機 己干 武曲-文曲 庚干 太陽-天同 辛干 巨門-文昌 壬干 天梁-武曲 癸干 破軍-貪狼	天擎天咸天 同羊喜池德 平陷廟平不 忌 力士 沐浴 咸池 115～124 乙 天德 兄弟宮 酉
太紅天天 陰鸞姚傷 陷廟廟陷 科 喜神 死 息神 55～64 己 貫索 交友宮 卯			武文鳳天天解寡陰年 曲曲閣才壽神宿煞解 廟陷廟陷廟廟陷 廟 權 身宮 青龍 冠帶 月煞 5～14 丙 弔客 命宮 戌
紫天天三天天孤 微府馬臺巫廚辰 旺廟旺平 平 飛廉 病 歲驛 45～54 戊 喪門 官祿宮 寅	天天天 機魁空 陷旺平 奏書 衰 攀鞍 35～44 己 晦氣 田宅宮 丑	破八臺 軍座輔 廟陷 將軍 帝旺 將星 25～34 戊 歲建 福德宮 子	太天恩天 陽刑光官 陷陷不旺 祿 小耗 臨官 亡神 15～24 丁 病符 父母宮 亥

【預測】：

1、先說吉凶，看看感情能否復合。

先看夫妻宮，夫妻宮是感情的狀態。

夫妻宮七殺、祿存、封誥、蜚廉星，說明曾經的感情被封存，目前的感情問題很嚴重。

2、再看夫妻宮的夫妻宮，在午位，天相、左輔、截空星，照破軍，說明感情已經破壞，放棄溝通等。

3、**所以判斷：**已經分手，沒有復合的應期。

【回饋】：

4月29日，求測者說，分手一個半月了，毫無聯繫，沒有希望了。

例題2

【背景】：

求測者說，年前和一個男生曖昧，有過肌膚之親，目前比較糾結，我也沒有摸清對方底細，畢竟現在是異地戀，我很害怕我會受傷，我就退縮了，我想趕緊分手。以前交過幾個男朋友，渣男居多，懷疑自己是渣男收割機，我很害怕。到底這個男生值不值得深入發展。

<table>
<tr>
<td>太天副破劫月
陽巫旬碎煞德
旺 廟陷
祿
病
大耗
劫煞 113～122 辛
小耗 兄弟宮 巳</td>
<td>破鈴天天截天天
軍星才福空哭虛
廟廟旺平廟陷平
死
伏兵
災煞 3～12 壬
歲破 命 宮 午</td>
<td>天天陀地天副大龍
機鉞羅劫貴截耗德
陷旺廟平旺廟平
墓
官府
天煞 13～22 癸
龍德 父母宮 未</td>
<td>紫天祿解蜚
微府存神廉
旺得廟不
絕
博士
指背 23～32 甲
白虎 福德宮 申</td>
</tr>
<tr>
<td>武左龍旬華
曲輔池空蓋
廟廟廟陷廟
權
衰
病符
華蓋 103～112 庚
官符 夫妻宮 辰</td>
<td colspan="2" rowspan="2">乾造 庚 戊 丁 戊 (日空午、未)
子 寅 亥 申

1命宮 2兄弟 3夫妻 4子女 5財帛 6疾厄
7遷移 8交友 9官祿 10田宅 11福德 12父母

甲干 廉貞-太陽 乙干 天機-太陰 丙干 天同-廉貞 丁干 太陰-巨門
戊干 貪狼-天機 己干 武曲-文曲
庚干 太陽-天同 辛干 巨門-文昌 壬干 天梁-武曲 癸干 破軍-貪狼</td>
<td>太擎天天恩咸天
陰羊喜刑光池德
旺陷廟廟陷平不
科
胎
力士
咸池 33～42 乙
天德 田宅宮 酉</td>
</tr>
<tr>
<td>天地紅
同空鸞
平平廟
忌
帝旺
喜神
息神 93～102 己
貫索 子女宮 卯</td>
<td>貪右火鳳天封天寡年
狼弼星閣壽誥月宿解
廟廟廟廟廟 陷廟
身宮
養
青龍
月煞 43～52 丙
弔客 官祿宮 戌</td>
</tr>
<tr>
<td>七文天八臺天孤陰
殺昌馬座輔廚辰煞
廟陷旺廟 平
臨官
飛廉
歲驛 83～92 戊
喪門 財帛宮 寅</td>
<td>天天天天天
梁魁姚使空
旺旺平陷平
冠帶
奏書
攀鞍 73～82 己
晦氣 疾厄宮 丑</td>
<td>廉天文三
貞相曲臺
平廟得平
沐浴
將軍
將星 63～72 戊
歲建 遷移宮 子</td>
<td>巨天天
門官傷
旺旺旺
長生
小耗
亡神 53～62 丁
病符 交友宮 亥</td>
</tr>
</table>

【預測】：

1、先說吉凶，看看能否深入發展下去。

先看命宮，命宮是事情的主體。

命宮破軍、鈴星、截空星，殺破狼結構之破軍，說明感情已經破壞，無法繼續了。

2、再看夫妻宮，武曲化權、左輔、龍池、照貪狼、鳳閣、右弼，說明脾氣都很倔強，並且對方感情已經轉移。

3、**所以判斷**：感情已經無法繼續，沒有結婚的應期。

【回饋】：

3月17日，求測者說，剛剛分手了！和好機率不大。我們異地戀，可能他有喜歡的人了吧！反正我這邊沒有。我還不想成為人妻。

例題3

【背景】：

求測者說，和男友認識兩年了，年後開始常有矛盾，昨天他讓我拉黑他，我表面答應了，但沒有拉黑，下午的時候他發了個消息試探我是不是拉黑了他，然後又撤回了。我擔心再繼續談下去也是沒結果，所以暫時沒有主動找他。他確實長相一般，剛認識的時候覺得不是自己喜歡的類型，後來被他細心和耐心打動，只是從去年末發現他不像之前那樣一有空就聯

<table>
<tr>
<td>天左鈴天副破劫月
梁輔星月旬碎煞德
得平得　廟陷
大耗　絕
劫煞　92~101　辛
小耗　子女宮　巳</td>
<td>七地天截天天
殺劫福空哭虛
旺廟平廟陷平
伏兵　胎
災煞　102~111　壬
歲破　夫妻宮　午</td>
<td>天陀恩副大龍
鉞羅光截耗德
旺廟旺廟平
官府　養
天煞　112~121　癸
龍德　兄弟宮　未</td>
<td>廉祿天解天蜚
貞存才神巫廉
廟廟廟不
博士　長生
指背　2~11　甲
白虎　命宮　申</td>
</tr>
<tr>
<td>紫天地八龍旬華
微相空座池空蓋
得得陷旺廟陷廟
病符　墓
華蓋　82~91　庚
官符　財帛宮　辰</td>
<td colspan="2" rowspan="2">乾造　庚　戊　辛　乙(日空辰、巳)
　　　子　寅　丑　未

1命宮　2兄弟　3夫妻　4子女　5財帛　6疾厄
7遷移　8交友　9官祿　10田宅　11福德　12父母

甲干　廉貞-太陽　乙干　天機-太陰　丙干　天同-廉貞　丁干　太陰-巨門
戊干　貪狼-天機　己干　武曲-文曲
庚干　太陽-天同　辛干　巨門-文昌　壬干　天梁-武曲　癸干　破軍-貪狼</td>
<td>右擎火天封咸天
弼羊星喜誥池德
陷陷得廟　平不
3月份　沐浴
力士
咸池　12~21　乙
天德　父母宮　酉</td>
</tr>
<tr>
<td>天巨文紅天天
機門昌鸞貴使
旺廟利廟旺平
喜神　死
息神　72~81　己
貫索　疾厄宮　卯</td>
<td>破天三鳳天寡年
軍刑臺閣壽宿解
旺廟旺廟廟陷廟
身宮
青龍　冠帶
月煞　22~31　丙
弔客　福德宮　戌</td>
</tr>
<tr>
<td>貪天天天孤
狼馬姚廚辰
平旺旺　平
飛廉　病
歲驛　62~71　戊
喪門　遷移宮　寅</td>
<td>太太天天臺天
陽陰魁傷輔空
不廟旺平　平
祿科
奏書　衰
攀鞍　52~61　己
晦氣　交友宮　丑</td>
<td>武天陰
曲府煞
旺廟
權
將軍　帝旺
將星　42~51　戊
歲建　官祿宮　子</td>
<td>天文天
同曲官
廟旺旺
忌
小耗　臨官
亡神　32~41　丁
病符　田宅宮　亥</td>
</tr>
</table>

繫我，忙的時間多很多，不像之前再忙也會陪我了。拉黑算是絕交，應該等於分手吧。還能復合嗎？

【預測】：

1、先說吉凶，看看能否復合。

先看命宮，命宮是事情的主體。

命宮廉貞、祿存、天巫、蜚廉星，表示莫名其妙的糾紛，感情還是很深刻的。

2、再看夫妻宮七殺、地劫、截空星，照武曲化權、天府星，說明確實太忙沒有時間，私下交流減少。但是只要包容還能回到從前。

3、再看流月3月在酉位，其夫妻宮在未位，陀羅、天鉞、恩光星，照太陰化科、天魁星，說明糾結一段時間以後，幾次三番的鬥爭之後，感情恢復了。

所以判斷：這次你們的矛盾不是終點，下個月（3月）就會復合。

【回饋】：2020年3月，求測者說，確實和好了，謝謝老師。

例題4

【背景】：

求測者說，兩年前，工作上的事他曾經幫過我，後來因為誤會沒有再聯繫，近期無意中聯繫上，他有向我提結婚的事，可是我不知道他是真心誠意的嗎？

【預測】：

1、先說吉凶，看看能否成為一家人。

先看夫妻宮。夫妻宮紫微、天府

太陀天天旬破 陽羅使廚空碎 旺陷平　廟陷 官府　長生 指背　74~83　乙 白虎　疾厄宮　巳	破祿紅天咸天 軍存鸞貴池德 廟廟旺廟陷旺 身宮 博士　沐浴 咸池　84~93　丙 天德　財帛宮　午	天擎天天寡 機羊姚才宿 陷廟旺平不 科 力士　冠帶 月煞　94~103　丁 弔客　子女宮　未	紫天鈴 微府星 旺得陷 青龍　臨官 亡神　104~113　戊 病符　夫妻宮　申
武右恩臺副龍 曲弼光輔旬德 廟廟廟　陷 伏兵　養 天煞　64~73　甲 龍德　遷移宮　辰	坤造 丁 己 戊 壬(日空辰、巳) 酉 酉 戌 戌 1命宮；2兄弟；3夫妻；4子女；5財帛；6疾厄 7遷移；8交友；9官祿；10田宅；11福德；12父母 甲干 廉貞-太陽　乙干 天機-太陰　丙干 天同-廉貞　丁干 太陰-巨門 戊干 貪狼-天機　己干 武曲-文曲 庚干 太陽-天同　辛干 巨門-文昌　壬干 天梁-武曲　癸干 破軍-貪狼		太天地天 陰鉞劫哭 旺廟平不 祿 小耗　帝旺 將星　114~123　己 歲建　兄弟宮　酉
天天三天天截天 同刑臺壽傷空虛 平廟陷陷陷平廟 權 大耗　胎 災煞　54~63　癸 歲破　交友宮　卯			貪左天 狼輔空 廟廟陷 將軍　衰 攀鞍　4~13　庚 晦氣　命宮　戌
七文天解天副陰大劫月 殺曲官神巫截煞耗煞德 廟平平廟　陷　陷 病符　絕 劫煞　44~53　壬 小耗　官祿宮　寅	天火地龍鳳年華 梁星空池閣解蓋 旺得陷平平得陷 喜神　墓 華蓋　34~43　癸 官符　田宅宮　丑	廉天文天封 貞相昌喜誥 平廟得旺 飛廉　死 息神　24~33　壬 貫索　福德宮　子	巨天天八天天孤蜚 門魁馬座福月辰廉 旺旺平廟廟　陷 忌 奏書　病 歲驛　14~23　辛 喪門　父母宮　亥

星，加會武曲、右弼、天相、天喜、封誥，照七殺，說明兩個人都很高傲、霸道，感情沒有未來。

2、再看夫妻宮的夫妻宮，破軍、祿存、紅鸞、咸池星，殺破狼結構之破軍，照天相，說明是亂桃花而已，難以結婚。

3、**所以判斷：**兩個人難以結婚。沒有結婚的應期。

【回饋】：

2020年3月，求測者說，事隔2年，今天我再次回饋：我與那個人的確實沒有未來。

例題5

【背景】：

求測者說，我很崇拜他，他很優秀的，很有才華。他很瘦，他是中南大學研究生，現在科研院所工作，不知道這種學霸級的人物看得上我嗎？我怕被拒絕，我還是有點害怕。我想跟他約見面，他會見我嗎？

【預測】：

1、先說吉凶，看看能否見面。

先看命宮，命宮是事情的主體。

<table>
<tr>
<td>天祿紅三天副大龍
府存鸞臺巫旬耗德
得廟旺平　廟陷

絕
博士
亡神　5 ~ 14　丁
龍德　命宮　巳</td>
<td>天太擎天
同陰羊廚
陷不陷
權
胎
力士
將星　15 ~ 24　戊
白虎　父母宮　午</td>
<td>武貪天寡天
曲狼鉞宿德
廟廟旺不廟
祿
養
青龍
攀鞍　25 ~ 34　己
天德　福德宮　未</td>
<td>太巨地天解天
陽門劫馬神哭
得廟廟旺不廟

長生
小耗
歲驛　35 ~ 44　庚
弔客　田宅宮　申</td>
</tr>
<tr>
<td>左陀旬天
輔羅空虛
廟廟陷陷

墓
官府
月煞　115 ~ 124　丙
歲破　兄弟宮　辰</td>
<td colspan="2" rowspan="2">乾造 戊 甲 庚 乙(日空申、酉)
　　 戌 寅 辰 酉

1命宮； 2兄弟； 3夫妻； 4子女； 5財帛； 6疾厄
7遷移； 8交友； 9官祿； 10田宅； 11福德； 12父母

甲干 廉貞-太陽　乙干 天機-太陰　丙干 天同-廉貞　丁干 太陰-巨門
戊干 貪狼-天機　己干 武曲-文曲
庚干 太陽-天同　辛干 巨門-文昌　壬干 天梁-武曲　癸干 破軍-貪狼</td>
<td>天天八天
相刑座壽
陷廟廟平

沐浴
將軍
息神　45 ~ 54　辛
病符　官祿宮　酉</td>
</tr>
<tr>
<td>廉破天天天臺咸月
貞軍才官福輔池德
平陷旺旺平　平

死
伏兵
咸池　105 ~ 114　乙
小耗　夫妻宮　卯</td>
<td>天天右火天天華
機梁弼星傷月蓋
利廟廟廟平　平
忌　科
冠帶
奏書
華蓋　55 ~ 64　壬
歲建　交友宮　戌</td>
</tr>
<tr>
<td>地龍陰
空池煞
陷平

病
大耗
指背　95 ~ 104　甲
官符　子女宮　寅</td>
<td>文文天天恩天副破
昌曲魁姚光貴截碎
廟廟旺平廟旺不陷

衰
病符
天煞　85 ~ 94　乙
貫索　財帛宮　丑</td>
<td>鈴鳳天截蜚年
星閣使空廉解
陷廟陷陷　廟

帝旺
喜神
災煞　75 ~ 84　甲
喪門　疾厄宮　子</td>
<td>紫七天封天孤劫
微殺喜誥空辰煞
旺平旺　平陷
身宮
臨官
飛廉
劫煞　65 ~ 74　癸
晦氣　遷移宮　亥</td>
</tr>
</table>

命宮天府、紅鸞、祿存、三台星，說明一想到他就心跳加速，很緊張。照紫微天喜封誥劫煞星，說明很遙遠，沒有開始的感情衝動。合巨門、地劫、天馬、太陽得地，說明因為出門或者失去機會。但是能同意。

2、再看夫妻宮，廉貞、破軍、咸池、天福平勢，說明沒有夫妻名份，這段感情沒有成功，剪不斷，理還亂的一種情緒。

3、**所以判斷**：能答應見面，但是結果談得不好，或者雖然答應了但是沒有見到。

【回饋】：

事後，求測者說，鼓起勇氣跟他說了這幾天一起吃飯，春節期間他約我見面了，但是我去親戚加走春，沒去成，他可能有點失望吧！現在我想見也見不上了。既然無緣，我又何必執著。

例題6

【背景】：

全部刪除了微信、電話。都是拿我當備胎的，我不想主動了。就是瞎等，半個月了，心裡放不下，但是很絕望。還有復合之期嗎？能結合嗎？

【預測】：

1、先說吉凶，看看能否復合，能否結成夫妻。

先看命宮，命宮是事情的主體。

命宮破軍、文曲、天馬、八座、

<table>
<tr>
<td>天祿火紅副大龍
機存星鸞旬耗德
平廟得旺廟陷
忌
博士　病
亡神　93～102　丁
龍德　子女宮　巳</td>
<td>紫文擎三天封解天陰
微昌羊臺才誥神廚煞
廟陷陷旺旺　廟
2020年
力士　死
將星　103～112　戊
白虎　夫妻宮　午</td>
<td>天鈴地天寡天
鉞星空刑宿德
旺利平陷不廟
青龍　墓
攀鞍　113～122　己
天德　兄弟宮　未</td>
<td>破文天八天
軍曲馬座哭
得得旺廟廟
小耗　絕
歲驛　3～12　庚
弔客　命宮　申</td>
</tr>
<tr>
<td>七陀旬天
殺羅空虛
廟廟陷陷
身宮
官府　衰
月煞　83～92　丙
歲破　財帛宮　辰</td>
<td colspan="2" rowspan="2">乾造 戊　甲　己　戊 (日空午、未)
　　 戌　子　丑　辰
1命宮； 2兄弟； 3夫妻； 4子女； 5財帛； 6疾厄
7遷移； 8交友； 9官祿； 10田宅； 11福德； 12父母
甲干 廉貞-太陽　乙干 天機-太陰　丙干 天同-廉貞　丁干 太陰-巨門
戊干 貪狼-天機　己干 武曲-文曲
庚干 太陽-天同　辛干 巨門-文昌　壬干 天梁-武曲　癸干 破軍-貪狼</td>
<td>恩
光
陷
將軍　胎
息神　13～22　辛
病符　父母宮　酉</td>
</tr>
<tr>
<td>太天地天天天咸月
陽梁劫官福使池德
廟廟平旺平平平
伏兵　帝旺
咸池　73～82　乙
小耗　疾厄宮　卯</td>
<td>廉天臺天華
貞府輔月蓋
利廟　平
奏書　養
華蓋　23～32　壬
歲建　福德宮　戌</td>
</tr>
<tr>
<td>武天左龍天天
曲相輔池壽巫
得廟廟平旺
大耗　臨官
指背　63～72　甲
官符　遷移宮　寅</td>
<td>天巨天天副破
同門魁傷截碎
不不旺平不陷
病符　冠帶
天煞　53～62　乙
貫索　交友宮　丑</td>
<td>貪右鳳截蜚年
狼弼閣空廉解
旺廟廟陷　廟
祿 科
喜神　沐浴
災煞　43～52　甲
喪門　官祿宮　子</td>
<td>太天天天天孤劫
陰喜姚貴空辰煞
廟旺陷平平陷
權
飛廉　長生
劫煞　33～42　癸
晦氣　田宅宮　亥</td>
</tr>
</table>

天哭星，說明各奔東西，很傷感的情緒。加會貪狼化祿、右弼化科、鳳閣，說明感情已經轉移。

2、再看夫妻宮的官祿宮在戌位，天府星，照七殺、陀羅星，說明還有感情，但是還會糾纏一段時間，最後分裂。

3、**所以判斷：**這段感情已經充滿變數。但是遷延的時間比較長。沒有結婚的應期。

【回饋】：

2019年11月，求測者說，他主動復合，但是，我們的狀態都不好，放又放不下，在一起又不想好好的。2020年4月，求測者說，春天剛分的，現在兩個月沒聯繫。

例題7

【背景】：

求測者說，一直天天聯繫，最近有些分歧，這兩天突然不聯繫了，網戀男真喜歡我嗎？還是另有新歡了嗎？

【預測】：

1、先說吉凶，看看能否繼續相愛。先看夫妻宮，天同天鉞，說明另有新歡；天梁星化科，說明會有聯繫；封誥劫煞，說明不想溝

<table>
<tr>
<td>廉貪陀地地天天旬天
貞狼羅劫空馬使空虛
陷陷陷不廟平平廟旺
權
臨官
官府
歲驛 76～85 己
歲破 疾厄宮 巳</td>
<td>巨左祿龍
門輔存德
旺旺廟
帝旺
博士
息神 86～95 庚
龍德 財帛宮 午</td>
<td>天擎恩天華
相羊光哭蓋
得廟旺平陷
衰
力士
華蓋 96～105 辛
白虎 子女宮 未</td>
<td>天天右天封天副劫天
同梁弼鉞誥廚截煞德
旺陷不廟 廟 平
科
病
青龍
劫煞 106～115 壬
天德 夫妻宮 申</td>
</tr>
<tr>
<td>太文鈴紅八天副大月
陰昌星鸞座月旬耗德
陷得陷廟旺 陷平
冠帶
伏兵
攀鞍 66～75 戊
小耗 遷移宮 辰</td>
<td colspan="2" rowspan="2">坤造 己 戊 丙 甲(日空申、酉)
亥 辰 子 午

1命宮； 2兄弟； 3夫妻； 4子女； 5財帛； 6疾厄
7遷移； 8交友； 9官祿； 10田宅； 11福德； 12父母

甲干 廉貞-太陽 乙干 天機-太陰 丙干 天同-廉貞 丁干 太陰-巨門
戊干 貪狼-天機 己干 武曲-文曲
庚干 太陽-天同 辛干 巨門-文昌 壬干 天梁-武曲 癸干 破軍-貪狼</td>
<td>武七天天天截破
曲殺才壽官空碎
利旺旺平平廟平
祿
死
小耗
災煞 116～125 癸
弔客 兄弟宮 酉</td>
</tr>
<tr>
<td>天火天龍天
府星姚池傷
得利廟廟陷
沐浴
大耗
將星 56～65 丁
官符 交友宮 卯</td>
<td>太文天三解寡陰
陽曲喜臺神宿煞
不陷陷旺廟陷
忌
身宮
墓
將軍
天煞 6～15 甲
病符 命宮 戌</td>
</tr>
<tr>
<td>天天孤
福巫辰
旺 平
長生
病符
亡神 46～55 丙
貫索 官祿宮 寅</td>
<td>紫破天蜚
微軍貴廉
廟旺旺
養
喜神
月煞 36～45 丁
喪門 田宅宮 丑</td>
<td>天天臺天咸
機魁輔空池
廟旺 陷陷
6月份
胎
飛廉
咸池 26～35 丙
晦氣 福德宮 子</td>
<td>天鳳年
刑閣解
陷旺得
絕
奏書
指背 16～25 乙
歲建 父母宮 亥</td>
</tr>
</table>

通。

2、再看夫妻宮的官祿宮，天機、天魁星，照巨門、左輔、祿存星，說明還是會有聯繫但不穩定，終為匆匆過客。

3、再看流月6月份在子位，其夫妻宮在戌位，文曲化忌、天喜陷落、解神，說明分手。

所以判斷：會聯繫，但是前途仍然不穩定，在6月份會分手。

【回饋】：

6月11日，求測者說，聯繫我了，他叫我別再找他。

例題 8

【背景】：

求測者說，他今天說現在年紀都不小了，大家都不能浪費時間，讓我回去考慮一下給他個答覆，一起吃晚飯的男的適合交往嗎？我覺得今天才認識就要給答覆也太快了點，畢竟對他沒有出現那種一見鍾情的感覺。

【預測】：

1、先說吉凶，看看是否有夫妻緣份。

天陀天天八臺天旬天 相羅馬姚座輔巫空虛 得陷平平廟　　廟旺 身宮 絕 官府 歲驛　105～114　己 歲破　夫妻宮　巳	天右祿天陰龍 梁弼存才煞德 廟旺廟旺 科 胎 博士 息神　115～124　庚 龍德　兄弟宮　午	廉七擎天天華 貞殺羊月哭蓋 利廟廟　平陷 養 力士 華蓋　5～14　辛 白虎　命宮　未	左天火天副劫天 輔鉞星廚截煞德 平廟陷　廟　平 長生 青龍 劫煞　15～24　壬 天德　父母宮　申
巨紅天副大月 門鸞壽旬耗德 陷廟廟陷平 墓 伏兵 攀鞍　95～104　戊 小耗　子女宮　辰	坤造　己　庚　甲　乙（日空午、未） 　　　亥　午　申　亥 1命宮；2兄弟；3夫妻；4子女；5財帛；6疾厄 7遷移；8交友；9官祿；10田宅；11福德；12父母 甲干　廉貞-太陽　乙干　天機-太陰　丙干　天同-廉貞　丁干　太陰-巨門 戊干　貪狼-天機　己干　武曲-文曲 庚干　太陽-天同　辛干　巨門-文昌　壬干　天梁-武曲　癸干　破軍-貪狼		鈴三天截破 星臺官空碎 得廟平廟平 沐浴 小耗 災煞　25～34　癸 弔客　福德宮　酉
紫貪文天龍 微狼曲貴池 旺利旺旺廟 權忌 死 大耗 將星　85～94　丁 官符　財帛宮　卯			天地天寡 同劫喜宿 平平陷陷 冠帶 將軍 天煞　35～44　甲 病符　田宅宮　戌
天太天天孤 機陰福使辰 得旺旺平平 病 病符 亡神　75～84　丙 貫索　疾厄宮　寅	天天封蜚 府刑誥廉 廟陷 衰 喜神 月煞　65～74　丁 喪門　遷移宮　丑	太天地天解天咸 陽魁空傷神空池 陷旺平陷廟陷陷 帝旺 飛廉 咸池　55～64　丙 晦氣　交友宮　子	武破文恩鳳年 曲軍昌光閣解 平平利不旺得 祿 臨官 奏書 指背　45～54　乙 歲建　官祿宮　亥

先看命宮，命宮是事情的主體。

命宮七殺、擎羊、天哭星，說明對他吃飯時候的表白深感吃驚和突兀。照天府、封誥星，說明沒有下文。

2、再看夫妻宮天相得地、天馬平勢、八座、旬空、天虛星，說明沒有來往，沒有再見。

3、**所以判斷：**兩個人沒有夫妻緣份。沒有結婚的應期。

【回饋】：7月30日，求測者說，覺得他懶散沒什麼上進心，就吃一頓飯，所以就沒再聯繫了。

例題9

【背景】：

求測者說，我說了幾遍了要公開我們的戀愛關係，他就是拖著，我覺得他和女性之間充滿曖昧（單獨約吃飯、看電影什麼的，不只一個人），他覺得是正常交流。但是我目前沒有逮到他外面的女人。我當面提出分手，但是對方不肯。感情走勢會怎樣？

【預測】：

<table>
<tr>
<td>天陀鈴天天天旬破
府羅星貴壽廚空碎
得陷得平平　廟陷
力士
指背　12～21　臨官 乙
白虎　兄弟宮　巳</td>
<td>天太祿地紅解咸天
同陰存劫鸞神池德
陷不廟廟旺廟陷旺
權 祿
博士
咸池　2～11　冠帶 丙
天德　命宮　午</td>
<td>武貪擎寡
曲狼羊宿
廟廟廟不
官府
月煞　112～121　沐浴 丁
弔客　父母宮　未</td>
<td>太巨天
陽門刑
得廟陷
忌
身宮
伏兵
亡神　102～111　長生 戊
病符　福德宮　申</td>
</tr>
<tr>
<td>地八副陰龍
空座旬煞德
陷旺陷
青龍
天煞　22～31　帝旺 甲
龍德　夫妻宮　辰</td>
<td colspan="2" rowspan="2">乾造 戊 甲 戊 己（日空戌、亥）
　　 戌 寅 辰 未

1命宮； 2兄弟； 3夫妻； 4子女； 5財帛； 6疾厄
7遷移； 8交友； 9官祿； 10田宅； 11福德； 12父母

甲干 廉貞-太陽 乙干 天機-太陰 丙干 天同-廉貞 丁干 太陰-巨門
戊干 貪狼-天機 己干 武曲-文曲
庚干 太陽-天同 辛干 巨門-文昌 壬干 天梁-武曲 癸干 破軍-貪狼</td>
<td>天天恩封天
相鉞光誥哭
陷廟陷　不
大耗
將星　92～101　養 己
歲建　田宅宮　酉</td>
</tr>
<tr>
<td>廉破左文天截天
貞軍輔昌才空虛
平陷陷利旺平廟
小耗
災煞　32～41　衰 癸
歲破　子女宮　卯</td>
<td>天天火三天
機梁星臺空
利廟廟旺陷
科
病符
攀鞍　82～91　胎 庚
晦氣　官祿宮　戌</td>
</tr>
<tr>
<td>天天副大劫月
官月截耗煞德
平　陷陷
將軍
劫煞　42～51　病 壬
小耗　財帛宮　寅</td>
<td>龍鳳天臺年華
池閣使輔解蓋
平平陷　得陷
奏書
華蓋　52～61　死 癸
官符　疾厄宮　丑</td>
<td>天天
喜姚
旺陷
飛廉
息神　62～71　墓 壬
貫索　遷移宮　子</td>
<td>紫七右文天天天天天孤蜚
微殺弼曲魁馬福傷巫辰廉
旺平平旺旺平廟旺　陷
喜神
歲驛　72～81　絕 辛
喪門　交友宮　亥</td>
</tr>
</table>

1、先說吉凶，看看能否繼續相愛。

先看命宮，命宮是事情的主體。

命宮天同化權、太陰化祿，說明不是一個女人，交往了很多女人。同度祿存、地劫、紅鸞星，說明溫存不在。

2、再看夫妻宮，八座星，照天梁、火星，說明不能繼續了，無法溝通。

3、**所以判斷：**感情的走勢不好，難以維持和繼續了，沒有繼續的應期。

【回饋】：

2019年5月份，求測者說，一年多了，沒聯繫，他當眾說了我很多壞話，變成仇人了。

第二節 問婚姻、結婚、離婚

例題1

【背景】：

求測者說，從戀愛到現在八年多，心裡萬分不捨，但不能再這麼過下去了。不能容忍對方的過錯和缺點，就因為不能自然受孕生孩子，沒有孩子，唉。那就放手給對方自由。我已經通知我家人我想離婚，我家人沒意見。他家的戶口本在他手裡，他媽媽跟姐姐都管不了他，很固執的一個人。他沒房沒車，什麼都沒有，不會有什麼財產爭議。我真的特別傷心，這次不知能否順利離婚，麻煩老師看一下，謝謝了。我跟他都說好了星期一或者星期二就去辦理離婚。這次我不會再跟他繼續了，傻一次就可以了，不能再繼續傻下去。這次肯定能離婚嗎？

【預測】：

1、先說吉凶，看看能否離婚，什麼時候緩和。

先看命宮，命宮是事情的主體。命宮廉貞化忌、七殺、三台、八座星，說明糾紛很嚴重，已經住在娘家。同時，同度的紅鸞和恩光，合天梁星，照天府星，說明這種情況還是能阻止和包容的

2、再看夫妻宮，天相、祿存、地劫、劫煞、天德、天官星，說明

<table>
<tr>
<td>天祿地地天副副劫天
相存劫空官截旬煞德
得廟不廟旺廟廟　旺
博士　　　　長生
劫煞　104～113　癸
天德　夫妻宮　巳</td>
<td>天擎解
梁羊神
廟陷廟
2018年　沐浴
力士
災煞　114～123　甲
弔客　兄弟宮　午</td>
<td>廉七紅三八恩寡
貞殺鸞臺座光宿
利廟陷廟平旺不
忌
身宮
青龍　　　　冠帶
天煞　4～13　乙
病符　命宮　未</td>
<td>火天封
星刑誥
陷陷
小耗　　　　臨官
指背　14～23　丙
歲建　父母宮　申</td>
</tr>
<tr>
<td>巨文陀鈴截旬蜚陰華
門昌羅星空空廉煞蓋
陷得廟陷陷陷　　廟
科
官府　　　　養
華蓋　94～103　壬
白虎　子女宮　辰</td>
<td colspan="2" rowspan="2">乾造 丙 辛 辛 甲 (日空辰、巳)
　　 申 丑 丑 午

1命宮； 2兄弟； 3夫妻； 4子女； 5財帛； 6疾厄
7遷移； 8交友； 9官祿； 10田宅； 11福德； 12父母

甲干 廉貞-太陽 乙干 天機-太陰 丙干 天同-廉貞 丁干 太陰-巨門
戊干 貪狼-天機 己干 武曲-文曲
庚干 太陽-天同 辛干 巨門-文昌 壬干 天梁-武曲 癸干 破軍-貪狼</td>
<td>天天咸破
鉞空池碎
廟旺平平
將軍　　　　帝旺
咸池　24～33　丁
晦氣　福德宮　酉</td>
</tr>
<tr>
<td>紫貪左天天大龍
微狼輔才壽耗德
旺利陷旺陷不
伏兵　　　　胎
息神　84～93　辛
龍德　財帛宮　卯</td>
<td>天文天
同曲哭
平陷平
祿
奏書　　　　衰
月煞　34～43　戊
喪門　田宅宮　戌</td>
</tr>
<tr>
<td>天太天鳳天天天年
機陰馬閣使月虛解
得旺旺廟平　旺廟
權
大耗　　　　絕
歲驛　74～83　庚
歲破　疾厄宮　寅</td>
<td>天天天月
府喜貴德
廟陷旺
病符　　　　墓
攀鞍　64～73　辛
小耗　遷移宮　丑</td>
<td>太天龍天天臺天
陽姚池福傷輔廚
陷陷旺平陷
喜神　　　　死
將星　54～63　庚
官符　交友宮　子</td>
<td>武破右天天孤
曲軍弼魁巫辰
平平平旺　陷
飛廉　　　　病
亡神　44～53　己
貫索　官祿宮　亥</td>
</tr>
</table>

吉凶參半，但是結婚證還存在，沒離婚。

3、再看流年2018年命宮在午位，其夫妻宮在辰位，巨門、旬空、截空星，說明吵架減少了；文昌化科、陀羅星，說明結婚證還頑固的存在著，沒有離婚。其子女宮在卯位，紫微、貪狼利勢化祿、龍德、天壽星，說明能懷孕或者夫妻生活和諧等。

所以判斷：這次離婚沒有成功。2018年會緩和。稍微克制一點，多一些包容和理解，生活還可以繼續。

【回饋】：

1月17日 求測者說，這次沒離成，我又一次心軟了，捨不得他。2018年9月，求測者說，剛做了第二次移植了，試管嬰兒妊娠成功了。

例題2

【背景】：

求測者說，昨天與老婆大吵一架，鬧著要離婚，心裡痛苦，心疼孩子。想請老師看看後面結果如何？結婚二十年，被數落了一輩子，已忍無可忍。只是心疼孩子，在這樣的家庭氛圍中生活痛苦。我忍了一輩子了，她也飛揚跋扈慣了，我早已失去了生活的樂趣。只是可憐孩子。哎！

<table>
<tr>
<td>天左文天天副破劫月
梁輔昌使月旬碎煞德
得平廟平　廟陷
大耗
劫煞　75～84　絕
小耗　疾厄宮　辛巳</td>
<td>七地恩天截天天
殺空光福空哭虛
旺廟廟平廟陷平
伏兵
災煞　85～94　胎
歲破　財帛宮　壬午</td>
<td>天陀火三八封副大龍
鉞羅星臺座誥截耗德
旺廟利廟平　廟平
官府
天煞　95～104　養
龍德　子女宮　癸未</td>
<td>廉祿天解天蜚
貞存壽神巫廉
廟廟旺不
身宮
博士
指背　105～114　長生
白虎　夫妻宮　甲申</td>
</tr>
<tr>
<td>紫天地龍旬華
微相劫池空蓋
得得陷廟陷廟
病符
華蓋　65～74　墓
官符　遷移宮　庚辰</td>
<td colspan="2" rowspan="2">乾造 庚　己　庚　辛（日空寅、卯）
　　 子　卯　戌　巳

1命宮； 2兄弟； 3夫妻； 4子女； 5財帛； 6疾厄
7遷移； 8交友； 9官祿； 10田宅； 11福德； 12父母

甲干 廉貞-太陽　乙干 天機-太陰　丙干 天同-廉貞　丁干 太陰-巨門
戊干 貪狼-天機　己干 武曲-文曲
庚干 太陽-天同　辛干 巨門-文昌　壬干 天梁-武曲　癸干 破軍-貪狼</td>
<td>右文擎天咸天
弼曲羊喜池德
陷廟陷廟平不
力士
咸池　115～124　沐浴
天德　兄弟宮　乙酉</td>
</tr>
<tr>
<td>天巨鈴紅天
機門星鸞傷
旺廟利廟陷
喜神
息神　55～64　死
貫索　交友宮　己卯</td>
<td>破天天鳳天寡年
軍刑貴閣才宿解
旺廟旺廟陷陷廟
青龍
月煞　5～14　冠帶
弔客　命宮　丙戌</td>
</tr>
<tr>
<td>貪天天天孤
狼馬姚廚辰
平旺旺　平
飛廉
歲驛　45～54　病
喪門　官祿宮　戊寅</td>
<td>太太天天
陽陰魁空
不廟旺平
祿科
奏書
攀鞍　35～44　衰
晦氣　田宅宮　己丑</td>
<td>武天陰
曲府煞
旺廟
權
將軍
將星　25～34　帝旺
歲建　福德宮　戊子</td>
<td>天天臺
同官輔
廟旺
忌
小耗
亡神　15～24　臨官
病符　父母宮　丁亥</td>
</tr>
</table>

【預測】：

1、先說吉凶，看看能否離婚。

先看命宮，命宮是事情的主體。

命宮破軍、天刑星，照紫微、天相星，說明分裂和離婚的心態能被壓制，能緩和。

2、再看夫妻宮廉貞、祿存，加會天府、武曲化權，說明確實很霸道，但是感情基礎很深厚，能包容。

3、**所以判斷：**不會離婚，過段時間就能緩和，沒有離婚應期。

【回饋】：

3月14日，求測者說，已緩和。

例題3

【背景】：

求測者說，我是本科學歷，長得還湊合吧！2008年結婚。近幾年經濟遇到問題，想離婚，看看能否順利離婚。什麼時候能離婚。

【預測】：

1、先說吉凶，看看能否離婚。

先看命宮，命宮是事情的主體。命宮破軍、天刑、三台星，合巨門星，說明吵得很厲害，要訴諸

<table>
<tr>
<td>天左文祿紅天天副大龍
梁輔昌存鸞使月旬耗德
得平廟廟旺平　廟陷

博士　　72～81　　絕
亡神　　　　　　丁
龍德　　疾厄宮　巳</td>
<td>七擎火地天天
殺羊星空壽廚
旺陷廟廟平

力士　　82～91　　胎
將星　　　　　　戊
白虎　　財帛宮　午</td>
<td>天封寡天
鉞誥宿德
旺　不廟

青龍　　92～101　　養
攀鞍　　　　　　己
天德　　子女宮　未</td>
<td>廉鈴天天解天天
貞星馬才神巫哭
廟陷旺廟不　廟
身宮
小耗　　2019年　　長生
歲驛　　102～111　庚
弔客　　夫妻宮　申</td>
</tr>
<tr>
<td>紫天陀地八旬天
微相羅劫座空虛
得得廟陷旺陷陷

官府　　62～71　　墓
月煞　　　　　　丙
歲破　　遷移宮　辰</td>
<td colspan="2" rowspan="2">乾造 戊　乙　癸　丁(日空寅、卯)
　　 戌　卯　丑　巳

1命宮； 2兄弟； 3夫妻； 4子女； 5財帛； 6疾厄
7遷移； 8交友； 9官祿； 10田宅； 11福德； 12父母

甲干 廉貞-太陽　乙干 天機-太陰　丙干 天同-廉貞　丁干 太陰-巨門
戊干 貪狼-天機　己干 武曲-文曲
庚干 太陽-天同　辛干 巨門-文昌　壬干 天梁-武曲　癸干 破軍-貪狼</td>
<td>右文恩
弼曲光
陷廟陷
科

將軍　　112～121　沐浴
息神　　　　　　辛
病符　　兄弟宮　酉</td>
</tr>
<tr>
<td>天巨天天天咸月
機門官福傷池德
旺廟旺平陷平
忌

伏兵　　52～61　　死
咸池　　　　　　乙
小耗　　交友宮　卯</td>
<td>破天三華
軍刑臺蓋
旺廟旺平

奏書　　2～11　　冠帶
華蓋　　　　　　壬
歲建　　命宮　　戌</td>
</tr>
<tr>
<td>貪天龍
狼姚池
平旺平
祿

大耗　　42～51　　病
指背　　　　　　甲
官符　　官祿宮　寅</td>
<td>太太天天副破
陽陰魁貴截碎
不廟旺旺不陷
權

病符　　32～41　　衰
天煞　　　　　　乙
貫索　　田宅宮　丑</td>
<td>武天鳳截蜚陰年
曲府閣空廉煞解
旺廟廟陷　　廟

喜神　　22～31　　帝旺
災煞　　　　　　甲
喪門　　福德宮　子</td>
<td>天天臺天孤劫
同喜輔空辰煞
廟旺　平陷

飛廉　　12～21　　臨官
劫煞　　　　　　癸
晦氣　　父母宮　亥</td>
</tr>
</table>

法律離婚。照紫微、陀羅星，說明走法律程序，比較緩慢。

2、再看夫妻宮，廉貞、天馬、天哭星，加會天府、武曲星，說明已經離家分居，苦惱鬱悶，但是感情尚存。

3、再看夫妻宮的官祿宮，在子位，武曲、天府、鳳閣、蜚廉、陰煞星，照七殺、火星、地空星，2019 年的夫妻宮就進入了午位，說明錢財和房產等各種是非，比較嚴重，決裂了。

所以判斷：婚姻會離掉，但是不會很快，拖延緩慢，然而涉及到錢財的各種是非難以調和緩解了。2019 年多注意吧！

【回饋】：

求測者說，2019 年11月8日離婚。立冬那天判決離婚的。孩子判給我。

例題4

【背景】：

求測者說，老公和我母親關係很差，他不喜歡我母親，我們也吵架，近日冷戰，看看哪天能和好。

【預測】：

1、先說吉凶，看看能否和好，什麼時候和好。

先看命宮，命宮是事情的主體。命宮天梁化科、封誥、截空星，說明不再溝通，冷靜下來等。

<table>
<tr>
<td>太陀鈴天旬天
陰羅星馬空虛
陷陷得平廟旺
官府 長生
歲驛 84～93 己
歲破 財帛宮 巳</td>
<td>貪左祿地恩龍
狼輔存劫光德
旺旺廟廟廟
[權]
博士 沐浴
息神 94～103 庚
龍德 子女宮 午</td>
<td>天巨擎天華
同門羊哭蓋
不不廟平陷
力士 冠帶
華蓋 104～113 辛
白虎 夫妻宮 未</td>
<td>武天右天天天副劫天
曲相弼鉞才廚截煞德
得廟不廟廟 廟 平
[祿]
4月13日
青龍 臨官
劫煞 114～123 壬
天德 兄弟宮 申</td>
</tr>
<tr>
<td>廉天火地紅八天天副大月
貞府星空鸞座使月旬耗德
利廟陷陷廟旺陷 陷平
伏兵 養
攀鞍 74～83 戊
小耗 疾厄宮 辰</td>
<td colspan="2" rowspan="2">坤造 己 戊 丙 乙(日空申、酉)
亥 辰 子 未

1命宮； 2兄弟； 3夫妻； 4子女； 5財帛； 6疾厄
7遷移； 8交友； 9官祿； 10田宅； 11福德； 12父母

甲干 廉貞-太陽 乙干 天機-太陰 丙干 天同-廉貞 丁干 太陰-巨門
戊干 貪狼-天機 己干 武曲-文曲
庚干 太陽-天同 辛干 巨門-文昌 壬干 天梁-武曲 癸干 破軍-貪狼</td>
<td>太天天封截破
陽梁官誥空碎
平得平 廟平
[科]
小耗 帝旺
災煞 4～13 癸
弔客 命宮 酉</td>
</tr>
<tr>
<td>文天龍
昌姚池
利廟廟
大耗 胎
將星 64～73 丁
官符 遷移宮 卯</td>
<td>七天三天解寡陰
殺喜臺壽神宿煞
廟陷旺廟廟陷
4月15日
將軍 衰
天煞 14～23 甲
病符 父母宮 戌</td>
</tr>
<tr>
<td>破天天天天孤
軍貴福傷巫辰
得平旺平 平
病符 絕
亡神 54～63 丙
貫索 交友宮 寅</td>
<td>臺蜚
輔廉
喜神 墓
月煞 44～53 丁
喪門 官祿宮 丑</td>
<td>紫天天咸
微魁空池
平旺陷陷
飛廉 死
咸池 34～43 丙
晦氣 田宅宮 子</td>
<td>天文天鳳年
機曲刑閣解
平旺陷旺得
[忌]
(身宮)
奏書 病
指背 24～33 乙
歲建 福德宮 亥</td>
</tr>
</table>

2、再看夫妻宮擎羊，說明對峙狀態。

3、再看流日，4月13日（庚辰）的命宮在申位，武曲化祿化權、天相星，說明經過努力，關係緩和了。其夫妻宮在午位，貪狼化權、祿存、左輔、恩光、地劫星，說明開始溝通，花錢買點適合的禮品或者吃喝等。

所以判斷：都冷靜下來，換位思考一下。13日或者15日能緩和、和解。

【回饋】：

4月14日，求測者說，13日和好。他應該沒有別的女人。

例題5

【背景】：

求測者說，真是鬱悶她心不在我這為何不離婚？她想不想離婚，哪年離婚，前兩年都差一點點離婚。

【預測】：

1、先說吉凶，看看能否離婚。

先看命宮，命宮是事情的主體。

命宮巨門、三台、天廚星，照天機化忌、文曲、鳳閣星，說明生活中很少說話，一說話就吵架，

<table>
<tr>
<td>廉貪祿紅天副大龍
貞狼存鸞巫旬耗德
陷陷廟旺　廟陷
祿
臨官
博士
亡神　116～125　丁
龍德　兄弟宮　巳</td>
<td>巨擎三天
門羊臺廚
旺陷旺
帝旺
力士
將星　6～15　戊
白虎　命宮　午</td>
<td>天天地寡天
相鉞劫宿德
得旺平不廟
衰
青龍
攀鞍　16～25　己
天德　父母宮　未</td>
<td>天天天八天解天
同梁馬座壽神哭
旺陷旺廟旺不廟
病
小耗
歲驛　26～35　庚
弔客　福德宮　申</td>
</tr>
<tr>
<td>太左陀天旬天
陰輔羅才空虛
陷廟廟陷陷陷
權
冠帶
官府
月煞　106～115　丙
歲破　夫妻宮　辰</td>
<td colspan="2" rowspan="2">乾造 戊 甲 癸 庚(日空午、未)
戌 寅 巳 申

1命宮； 2兄弟； 3夫妻； 4子女； 5財帛； 6疾厄
7遷移； 8交友； 9官祿； 10田宅； 11福德； 12父母

甲干 廉貞-太陽 乙干 天機-太陰 丙干 天同-廉貞 丁干 太陰-巨門
戊干 貪狼-天機 己干 武曲-文曲
庚干 太陽-天同 辛干 巨門-文昌 壬干 天梁-武曲 癸干 破軍-貪狼</td>
<td>武七火天
曲殺星刑
利旺得廟
死
將軍
息神　36～45　辛
病符　田宅宮　酉</td>
</tr>
<tr>
<td>天地恩天天咸月
府空光官福池德
得平廟旺平平
沐浴
伏兵
咸池　96～105　乙
小耗　子女宮　卯</td>
<td>太右封天華
陽弼誥月蓋
不廟　　平
科
身宮
墓
奏書
華蓋　46～55　壬
歲建　官祿宮　戌</td>
</tr>
<tr>
<td>文龍臺陰
昌池輔煞
陷平
2019年　長生
大耗
指背　86～95　甲
官符　財帛宮　寅</td>
<td>紫破天天天天副破
微軍魁姚貴使截碎
廟旺旺平旺陷不陷
養
病符
天煞　76～85　乙
貫索　疾厄宮　丑</td>
<td>天文鳳截蜚年
機曲閣空廉解
廟得廟陷　廟
忌
胎
喜神
災煞　66～75　甲
喪門　遷移宮　子</td>
<td>鈴天天天孤劫
星喜傷空辰煞
利旺旺平陷
絕
飛廉
劫煞　56～65　癸
晦氣　交友宮　亥</td>
</tr>
</table>

出入娛樂場所飲酒買醉等。

2、再看夫妻宮太陰化權、左輔、陀羅星，說明女人霸道，糾纏不離婚，但是婚外出軌等。再看夫妻宮的官祿宮，在申位，天同、天馬、八座、天哭、天梁陷落、解神星，說明同意解除婚約，苦惱的離開等。

3、2019 年流年命宮在寅位，其夫妻宮在子位，文曲化忌、天機化忌，照巨門星，說明再度吵架，解除婚約文件約束，不來往了。

所以判斷：這個離婚的想法會實現，到 2019 年爭執矛盾加深，她會同意離婚。

【回饋】：

2019 年 4 月份，求測者說，2019 年 3 月份吵了一架，順利離婚。

例題 6

【背景】：

求測者說，她做的工作是業務員，因職業關係接觸的男人多。她長相不錯，身材也可以，異性緣好。我們是2019年2月底領證，相親認識的，對她瞭解不多，後來打聽到她以前做過「小三」、被包養過，我實在無法接受。已經和她分居一個多月了，只求迅速離婚，請看看什麼時候能順利離婚？

<table>
<tr>
<td>巨右陀天旬天
門弼羅馬空虛
旺平陷平廟旺
身宮
長生
官府
歲驛 84～93 己
歲破 財帛宮 巳</td>
<td>廉天祿天龍
貞相存姚德
平廟廟平
沐浴
博士
息神 94～103 庚
龍德 子女宮 午</td>
<td>天擎火天華
梁羊星哭蓋
旺廟利平陷
科
冠帶
力士
華蓋 104～113 辛
白虎 夫妻宮 未</td>
<td>七天鈴天天天副劫天
殺鉞星才巫廚截煞德
廟廟陷廟　廟　平
臨官
青龍
劫煞 114～123 壬
天德 兄弟宮 申</td>
</tr>
<tr>
<td>貪紅天天天臺副陰大月
狼鸞貴壽使輔旬煞耗德
廟廟旺廟陷　陷　平
權
養
伏兵
攀鞍 74～83 戊
小耗 疾厄宮 辰</td>
<td colspan="2" rowspan="2">坤造 己 庚 甲 甲(日空寅、卯)
亥 午 辰 戌

1命宮； 2兄弟； 3夫妻； 4子女； 5財帛； 6疾厄
7遷移； 8交友； 9官祿； 10田宅； 11福德； 12父母

甲干 廉貞-太陽 乙干 天機-太陰 丙干 天同-廉貞 丁干 太陰-巨門
戊干 貪狼-天機 己干 武曲-文曲
庚干 太陽-天同 辛干 巨門-文昌 壬干 天梁-武曲 癸干 破軍-貪狼</td>
<td>天左地天截破
同輔劫官空碎
平陷平平廟平
7月份 帝旺
小耗
災煞 4～13 癸
弔客 命宮 酉</td>
</tr>
<tr>
<td>太龍天
陰池月
陷廟
胎
大耗
將星 64～73 丁
官符 遷移宮 卯</td>
<td>武天寡
曲喜宿
廟陷陷
祿
衰
將軍
天煞 14～23 甲
病符 父母宮 戌</td>
</tr>
<tr>
<td>紫天文天八恩天天孤
微府曲刑座光福傷辰
旺廟平廟廟平旺平平
忌
絕
病符
亡神 54～63 丙
貫索 交友宮 寅</td>
<td>天地蜚
機空廉
陷陷
墓
喜神
月煞 44～53 丁
喪門 官祿宮 丑</td>
<td>破文天三封解天咸
軍昌魁臺誥神空池
廟得旺平　廟陷陷
死
飛廉
咸池 34～43 丙
晦氣 田宅宮 子</td>
<td>太鳳年
陽閣解
陷旺得
9月份 病
奏書
指背 24～33 乙
歲建 福德宮 亥</td>
</tr>
</table>

【預測】：

1、先說吉凶，看看能否順利離婚，對方是否同意離婚等。
先看夫妻宮，天梁化科、擎羊、火星、天哭星，說明離婚文件被破壞或者放棄，突然離婚等。

2、再看夫妻宮的官祿宮，在亥位，太陽陷落、鳳閣、年解，照巨門星，說明官方通過解除婚姻家庭關係。

3、所以判斷：婚姻關係會解除，應期在今年的7月（本月）或者9月。

【回饋】：

2019年7月22日，求測者說，今天離婚。哎，我情商低，遇人不淑。

例題7

【背景】：

求測者說，是他感情複雜，搞婚外情，才造成現在的離婚。感情一直不好，只不過我一直將就著，2015年的確鬧得很僵，如果不是他爸阻攔，我們2015年就離婚了，結果拖延到現在。明天辦離婚會順利嗎？

【預測】：

1、直接看4月12日（明天，甲子）的吉凶。流日12日在巳位，太陰

<table>
<tr>
<td>太祿天副副劫天
陰存官截旬煞德
陷廟旺廟廟　旺

4月12日　長生
博士
劫煞　104～113　癸
天德　夫妻宮　巳</td>
<td>貪左擎
狼輔羊
旺旺陷

沐浴
力士
災煞　114～123　甲
弔客　兄弟宮　午</td>
<td>天巨鈴紅寡
同門星鸞宿
不不利陷不
祿

冠帶
青龍
天煞　4～13　乙
病符　命宮　未</td>
<td>武天右地
曲相弼劫
得廟不廟

臨官
小耗
指背　14～23　丙
歲建　父母宮　申</td>
</tr>
<tr>
<td>廉天陀八恩天天截旬蜚華
貞府羅座光貴月空空廉蓋
利廟廟旺廟旺　陷陷　廟
忌

養
官府
華蓋　94～103　壬
白虎　子女宮　辰</td>
<td colspan="2" rowspan="2">乾造　丙　壬　癸　辛（日空子、丑）
　　　申　辰　亥　酉

1命宮；2兄弟；3夫妻；4子女；5財帛；6疾厄
7遷移；8交友；9官祿；10田宅；11福德；12父母

甲干　廉貞-太陽　乙干　天機-太陰　丙干　天同-廉貞　丁干　太陰-巨門
戊干　貪狼-天機　己干　武曲-文曲
庚干　太陽-天同　辛干　巨門-文昌　壬干　天梁-武曲　癸干　破軍-貪狼</td>
<td>太天天天天咸破
陽梁鉞壽空池碎
平得廟平旺平平

帝旺
將軍
咸池　24～33　丁
晦氣　福德宮　酉</td>
</tr>
<tr>
<td>天天臺大龍
姚才輔耗德
廟旺　不

胎
伏兵
息神　84～93　辛
龍德　財帛宮　卯</td>
<td>七三解天陰
殺臺神哭煞
廟旺廟平

衰
奏書
月煞　34～43　戊
喪門　田宅宮　戌</td>
</tr>
<tr>
<td>破地天鳳天天天年
軍空馬閣使巫虛解
得陷旺廟平　旺廟

絕
大耗
歲驛　74～83　庚
歲破　疾厄宮　寅</td>
<td>文文天月
昌曲喜德
廟廟陷
科
身宮
墓
病符
攀鞍　64～73　辛
小耗　遷移宮　丑</td>
<td>紫龍天天天
微池福傷廚
平旺平陷

死
喜神
將星　54～63　庚
官符　交友宮　子</td>
<td>天天火天封孤
機魁星刑誥辰
平旺利陷　陷
權

病
飛廉
亡神　44～53　己
貫索　官祿宮　亥</td>
</tr>
</table>

陷落化忌、祿存、劫煞、天官、天德星，說明溫存不在，去見法官或者婚姻管理部門。

2、再看其夫妻宮在卯位，天姚、大耗星，說明他的丈夫愛拈花惹草。照天梁、天鉞、天空星，說明同意結束婚姻法律關係，離婚了。

3、**所以判斷**：明天4月12日去辦理的話，會順利離婚。

【回饋】：

事後，求測者說，12日，下午三點半左右，辦好了，領離婚證，離婚了。

例題8

【背景】：

求測者說，妹夫吸毒，妹妹想早點離婚，妹妹11月24日打官司離婚，能離成嗎？

【預測】：

1、先看兄弟宮，文昌陷落化科、鳳閣、天馬星，照廉貞化忌，說明去打離婚官司。

2、再看兄弟宮的夫妻宮，在子位，武曲、天府、文曲、龍池星，加

<table>
<tr>
<td>天祿天副副劫天
梁存官截旬煞德
得廟旺廟廟　旺
博士
劫煞　23～32　癸
天德　福德宮　巳
病</td>
<td>七擎鈴天天
殺羊星刑月
旺陷廟平
力士
災煞　33～42　甲
弔客　田宅宮　午
死</td>
<td>地紅寡
劫鸞宿
平陷不
身宮
青龍
天煞　43～52　乙
病符　官祿宮　未
墓</td>
<td>廉天天陰
貞傷巫煞
廟平
忌
小耗
指背　53～62　丙
歲建　交友宮　申
絕</td>
</tr>
<tr>
<td>紫天陀解截旬蜚華
微相羅神空空廉蓋
得得廟廟陷陷　廟
官府
華蓋　13～22　壬
白虎　父母宮　辰
衰</td>
<td colspan="2" rowspan="2">乾造 丙 戊 丙 丙 (日空午、未)
　　 申 戌 戌 申

1命宮； 2兄弟； 3夫妻； 4子女； 5財帛； 6疾厄
7遷移； 8交友； 9官祿； 10田宅； 11福德； 12父母

甲干 廉貞-太陽　乙干 天機-太陰　丙干 天同-廉貞　丁干 太陰-巨門
戊干 貪狼-天機　己干 武曲-文曲
庚干 太陽-天同　辛干 巨門-文昌　壬干 天梁-武曲　癸干 破軍-貪狼</td>
<td>天天咸破
鉞空池碎
廟旺平平
將軍
咸池　63～72　丁
晦氣　遷移宮　酉
胎</td>
</tr>
<tr>
<td>天巨地天大龍
機門空壽耗德
旺廟平陷不
權
伏兵
息神　3～12　辛
龍德　命宮　卯
帝旺</td>
<td>破火天天封天
軍星姚使誥哭
旺廟廟陷　平
奏書
月煞　73～82　戊
喪門　疾厄宮　戌
養</td>
</tr>
<tr>
<td>貪文天鳳臺天年
狼昌馬閣輔虛解
平陷旺廟　旺廟
科
大耗
歲驛　113～122　庚
歲破　兄弟宮　寅
臨官</td>
<td>太太左右天三八恩月
陽陰輔弼喜臺座光德
不廟廟廟陷廟廟廟
病符
攀鞍　103～112　辛
小耗　夫妻宮　丑
冠帶</td>
<td>武天文龍天天
曲府曲池福廚
旺廟得旺平
喜神
將星　93～102　庚
官符　子女宮　子
沐浴</td>
<td>天天天天孤
同魁貴才辰
廟旺平廟陷
祿
飛廉
亡神　83～92　己
貫索　財帛宮　亥
長生</td>
</tr>
</table>

會廉貞化忌、紫微、天相、陀羅星，照七殺、鈴星，說明離婚決心很大，但是感情尚存，官方反覆做工作勸說，或者丈夫給予物質利益等。

3、**所以判斷**：11月份的離婚沒有成功，婚姻還能挽回。

【回饋】：

2016年12月份，求測者說，確實沒離成，雙方達成了協定，以後再吸，就是淨身出戶。

第三節 問財運、買賣、要帳、投資

例題1

【背景】：求測者說，幾十萬，什麼時候匯給我，挺著急的。

【預測】：

1、先說吉凶，看看是否能獲得這份財。

先看命宮，命宮是事情的主體。

命宮紫微、祿存、天德，無凶煞星；照貪

<table>
<tr>
<td>天左陀天天旬破
機輔羅廚月空碎
平平陷　廟陷
科
官府
指背　112～121　絕
白虎　兄弟宮　乙巳</td>
<td>紫祿紅咸天
微存鸞池德
廟廟旺陷旺
博士
咸池　2～11　胎
天德　命宮　丙午</td>
<td>擎鈴寡
羊星宿
廟利不
力士
月煞　12～21　養
弔客　父母宮　丁未</td>
<td>破地解天
軍劫神巫
得廟不
青龍
亡神　22～31　長生
病符　福德宮　戊申</td>
</tr>
<tr>
<td>七副龍
殺旬德
廟陷
伏兵
天煞　102～111　墓
龍德　夫妻宮　甲辰</td>
<td colspan="2" rowspan="2">坤造　丁　癸　癸　辛（日空午、未）
　　　酉　卯　巳　酉

1命宮；　2兄弟；　3夫妻；　4子女；　5財帛；　6疾厄
7遷移；　8交友；　9官祿；　10田宅；　11福德；　12父母

甲干　廉貞-太陽　乙干　天機-太陰　丙干　天同-廉貞　丁干　太陰-巨門
戊干　貪狼-天機　己干　武曲-文曲
庚干　太陽-天同　辛干　巨門-文昌　壬干　天梁-武曲　癸干　破軍-貪狼</td>
<td>右天恩天天天
弼鉞光貴壽哭
陷廟陷廟平不
3月13日
小耗
將星　32～41　沐浴
歲建　田宅宮　己酉</td>
</tr>
<tr>
<td>太天天臺截天
陽梁才輔空虛
廟廟旺　平廟
大耗
災煞　92～101　死
歲破　子女宮　癸卯</td>
<td>廉天天天
貞府刑空
利廟廟陷
將軍
攀鞍　42～51　冠帶
晦氣　官祿宮　庚戌</td>
</tr>
<tr>
<td>武天地天三天副大劫月
曲相空姚臺官截耗煞德
得廟陷旺平平陷陷
病符
劫煞　82～91　病
小耗　財帛宮　壬寅</td>
<td>天巨文文龍鳳天年華
同門昌曲池閣使解蓋
不不廟廟平平陷得陷
權忌
喜神
華蓋　72～81　衰
官符　疾厄宮　癸丑</td>
<td>貪火天八陰
狼星喜座煞
旺陷旺陷
身宮
飛廉
息神　62～71　帝旺
貫索　遷移宮　壬子</td>
<td>太天天天天封孤蜚
陰魁馬福傷誥辰廉
廟旺平廟旺　陷
祿
奏書
歲驛　52～61　臨官
喪門　交友宮　辛亥</td>
</tr>
</table>

狼，加會武曲、天相、天府、天刑星。紫微、祿存、天德，說明是足額的、全款的；天刑天府，說明是銀行卡或者帳戶問題出現暫緩；武曲天相，說明是約定好的、協議好的。紫微照貪狼，說明說到做到。總之這個款是可以獲得的。

2、但是，今天的財帛宮武曲、天相照破軍地劫，說明今天是無法獲得的。那麼，哪天可以獲得呢？

3、流日3月13日（己亥）命宮在酉位，其財帛宮在巳位，天機化科，照太陰化祿、天魁星，說明帳號增加錢財，對方把錢匯來了。

所以判斷：錢需要等到3月13日才可以入帳。

【回饋】：

3月13日，求測者說，付全款啦，謝謝！

例題2

【背景】：求測者說，近些日子能有進帳解決資金危機嗎？

【預測】：

1、先說吉凶，看看是否有財運、是否能解決資金危機。

先看命宮，命宮是事情的主體。命宮天相三台、八座、龍池、鳳閣，說明兌現協定還需要斡旋；天相合巨門化忌，說明有口舌和

文陀天天天旬破 昌羅姚巫廚空碎 廟陷平 廟陷 病 官府 指背 白虎 43～52 官祿宮 乙巳	天右祿地紅天咸陰天 機弼存空鸞傷池煞德 廟旺廟廟旺陷陷 旺 科 死 博士 咸池 天德 53～62 交友宮 丙午	紫破擎封天寡 微軍羊誥月宿 廟旺廟 不 墓 力士 月煞 弔客 63～72 遷移宮 丁未	左火天天 輔星壽使 平陷旺平 絕 青龍 亡神 病符 73～82 疾厄宮 戊申
太地副龍 陽劫旬德 旺陷陷 衰 伏兵 天煞 龍德 33～42 田宅宮 甲辰	坤造 丁酉 丙午 庚午 辛巳 (日空戌、亥) 1命宮； 2兄弟； 3夫妻； 4子女； 5財帛； 6疾厄 7遷移； 8交友； 9官祿； 10田宅； 11福德； 12父母		天文天恩天 府曲鉞光哭 旺廟廟陷不 胎 小耗 將星 歲建 83～92 財帛宮 己酉
武七鈴截天 曲殺星空虛 利旺利平廟 帝旺 大耗 災煞 歲破 23～32 福德宮 癸卯	甲干 廉貞-太陽 乙干 天機-太陰 丙干 天同-廉貞 丁干 太陰-巨門 戊干 貪狼-天機 己干 武曲-文曲 庚干 太陽-天同 辛干 巨門-文昌 壬干 天梁-武曲 癸干 破軍-貪狼		太天天 陰才空 旺陷陷 祿 養 將軍 攀鞍 晦氣 93～102 子女宮 庚戌
天天天副大劫月 同梁官截耗煞德 利廟平陷陷 權 臨官 病符 劫煞 小耗 13～22 父母宮 壬寅	天天三八天龍鳳年華 相刑臺座貴池閣解蓋 廟陷廟廟旺平平得陷 6月16日 冠帶 喜神 華蓋 官符 3～12 命宮 癸丑	巨天解 門喜神 旺旺廟 忌 沐浴 飛廉 息神 貫索 113～122 兄弟宮 壬子	廉貪天天天臺孤蜚 貞狼魁馬福輔辰廉 陷陷旺平廟 陷 身宮 長生 奏書 歲驛 喪門 103～112 夫妻宮 辛亥

需要更多說服教育等；天相照紫微、破軍、擎羊，說明財務資金缺口大、事態嚴重等。

2、但是，今天的財帛宮天府、文曲、天鉞星，說明能有支票或者說資金來源。總之，此事可以解決，能有錢進帳，但是需要點時間。那麼，什麼時候可以獲得進帳呢？當天或者之後的某一天。

3、流日6月16日（甲戌），這一天的流日命宮在丑位。天相，照廟旺的紫微、破軍化權，說明資金短缺問題獲得突破性質的進展，也就是問題解決了。

所以判斷：這次的資金問題是12日當天或者之後的6月16日獲得解決的，而16日的可能性大。

【回饋】：

求測者說，6月16日危機解決了，進帳三千萬。

例題3

【背景】：

求測者說，翡翠手鐲，什麼時候能賣出去？性價比很高。

【預測】：

1、先說吉凶，看看是否有這個財運。

先看命宮，命宮是事情的主體。命宮太陰化權、天喜、劫煞，說明能獲得錢財，只是可能價格比預期少一些；太陰化權加會太

<table>
<tr>
<td>天左祿火紅天天副大龍
機輔存星鸞壽月旬耗德
平平廟得旺平　廟陷
忌
博士　　　　　絕
亡神　62～71　丁
龍德　遷移宮　巳</td>
<td>紫文擎天封天
微昌羊使誥廚
廟陷陷平
力士　　　　　胎
將星　72～81　戊
白虎　疾厄宮　午</td>
<td>天鈴地寡天
鉞星空宿德
旺利平不廟
身宮
青龍　　　　　養
攀鞍　82～91　己
天德　財帛宮　未</td>
<td>破文天解天天
軍曲馬神巫哭
得得旺不　廟
小耗　　　　　長生
歲驛　92～101　庚
弔客　子女宮　申</td>
</tr>
<tr>
<td>七陀天天旬天
殺羅貴傷空虛
廟廟旺平陷陷
官府　　　　　墓
月煞　52～61　丙
歲破　交友宮　辰</td>
<td colspan="2" rowspan="2">乾造 戊 乙 丁 甲 (日空子、丑)
　　 戌 卯 巳 辰

1命宮； 2兄弟； 3夫妻； 4子女； 5財帛； 6疾厄
7遷移； 8交友； 9官祿； 10田宅； 11福德； 12父母

甲干 廉貞-太陽　乙干 天機-太陰　丙干 天同-廉貞　丁干 太陰-巨門
戊干 貪狼-天機　己干 武曲-文曲
庚干 太陽-天同　辛干 巨門-文昌　壬干 天梁-武曲　癸干 破軍-貪狼</td>
<td>右天
弼才
陷旺
科
將軍　　　　　沐浴
息神　102～111　辛
病符　夫妻宮　酉</td>
</tr>
<tr>
<td>太天地天天咸月
陽梁劫官福池德
廟廟平旺平平
伏兵　　　　　死
咸池　42～51　乙
小耗　官祿宮　卯</td>
<td>廉天天臺華
貞府刑輔蓋
利廟廟　平
奏書　　　　　冠帶
華蓋　112～121　壬
歲建　兄弟宮　戌</td>
</tr>
<tr>
<td>武天天三恩龍
曲相姚臺光池
得廟旺平平平
大耗　　　　　病
指背　32～41　甲
官符　田宅宮　寅</td>
<td>天巨天副破
同門魁截碎
不不旺不陷
病符　　　　　衰
天煞　22～31　乙
貫索　福德宮　丑</td>
<td>貪八鳳截蜚陰年
狼座閣空廉煞解
旺陷廟陷　　廟
祿
喜神　4月份　帝旺
災煞　12～21　甲
喪門　父母宮　子</td>
<td>太天天孤劫
陰喜空辰煞
廟旺平陷
權
飛廉　　　　　臨官
劫煞　2～11　癸
晦氣　命宮　亥</td>
</tr>
</table>

陽、天梁星，說明能比較順利的賣出去；化權，說明需要點努力；太陰星，說明速度較慢。

2、目前是3月26日已經進入月底，所以看下個月能否售出。4月份在子位，貪狼化祿，照紫微星，說明獲得錢財；加會七殺、破軍星，說明出手。

3、再看4月份的財帛宮，在申位，破軍、文曲、天馬，說明一口價，讓利降價了等。

所以判斷：4月份能售出。

【回饋】：

4月中旬，求測者說，確實這個月賣出了。

例題4

【背景】：求測者說，老闆拖欠我們三個月工資，什麼時候給啊？

【預測】：

1、先說吉凶，看看是否能要回欠款。

先看命宮，命宮是事情的主體。命宮七殺、天哭、右弼化科，說明壓力大、關係緊張等；照紫微、天府星，說明互相克制和容

巨祿紅恩副大龍 門存鸞光旬耗德 旺廟旺平廟陷 病 博士 亡神 93～102 丁 龍德 子女宮 巳	廉天左擎天天 貞相輔羊才廚 平廟旺陷旺 死 力士 將星 103～112 戊 白虎 夫妻宮 午	天天地寡天 梁鉞劫宿德 旺旺平不廟 墓 青龍 攀鞍 113～122 己 天德 兄弟宮 未	七右天天 殺弼馬哭 廟不旺廟 科 絕 小耗 歲驛 3～12 庚 弔客 命宮 申
貪陀八天旬天 狼羅座月空虛 廟廟旺 陷陷 祿 衰 官府 月煞 83～92 丙 歲破 財帛宮 辰	乾造 戊 丙 壬 戊（日空申、酉） 戌 辰 午 申 1命宮； 2兄弟； 3夫妻； 4子女； 5財帛； 6疾厄 7遷移； 8交友； 9官祿； 10田宅； 11福德； 12父母 甲干 廉貞-太陽 乙干 天機-太陰 丙干 天同-廉貞 丁干 太陰-巨門 戊干 貪狼-天機 己干 武曲-文曲 庚干 太陽-天同 辛干 巨門-文昌 壬干 天梁-武曲 癸干 破軍-貪狼		天火 同星 平得 5月份 胎 將軍 息神 13～22 辛 病符 父母宮 酉
太地天天天天天咸月 陰空姚貴官福使池德 陷平廟旺旺平平平 權 帝旺 伏兵 咸池 73～82 乙 小耗 疾厄宮 卯			武三天封解陰華 曲臺壽誥神煞蓋 廟旺廟 廟 平 養 奏書 華蓋 23～32 壬 歲建 福德宮 戌
紫天文龍臺天 微府昌池輔巫 旺廟陷平 臨官 大耗 指背 63～72 甲 官符 遷移宮 寅	天天天副破 機魁傷截碎 陷旺平不陷 忌 冠帶 病符 天煞 53～62 乙 貫索 交友宮 丑	破文鳳截蜚年 軍曲閣空廉解 廟得廟陷 廟 身宮 沐浴 喜神 災煞 43～52 甲 喪門 官祿宮 子	太鈴天天天孤劫 陽星喜刑空辰煞 陷利旺陷平陷 長生 飛廉 劫煞 33～42 癸 晦氣 田宅宮 亥

忍；加會破軍、貪狼化祿，說明能討回欠款。

2、再看財帛宮，貪狼化祿、陀羅星，照武曲、三台星，說明能要回欠款，但是會拖延或者分期還清等。5月份財帛宮在巳位，巨門、祿存星，說明要回工資。

3、**所以判斷：**能討回欠款，不過會拖延時間，或者是分批次的還清等。

【回饋】：

5月份，求測者說，工資分兩個月給清了。四月份給了一部分，這個月（5月）又給了一部分。

例題5

【背景】：

求測者說，租住房屋沒到期提前歸還，打掃出來，我沒違約。房東不想退押金，欺負我是外地的，一直找麻煩賴著不想給。看看什麼時候能要回來？

【預測】：

1、先說吉凶，看看是否能要回押金。

先看命宮，命宮是事情的主體。

<table>
<tr>
<td>紫七右陀鈴天三天旬天
微殺弼羅星馬臺傷空虛
旺平平陷得平平平廟旺
7月19日
官府 52～61 絕
歲驛 己
歲破 交友宮 巳</td>
<td>祿地天天龍
存劫姚貴德
廟廟平廟
博士 胎
息神 62～71 庚
龍德 遷移宮 午</td>
<td>擎天天華
羊使哭蓋
廟平平陷
力士 養
華蓋 72～81 辛
白虎 疾厄宮 未</td>
<td>天天天副劫天
鉞巫廚截煞德
廟 廟 平
青龍 長生
劫煞 82～91 壬
天德 財帛宮 申</td>
</tr>
<tr>
<td>天天火地紅副陰大月
機梁星空鸞旬煞耗德
利廟陷陷廟陷 平
科
伏兵 墓
攀鞍 42～51 戊
小耗 官祿宮 辰</td>
<td colspan="2" rowspan="2">坤造 己 辛 己 辛（日空寅、卯）
亥 未 酉 未

1命宮； 2兄弟； 3夫妻； 4子女； 5財帛； 6疾厄
7遷移； 8交友； 9官祿； 10田宅； 11福德； 12父母

甲干 廉貞-太陽 乙干 天機-太陰 丙干 天同-廉貞 丁干 太陰-巨門
戊干 貪狼-天機 己干 武曲-文曲
庚干 太陽-天同 辛干 巨門-文昌 壬干 天梁-武曲 癸干 破軍-貪狼</td>
<td>廉破左八天封截破
貞軍輔座官誥空碎
平陷陷廟平 廟平
小耗 沐浴
災煞 92～101 癸
弔客 子女宮 酉</td>
</tr>
<tr>
<td>天文龍天
相昌池月
陷利廟
大耗 死
將星 32～41 丁
官符 田宅宮 卯</td>
<td>天恩寡
喜光宿
陷廟陷
將軍 冠帶
天煞 102～111 甲
病符 夫妻宮 戌</td>
</tr>
<tr>
<td>太巨天天孤
陽門刑福辰
旺廟廟旺平
身宮
病符 病
亡神 22～31 丙
貫索 福德宮 寅</td>
<td>武貪天臺蜚
曲狼壽輔廉
廟廟廟
祿 權
喜神 衰
月煞 12～21 丁
喪門 父母宮 丑</td>
<td>天太天解天咸
同陰魁神空池
旺廟旺廟陷陷
飛廉 帝旺
咸池 2～11 丙
晦氣 命 宮 子</td>
<td>天文鳳天年
府曲閣才解
得旺旺廟得
忌
奏書 臨官
指背 112～121 乙
歲建 兄弟宮 亥</td>
</tr>
</table>

命宮天同、太陰、天魁、解神，說明能要回解約的錢。

2、再看財帛宮天鉞、天巫、劫煞，照太陽、巨門、天刑星，說明因為錢財出現口舌矛盾等。交友宮紫微、七殺、鈴星、旬空、天虛星，說明對方雖然苛刻但是沒有扣你錢。

3、再看流日7月19日（丁巳），命宮在巳位，其財帛宮在丑位，武曲化祿、貪狼化權，說明你佔有話語主動權，要回錢財。

所以判斷：7月19日可以如願。

【回饋】：

求測者說，確實7月19日，如數退給我錢，他們理虧，也沒費很大周折。

例題6

【背景】：

求測者說，從2017年開始的，母親入了一個民間資金盤（就是網貸忽悠人錢的那種），我媽投資23萬，目前公司像是要倒閉了，老闆好像要跑路了。我現在無比絕望，好不容易存的錢啊！請問被騙去的錢能否回本？

【預測】：

1、先說吉凶，看看是否能收回投

武破祿紅天天副大龍 曲軍存鸞姚巫旬耗德 平平廟旺平　廟陷 博士 亡神 83～92 丁 龍德 財帛宮 巳 病	太右擎天陰 陽弼羊廚煞 旺旺陷 科 力士 將星 93～102 戊 白虎 子女宮 午 死	天天天天寡天 府鉞才月宿德 廟旺平　不廟 青龍 攀鞍 103～112 己 天德 夫妻宮 未 墓	天太左地天天 機陰輔劫馬哭 得利平廟旺廟 忌 權 小耗 歲驛 113～122 庚 弔客 兄弟宮 申 絕
天陀天旬天 同羅使空虛 平廟陷陷陷 官府 月煞 73～82 丙 歲破 疾厄宮 辰 衰	乾造 戊 戊 壬 己(日空午、未) 戌 午 辰 酉 1命宮； 2兄弟； 3夫妻； 4子女； 5財帛； 6疾厄 7遷移； 8交友； 9官祿； 10田宅； 11福德； 12父母		紫貪 微狼 旺利 祿 將軍 息神 3～12 辛 病符 命宮 酉 胎
八恩天天天臺咸月 座光貴官福輔池德 平廟旺旺平　平 身宮 伏兵 咸池 63～72 乙 小耗 遷移宮 卯 帝旺	甲干 廉貞-太陽 乙干 天機-太陰 丙干 天同-廉貞 丁干 太陰-巨門 戊干 貪狼-天機 己干 武曲-文曲 庚干 太陽-天同 辛干 巨門-文昌 壬干 天梁-武曲 癸干 破軍-貪狼		巨火華 門星蓋 陷廟平 奏書 華蓋 13～22 壬 歲建 父母宮 戌 養
地龍天 空池傷 陷平平 大耗 指背 53～62 甲 官符 交友宮 寅 臨官	廉七文文天天天副破 貞殺昌曲魁刑壽截碎 利廟廟廟旺陷廟不陷 病符 天煞 43～52 乙 貫索 官祿宮 丑 冠帶	天鈴鳳解截蜚年 梁星閣神空廉解 廟陷廟廟陷　廟 喜神 災煞 33～42 甲 喪門 田宅宮 子 沐浴	天天三封天孤劫 相喜臺誥空辰煞 得旺平　平陷 飛廉 劫煞 23～32 癸 晦氣 福德宮 亥 長生

資。

先看命宮，命宮是事情的主體。

命宮紫微、貪狼化祿，說明是忽悠人掙錢的一種組織機構。再看母親宮在申位，天機化忌、太陰化權、地劫、天馬、天哭星，說明大勢已去，錢被騙走了，很苦惱。

2、再看母親宮的財帛宮，在辰位，天同平勢、陀羅，說明不樂觀、被揮霍等。

3、**所以判斷：**這錢無法找回了，沒有回本的應期。

【回饋】：

到2018年9月，求測者說，那公司已經停止還款，有10萬元回不來了，打了水漂兒。

例題7

【背景】：

求測者說；某人以家庭困難為由，2018年3月初借了我錢，本來說月底還，但是遲遲不還，而且微信拉黑了我。所以，我想親自上門找他看看能否還錢？

【預測】：

1、先說吉凶，看看能否討回欠款。

先看命宮，命宮是事情的主體。

命宮廉貞、天馬、天哭星，加會

<table>
<tr>
<td>天祿紅天天副大龍
梁存鸞姚巫旬耗德
得廟旺平　廟陷

博士　　　　　　病
亡神　93～102　丁
龍德　　子女宮　巳</td>
<td>七右擎天天陰
殺弼羊才廚煞
旺旺陷旺
科
力士　　　　　　死
將星　103～112　戊
白虎　　夫妻宮　午</td>
<td>天恩天寡天
鉞光月宿德
旺旺　不廟

青龍　　　　　　墓
攀鞍　113～122　己
天德　　兄弟宮　未</td>
<td>廉左天天
貞輔馬哭
廟平旺廟

小耗　　　　　　絕
歲驛　3～12　庚
弔客　　命宮　申</td>
</tr>
<tr>
<td>紫天陀三臺旬天
微相羅臺輔空虛
得得廟廟　陷陷
身宮
官府　　　　　　衰
月煞　83～92　丙
歲破　　財帛宮　辰</td>
<td colspan="2" rowspan="2">乾造 戊　戊　乙　丙(日空午、未)
　　 戌　午　酉　戌

1命宮； 2兄弟； 3夫妻； 4子女； 5財帛； 6疾厄
7遷移； 8交友； 9官祿； 10田宅； 11福德； 12父母

甲干 廉貞-太陽　乙干 天機-太陰　丙干 天同-廉貞　丁干 太陰-巨門
戊干 貪狼-天機　己干 武曲-文曲
庚干 太陽-天同　辛干 巨門-文昌　壬干 天梁-武曲　癸干 破軍-貪狼</td>
<td>地天
劫貴
平廟

將軍　　　　　　胎
息神　13～22　辛
病符　　父母宮　酉</td>
</tr>
<tr>
<td>天巨天天天咸月
機門官福使池德
旺廟旺平平平
忌
伏兵　　　　　　帝旺
咸池　73～82　乙
小耗　　疾厄宮　卯</td>
<td>破八華
軍座蓋
旺平平

奏書　　　　　　養
華蓋　23～32　壬
歲建　　福德宮　戌</td>
</tr>
<tr>
<td>貪文龍天
狼曲池壽
平平平旺
祿
大耗　　　　　　臨官
指背　63～72　甲
官符　　遷移宮　寅</td>
<td>太太天鈴地天天副破
陽陰魁星空刑傷截碎
不廟旺得陷陷平不陷
權
病符　　　　　　冠帶
天煞　53～62　乙
貫索　　交友宮　丑</td>
<td>武天文鳳封解截蜚年
曲府昌閣誥神空廉解
旺廟得廟　廟陷　廟

喜神　　　　　　沐浴
災煞　43～52　甲
喪門　　官祿宮　子</td>
<td>天火天天孤劫
同星喜空辰煞
廟利旺平陷

飛廉　　　　　　長生
劫煞　33～42　癸
晦氣　　田宅宮　亥</td>
</tr>
</table>

紫微、陀羅、武曲、天府，說明對方是認帳的，能要回欠款。

2、再看財帛宮紫微、天相、陀羅、三台，照破軍，說明這一次難以要回全部，拖拖延拉的，會分期或者分幾次給你。

3、**所以判斷：**能要回，只是會拖延較長時間。

【回饋】：

2018年8月，求測者說，還給了一部分。2019年3月，求測者說，又給了剩餘的部分，這次還清了。

例題8

【背景】：

求測者說，向科技局申請一筆企業扶持基金，能否申請到呢？什麼時候能成功呢？

【預測】：

1、先說吉凶，看看是否能申請到基金。

先看命宮，命宮是事情的主體。

命宮太陽、旬空、天虛星等，加會太陰、截空，說明你沒有申請

<table>
<tr>
<td>太左陀天三天旬天
陽輔羅馬臺月空虛
旺平陷平平　廟旺
官府
歲驛　3~12　己
歲破　命宮　巳
病</td>
<td>破祿龍
軍存德
廟廟
博士
息神　13~22　庚
龍德　父母宮　午
死</td>
<td>天擎火天華
機羊星哭蓋
陷廟利平陷
力士
華蓋　23~32　辛
白虎　福德宮　未
墓</td>
<td>紫天天鈴解天天副劫天
微府鉞星神巫廚截煞德
旺得廟陷不　　廟　平
青龍
劫煞　33~42　壬
天德　田宅宮　申
絕</td>
</tr>
<tr>
<td>武紅天臺副大月
曲鸞才輔旬耗德
廟廟陷　陷平
祿
伏兵
攀鞍　113~122　戊
小耗　兄弟宮　辰
衰</td>
<td colspan="2" rowspan="2">坤造　己　丁　乙　丙(日空子、丑)
　　　亥　卯　卯　戌

1命宮；2兄弟；3夫妻；4子女；5財帛；6疾厄
7遷移；8交友；9官祿；10田宅；11福德；12父母

甲干 廉貞-太陽　乙干 天機-太陰　丙干 天同-廉貞　丁干 太陰-巨門
戊干 貪狼-天機　己干 武曲-文曲
庚干 太陽-天同　辛干 巨門-文昌　壬干 天梁-武曲　癸干 破軍-貪狼</td>
<td>太右地八天截破
陰弼劫座官空碎
旺陷平廟平廟平
小耗
災煞　43~52　癸
弔客　官祿宮　酉
胎</td>
</tr>
<tr>
<td>天龍
同池
平廟
大耗
將星　103~112　丁
官符　夫妻宮　卯
帝旺</td>
<td>貪天天天寡
狼喜刑傷宿
廟陷廟平陷
權
將軍
天煞　53~62　甲
病符　交友宮　戌
養</td>
</tr>
<tr>
<td>七文天天孤
殺曲姚福辰
廟平旺旺平
忌
病符
亡神　93~102　丙
貫索　子女宮　寅
臨官</td>
<td>天地天蜚
梁空貴廉
旺陷旺
科
身宮
喜神
月煞　83~92　丁
喪門　財帛宮　丑
冠帶</td>
<td>廉天文天天天封天咸陰
貞相昌魁壽使誥空池煞
平廟得旺平陷　陷陷
飛廉
咸池　73~82　丙
晦氣　疾厄宮　子
沐浴</td>
<td>巨恩鳳年
門光閣解
旺不旺得
奏書
指背　63~72　乙
歲建　遷移宮　亥
長生</td>
</tr>
</table>

到基金，官方沒有給錢等。

2、再看財帛宮，天梁化科，加會太陰、截空，說明有檔案但是沒有錢，官方沒有提供幫助等。

3、所以判斷：這次沒有申請到基金，沒有成功的應期。

【回饋】：

7月份，求測者說，確實沒有申請到。

例題9

【背景】：求測者說，總公司藉故扣兩萬多？押金能不能拿回來？七天後該知道結果。

【預測】：

1、先說吉凶，看看是否能拿回押金。

先看命宮，命宮是事情的主體。紫微、天鉞、天空、劫煞星，照七殺、火星，說明事情不順利，

<table>
<tr>
<td>太文天恩旬
陽昌馬光空
旺廟平平廟
青龍　　　　絕
歲驛　92～101　辛
弔客　子女宮　巳</td>
<td>破地解天副
軍空神廚截
廟廟廟　廟
身宮
小耗　　　　胎
息神　102～111　壬
病符　夫妻宮　午</td>
<td>天封截華
機誥空蓋
陷　廟陷
祿
將軍　　　　養
華蓋　112～121　癸
歲建　兄弟宮　未</td>
<td>紫天天紅天天天孤劫
微府鉞鸞刑福空辰煞
旺得廟廟陷廟旺平
科
奏書　　　　長生
劫煞　2～11　甲
晦氣　命宮　申</td>
</tr>
<tr>
<td>武擎地三天副寡陰天
曲羊劫臺官旬宿煞德
廟廟陷廟旺陷陷　廟
力士　　　　墓
攀鞍　82～91　庚
天德　財帛宮　辰</td>
<td colspan="2" rowspan="2">坤造　乙　己　甲　己（日空寅、卯）
　　　未　丑　辰　巳

1命宮；　2兄弟；　3夫妻；　4子女；　5財帛；　6疾厄
7遷移；　8交友；　9官祿；　10田宅；　11福德；　12父母

甲干　廉貞-太陽　乙干　天機-太陰　丙干　天同-廉貞　丁干　太陰-巨門
戊干　貪狼-天機　己干　武曲-文曲
庚干　太陽-天同　辛干　巨門-文昌　壬干　天梁-武曲　癸干　破軍-貪狼</td>
<td>太文天
陰曲貴
旺廟廟
忌
飛廉　　　　沐浴
災煞　12～21　乙
喪門　父母宮　酉</td>
</tr>
<tr>
<td>天左祿鈴鳳天天蜚年
同輔存星閣才使廉解
平陷廟利旺旺平　廟
博士　　　　死
將星　72～81　己
白虎　疾厄宮　卯</td>
<td>貪八
狼座
廟平
喜神　　　　冠帶
天煞　22～31　丙
貫索　福德宮　戌</td>
</tr>
<tr>
<td>七陀火天天龍
殺羅星喜月德
廟陷廟廟
官府　　　　病
亡神　62～71　戊
龍德　遷移宮　寅</td>
<td>天天天天破
梁壽傷虛碎
旺廟平廟陷
權
伏兵　　　　衰
月煞　52～61　己
歲破　交友宮　丑</td>
<td>廉天天天咸大月
貞相魁姚池耗德
平廟旺陷陷旺
大耗　　　　帝旺
咸池　42～51　戊
小耗　官祿宮　子</td>
<td>巨右龍臺天天
門弼池輔巫哭
旺平旺　　平
病符　　　　臨官
指背　32～41　丁
官符　田宅宮　亥</td>
</tr>
</table>

和總公司有爭執。

2、再看財帛宮，武曲、擎羊、三台、天官星等，說明幾次三番的去找，但是難以要回押金。

3、「七天後」，這個時間點在2—11天範圍之內，其命宮在午位，破軍、地空加會七殺、火星等，說明關係破裂，沒有談成，破財等。

所以判斷：七天後沒有拿回押金。

【回饋】：

2016年2月3日，求測者說，確實沒拿回押金。

例題10

【背景】：

求測者說，跟著一位炒股高人炒股，買高人推薦的股票，請問能有收益嗎？

【預測】：

1、先說吉凶，看看是否有收益。

先看命宮，命宮是事情的主體。命宮紫微、破軍、左輔、右弼星，照天相，說明高人推薦的股票有幫助有收益，但是也會有失

<table>
<tr>
<td>祿天副副劫天
存官截旬煞德
廟旺廟廟　旺

博士　　　　　　長生
劫煞　104～113　癸
天德　　　夫妻宮　巳</td>
<td>天擎八
機羊座
廟陷旺
權
力士　　　　　　沐浴
災煞　114～123　甲
弔客　　　兄弟宮　午</td>
<td>紫破左右紅寡
微軍輔弼鸞宿
廟旺廟廟陷不

青龍　　　　　　冠帶
天煞　4～13　乙
病符　　　命宮　未</td>
<td>鈴三陰
星臺煞
陷旺

小耗　　　　　　臨官
指背　14～23　丙
歲建　　　父母宮　申</td>
</tr>
<tr>
<td>太陀天臺截旬蜚華
陽羅姚輔空空廉蓋
旺廟陷　陷陷　廟

官府　　　　　　養
華蓋　94～103　壬
白虎　　　子女宮　辰</td>
<td colspan="2" rowspan="2">乾造　丙　癸　壬　庚（日空辰、巳）
　　　申　巳　寅　戌

1命宮；　2兄弟；　3夫妻；　4子女；　5財帛；　6疾厄
7遷移；　8交友；　9官祿；　10田宅；　11福德；　12父母

甲干　廉貞-太陽　乙干　天機-太陰　丙干　天同-廉貞　丁干　太陰-巨門
戊干　貪狼-天機　己干　武曲-文曲
庚干　太陽-天同　辛干　巨門-文昌　壬干　天梁-武曲　癸干　破軍-貪狼</td>
<td>天天地天咸破
府鉞劫空池碎
旺廟平旺平平

7月份
將軍　　　　　　帝旺
咸池　24～33　丁
晦氣　　　福德宮　酉</td>
</tr>
<tr>
<td>武七天大龍
曲殺才耗德
利旺旺不

身宮
伏兵　　　　　　胎
息神　84～93　辛
龍德　　　財帛宮　卯</td>
<td>太解天
陰神哭
旺廟平

奏書　　　　　　衰
月煞　34～43　戊
喪門　　　田宅宮　戌</td>
</tr>
<tr>
<td>天天文天天鳳天天天年
同梁曲馬貴閣使月虛解
利廟平旺平廟平　旺廟
祿
大耗　　　　　　絕
歲驛　74～83　庚
歲破　　　疾厄宮　寅</td>
<td>天地天月
相空喜德
廟陷陷

11月份
病符　　　　　　墓
攀鞍　64～73　辛
小耗　　　遷移宮　丑</td>
<td>巨文火天恩龍天天封天
門昌星刑光池福傷誥廚
旺得陷平平旺平陷
科
喜神　　　　　　死
將星　54～63　庚
官符　　　交友宮　子</td>
<td>廉貪天天天孤
貞狼魁壽巫辰
陷陷旺旺　陷
忌
飛廉　　　　　　病
亡神　44～53　己
貫索　　　官祿宮　亥</td>
</tr>
</table>

敗破財。

2、再看財帛宮武曲利勢、七殺、大耗星，照天府、天鉞、天空星等，說明幫助不大，小有破費。

3、7月份在酉位，其財帛宮在巳位，祿存、天官、天德、劫煞星，說明這個月有所收益。11月份在丑位，其財帛宮在酉位，天府、天鉞、天空星，照七殺星，說明雖然受到幫助但是進財壓力大，帳戶資金減少一半等。

所以判斷：7月份小有收益，11月份有損失。

【回饋】：

求測者說，在7月份確實有所收益但是到11月份虧了，很氣憤。

例題11

【背景】：

求測者說，客戶已拖了一年6萬元工程設計款，老是回覆我們帳上沒錢，拖著我們。現在客戶都不接電話，躲在上海不露面，平時運作公司都是用手機遙控的。我們公司也是急用錢。我們合約、發票都齊全。追帳追得心力交瘁。警方建議我們走法律程序，去訴訟服務中心諮詢，告訴我可以起訴但執行也許有困難。

<table>
<tr>
<td>武破右祿天副副劫天
曲軍弼存官截旬煞德
平平平廟旺廟廟　旺

博士　　　　　　病
劫煞　23～32　癸
天德　福德宮　巳</td>
<td>太文擎火天恩封
陽昌羊星姚光誥
旺陷陷廟平廟
科
力士　　　　　　死
災煞　33～42　甲
弔客　田宅宮　午</td>
<td>天地紅天寡
府空鸞壽宿
廟平陷旺不

青龍　　　　　　墓
天煞　43～52　乙
病符　官祿宮　未</td>
<td>天太文天天天
機陰曲貴傷巫
得利得陷平
權
小耗　　　　　　絕
指背　53～62　丙
歲建　交友宮　申</td>
</tr>
<tr>
<td>天陀八截旬蜚陰華
同羅座空空廉煞蓋
平廟旺陷陷　　廟
祿
官府　　　　　　衰
華蓋　13～22　壬
白虎　父母宮　辰</td>
<td colspan="2" rowspan="2">乾造 丙　乙　壬　甲 (日空寅、卯)
　　 申　未　子　辰

1命宮； 2兄弟； 3夫妻； 4子女； 5財帛； 6疾厄
7遷移； 8交友； 9官祿； 10田宅； 11福德； 12父母

甲干 廉貞-太陽　乙干 天機-太陰　丙干 天同-廉貞　丁干 太陰-巨門
戊干 貪狼-天機　己干 武曲-文曲
庚干 太陽-天同　辛干 巨門-文昌　壬干 天梁-武曲　癸干 破軍-貪狼</td>
<td>紫貪左天天咸破
微狼輔鉞空池碎
旺利陷廟旺平平

將軍　　　　　　胎
咸池　63～72　丁
晦氣　遷移宮　酉</td>
</tr>
<tr>
<td>地天大龍
劫月耗德
平　不

伏兵　　　　　　帝旺
息神　3～12　辛
龍德　命宮　卯</td>
<td>巨三天臺天
門臺使輔哭
陷旺陷　平

奏書　　　　　　養
月煞　73～82　戊
喪門　疾厄宮　戌</td>
</tr>
<tr>
<td>鈴天天鳳天年
星馬刑閣虛解
廟旺廟廟旺廟

大耗　　　　　　臨官
歲驛　113～122　庚
歲破　兄弟宮　寅</td>
<td>廉七天月
貞殺喜德
利廟陷
忌
病符　　　　　　冠帶
攀鞍　103～112　辛
小耗　夫妻宮　丑</td>
<td>天龍天解天
梁池福神廚
廟旺平廟

喜神　　　　　　沐浴
將星　93～102　庚
官符　子女宮　子</td>
<td>天天天孤
相魁才辰
得旺廟陷
身宮
飛廉　　　　　　長生
亡神　83～92　己
貫索　財帛宮　亥</td>
</tr>
</table>

【預測】：

1、先說吉凶，看看是否能討回款項。

先看命宮，命宮是事情的主體。

命宮宮氣衰弱，地劫、大耗星，照紫微、天鉞、天空，說明官方的幫助不大，

會有一些破費。要帳難回。

2、再看財帛宮，天相、天魁星，說明是做設計的，票據齊全。

3、**所以判斷：**這個款項難以追回，沒有成功追回的應期。

【回饋】：

11月份，求測者說，還沒要回來。

第四節　問事業、工作、求職

例題1

【背景】：今天失業了，什麼時候能找到新工作。

【預測】：

1、先說吉凶，看看是否能找到新工作。

先看命宮，命宮是事情的主體。

<table>
<tr>
<td>天左恩天天副破劫月
相輔光貴月旬碎煞德
得平平平　廟陷

大耗　　　　　病
劫煞　113～122　辛
小耗　　兄弟宮　巳</td>
<td>天天天截天天
梁才福空哭虛
廟旺平廟陷平

伏兵　　　　　死
災煞　3～12　壬
歲破　　命宮　午</td>
<td>廉七天陀鈴副大龍
貞殺鉞羅星截耗德
利廟旺廟利廟平

官府　3月份　墓
天煞　13～22　癸
龍德　　父母宮　未</td>
<td>祿地解天蜚
存劫神巫廉
廟廟不

博士　　　　　絕
指背　23～32　甲
白虎　　福德宮　申</td>
</tr>
<tr>
<td>巨八龍旬華
門座池空蓋
陷旺廟陷廟

病符　　　　　衰
華蓋　103～112　庚
官符　　夫妻宮　辰</td>
<td colspan="2" rowspan="2">乾造　庚　戊　辛　丁（日空辰、巳）
　　　子　寅　丑　酉

1命宮；　2兄弟；　3夫妻；　4子女；　5財帛；　6疾厄
7遷移；　8交友；　9官祿；　10田宅；　11福德；　12父母

甲干　廉貞-太陽　乙干　天機-太陰　丙干　天同-廉貞　丁干　太陰-巨門
戊干　貪狼-天機　己干　武曲-文曲
庚干　太陽-天同　辛干　巨門-文昌　壬干　天梁-武曲　癸干　破軍-貪狼</td>
<td>右擎天咸天
弼羊喜池德
陷陷廟平不

力士　　　　　胎
咸池　33～42　乙
天德　　田宅宮　酉</td>
</tr>
<tr>
<td>紫貪紅蜚
微狼鸞輔
旺利廟

喜神　　　　　帝旺
息神　93～102　己
貫索　　子女宮　卯</td>
<td>天天三鳳寡年
同刑臺閣宿解
平廟旺廟陷廟
忌

青龍　　　　　養
月煞　43～52　丙
弔客　　官祿宮　戌</td>
</tr>
<tr>
<td>天太地天天天孤
機陰空馬姚廚辰
得旺陷旺旺　平
科

飛廉　　　　　臨官
歲驛　83～92　戊
喪門　　財帛宮　寅</td>
<td>天文文天天天
府昌曲魁使空
廟廟廟旺陷平

奏書　　　　　冠帶
攀鞍　73～82　己
晦氣　　疾厄宮　丑</td>
<td>太天陰
陽壽煞
陷平
祿　　　　　身宮

將軍　　　　　沐浴
將星　63～72　戊
歲建　　遷移宮　子</td>
<td>武破火天天封
曲軍星官傷誥
平平利旺旺
權

小耗　　　　　長生
亡神　53～62　丁
病符　　交友宮　亥</td>
</tr>
</table>

命宮天梁、天才、截空星，加會太陰化科、天馬，說明心裡沒底，但是能找到工作。

2、再看官祿宮，天同化忌、天刑、三台星，說明失業了、離開了。同時說明目前的2月份不能找到新工作。

3、看流月3月份命宮在未位，七殺、天鉞、陀羅星，照天府、文曲、文昌、天魁星，說明這個月能接到新單位的入職通知。

所以判斷：3月份能找到新工作。

【回饋】：

3月16日，求測者說，今天有讓我入職。但是我不知道能做多久，小公司。只能先待著。

例題2

【背景】：

兩個月沒發工資了，我社保也拖幾個月沒繳。老闆一直說在努力談融資，讓大家等待，不知道要等到什麼時候，這個月能發工資嗎？公司是不是快倒閉了。

【預測】：

1、先說吉凶，看看是否能發工資、以及是否會離職。

先看命宮，命宮是事情的主體。

<table>
<tr>
<td>巨陀地地天天天天破
門羅劫空才壽巫廚碎
旺陷不廟廟平　　陷
忌
官府　　絕
指背　95～104　乙
白虎　子女宮　巳</td>
<td>廉天祿紅八咸天
貞相存鸞座池德
平廟廟旺旺陷旺
博士　　胎
咸池　105～114　丙
天德　夫妻宮　午</td>
<td>天擎恩寡
梁羊光宿
旺廟旺不
力士　　養
月煞　115～124　丁
弔客　兄弟宮　未</td>
<td>七三封解
殺臺誥神
廟旺　不
身宮
青龍　　長生
亡神　5～14　戊
病符　命　宮　申</td>
</tr>
<tr>
<td>貪左文鈴旬龍
狼輔昌星空德
廟廟得陷陷
伏兵　　墓
天煞　85～94　甲
龍德　財帛宮　辰</td>
<td colspan="2" rowspan="2">坤造　丁　壬　辛　甲（日空戌、亥）
　　　酉　寅　未　午

1命宮　2兄弟　3夫妻　4子女　5財帛　6疾厄
7遷移　8交友　9官祿　10田宅　11福德　12父母

甲干　廉貞-太陽　乙干　天機-太陰　丙干　天同-廉貞　丁干　太陰-巨門
戊干　貪狼-天機　己干　武曲-文曲
庚干　太陽-天同　辛干　巨門-文昌　壬干　天梁-武曲　癸干　破軍-貪狼</td>
<td>天天火天天
同鉞星刑哭
平廟得廟不
權
小耗　　沐浴
將星　15～24　己
歲建　父母宮　酉</td>
</tr>
<tr>
<td>太天天
陰使虛
陷平廟
祿
大耗　　死
災煞　75～84　癸
歲破　疾厄宮　卯</td>
<td>武右文天天
曲弼曲月空
廟廟陷　陷
將軍　　冠帶
攀鞍　25～34　庚
晦氣　福德宮　戌</td>
</tr>
<tr>
<td>紫天天截陰大劫月
微府官空煞耗煞德
旺廟平陷　陷
病符　　病
劫煞　65～74　壬
小耗　遷移宮　寅</td>
<td>天天天龍鳳天年華
機姚貴池閣傷解蓋
陷平旺平平平得陷
科
喜神　　衰
華蓋　55～64　癸
官符　交友宮　丑</td>
<td>破天臺
軍喜輔
廟旺
飛廉　　帝旺
息神　45～54　壬
貫索　官祿宮　子</td>
<td>太天天天孤蜚
陽魁馬福辰廉
陷旺平廟陷
奏書　　臨官
歲驛　35～44　辛
喪門　田宅宮　亥</td>
</tr>
</table>

命宮七殺、三台、封誥星，殺破狼格局成，說明會離職。

2、再看財帛宮貪狼、左輔星，照武曲、右弼星，說明能拿到工資，沒有少發。

3、再看官祿宮，破軍星，照天相、祿存星，也說明合約沒有繼續但是工資能發。

所以判斷：公司難關暫時沒有解除，但是你會離職。不過工資沒有克扣。應期是本月（2月份），這個月會發工資。

【回饋】：

事後，求測者說，工資已發，已發齊，2月份發了一部分，3月份補齊了。我已經離職了。

例題3

【背景】：求測者說，想去某單位工作，找人幫忙辦，拖了很久了，今明兩年還有機會嗎？

【預測】：

1、先說吉凶，看看是否能進入這個單位。

先看命宮，命宮是事情的主體。命宮平勢天同、天刑星，加會天梁、火星，說明不能進入這個單

<table>
<tr>
<td>天左文祿紅天天副大龍
相輔昌存鸞使月旬耗德
得平廟廟旺平　廟陷

博士　　絕
亡神　72～81　丁
龍德　疾厄宮　巳</td>
<td>天擎火地八天天
梁羊星空座壽廚
廟陷廟廟旺平

力士　　胎
將星　82～91　戊
白虎　財帛宮　午</td>
<td>廉七天恩封寡天
貞殺鉞光誥宿德
利廟旺旺　不廟

青龍　　養
攀鞍　92～101　己
天德　子女宮　未</td>
<td>鈴天三天解天天
星馬臺才神巫哭
陷旺旺廟不　廟

身宮
小耗　2019年　長生
歲驛　102～111　庚
弔客　夫妻宮　申</td>
</tr>
<tr>
<td>巨陀地旬天
門羅劫空虛
陷廟陷陷陷

官府　　墓
月煞　62～71　丙
歲破　遷移宮　辰</td>
<td colspan="2" rowspan="2">乾造　戊　丙　乙　辛（日空申、酉）
　　　戌　辰　亥　巳

1命宮；　2兄弟；　3夫妻；　4子女；　5財帛；　6疾厄
7遷移；　8交友；　9官祿；　10田宅；　11福德；　12父母

甲干　廉貞-太陽　乙干　天機-太陰　丙干　天同-廉貞　丁干　太陰-巨門
戊干　貪狼-天機　己干　武曲-文曲
庚干　太陽-天同　辛干　巨門-文昌　壬干　天梁-武曲　癸干　破軍-貪狼</td>
<td>右文
弼曲
陷廟
科

將軍　　沐浴
息神　112～121　辛
病符　兄弟宮　酉</td>
</tr>
<tr>
<td>紫貪天天天咸月
微狼官福傷池德
旺利旺平陷平
祿

伏兵　　死
咸池　52～61　乙
小耗　交友宮　卯</td>
<td>天天華
同刑蓋
平廟平

奏書　　冠帶
華蓋　2～11　壬
歲建　命宮　戌</td>
</tr>
<tr>
<td>天太天龍
機陰姚池
得旺旺平
忌權

大耗　　病
指背　42～51　甲
官符　官祿宮　寅</td>
<td>天天副破
府魁截碎
廟旺不陷

病符　　衰
天煞　32～41　乙
貫索　田宅宮　丑</td>
<td>太鳳截蜚陰年
陽閣空廉煞解
陷廟陷　　廟

喜神　　帝旺
災煞　22～31　甲
喪門　福德宮　子</td>
<td>武破天天臺天孤劫
曲軍喜貴輔空辰煞
平平旺平　平陷

飛廉　　臨官
劫煞　12～21　癸
晦氣　父母宮　亥</td>
</tr>
</table>

位。

2、再看官祿宮天機化忌、太陰化權、加會天梁、火星，說明沒有機會進入這個單位。

3、再看明年2019年的官祿宮在子位，太陽陷落、照天梁化科、火星、地空星，說明不能進入這個單位。

所以判斷：今明兩年都沒有進入那個單位，沒有成功的應期。

【回饋】：

2018年4月，求測者說，那個單位去不成了，辦事人話中已暗示不成了，當初就所託非人。

例題4

【背景】：

求測者說，我能否進入上級公司。所在部門是我個人頂起來的，單位領導對我很認可，要是去其他城市會改變職業規劃，之前的努力會從頭再來。但是在國企升一級不容易。

【預測】：

1、先說吉凶，看看是否能進入上級公司。

先看命宮，命宮是事情的主體。

<table>
<tr>
<td>紫七祿紅副大龍
微殺存鸞旬耗德
旺平廟旺廟陷

博士　　　　　臨官
亡神　116~125　丁
龍德　　兄弟宮　巳</td>
<td>左擎天
輔羊廚
旺陷

力士　　　　　帝旺
將星　6~15　戊
白虎　　命宮　午</td>
<td>天寡天
鉞宿德
旺不廟

青龍　　　　　衰
攀鞍　16~25　己
天德　　父母宮　未</td>
<td>右天恩天
弼馬光哭
不旺平廟
科

小耗　　　　　病
歲驛　26~35　庚
弔客　　福德宮　申</td>
</tr>
<tr>
<td>天天陀天臺天旬天
機梁羅才輔月空虛
利廟廟陷　　陷陷
忌

官府　　　　　冠帶
月煞　106~115　丙
歲破　　夫妻宮　辰</td>
<td colspan="2" rowspan="2">乾造　戊　丙　丁　庚（日空午、未）
　　　戌　辰　亥　戌

1命宮；2兄弟；3夫妻；4子女；5財帛；6疾厄
7遷移；8交友；9官祿；10田宅；11福德；12父母

甲干　廉貞-太陽　乙干　天機-太陰　丙干　天同-廉貞　丁干　太陰-巨門
戊干　貪狼-天機　己干　武曲-文曲
庚干　太陽-天同　辛干　巨門-文昌　壬干　天梁-武曲　癸干　破軍-貪狼</td>
<td>廉破地
貞軍劫
平陷平

將軍　　　　　死
息神　36~45　辛
病符　　田宅宮　酉</td>
</tr>
<tr>
<td>天天三天天咸月
相姚臺官福池德
陷廟陷旺平平

伏兵　　　　　沐浴
咸池　96~105　乙
小耗　　子女宮　卯</td>
<td>天解陰華
貴神煞蓋
旺廟　平

奏書　　　　　墓
華蓋　46~55　壬
歲建　　官祿宮　戌</td>
</tr>
<tr>
<td>太巨文龍天
陽門曲池巫
旺廟平平
身宮

大耗　　　　　長生
指背　86~95　甲
官符　　財帛宮　寅</td>
<td>武貪天鈴地天副破
曲狼魁星空使截碎
廟廟旺得陷陷不陷
祿

病符　　　　　養
天煞　76~85　乙
貫索　　疾厄宮　丑</td>
<td>天太文鳳天封截蜚年
同陰昌閣壽誥空廉解
旺廟得廟平　陷　廟
權

喜神　　　　　胎
災煞　66~75　甲
喪門　　遷移宮　子</td>
<td>天火天天八天天孤劫
府星喜刑座傷空辰煞
得利旺陷廟旺平陷

飛廉　　　　　絕
劫煞　56~65　癸
晦氣　　交友宮　亥</td>
</tr>
</table>

命宮左輔星，照天同、太陰化權、鳳閣、封誥星，說明可以去同類型的一個單位或者部門，能增加點收入，但是並非上級的公司。

2、再看官祿宮天貴、解神星，說明暫時沒有上升。照天梁、陀羅星，說明難以通過或者拖延很久。

3、**所以判斷：**沒有進入上級公司的應期，但是會有其他較好的機會。

【回饋】：

求測者說，我之前想去上級公司沒去成，上級公司暫無招人計畫。不過我得到提升，確實是平級單位。

例題5

【背景】：

我是公職，目前有一個機會，考試只是走個形式，重要的是能不能成功呢？未來兩個月就能知道結果。

【預測】：

1、先說吉凶，看看是否能成功。

先看命宮，命宮是事情的主體。命宮天梁、鳳閣星，照太陽星，說明是公職。再看官祿宮，天同平勢、陀羅、解神，說明拖延難

<table>
<tr>
<td>武破祿紅天臺副大龍
曲軍存鸞傷輔旬耗德
平平廟旺平　廟陷
博士　長生
亡神　54～63　丁
龍德　交友宮　巳</td>
<td>太擎天天天
陽羊刑廚月
旺陷平
力士　沐浴
將星　64～73　戊
白虎　遷移宮　午</td>
<td>天天恩天寡天
府鉞光使宿德
廟旺旺平不廟
青龍　冠帶
攀鞍　74～83　己
天德　疾厄宮　未</td>
<td>天太天天天天陰
機陰馬壽巫哭煞
得利旺旺　廟
忌 權
小耗　臨官
歲驛　84～93　庚
弔客　財帛宮　申</td>
</tr>
<tr>
<td>天陀八解旬天
同羅座神空虛
平廟旺廟陷陷
官府　養
月煞　44～53　丙
歲破　官祿宮　辰</td>
<td colspan="2" rowspan="2">乾造 戊 癸 乙 丁(日空戌、亥)
戌 亥 丑 亥

1命宮； 2兄弟； 3夫妻； 4子女； 5財帛； 6疾厄
7遷移； 8交友； 9官祿； 10田宅； 11福德； 12父母

甲干 廉貞-太陽 乙干 天機-太陰 丙干 天同-廉貞 丁干 太陰-巨門
戊干 貪狼-天機 己干 武曲-文曲
庚干 太陽-天同 辛干 巨門-文昌 壬干 天梁-武曲 癸干 破軍-貪狼</td>
<td>紫貪
微狼
旺利
祿
將軍　帝旺
息神　94～103　辛
病符　子女宮　酉</td>
</tr>
<tr>
<td>文天天咸月
曲官福池德
旺旺平平
伏兵　胎
咸池　34～43　乙
小耗　田宅宮　卯</td>
<td>巨地天三天華
門劫姚臺才蓋
陷平廟旺陷平
身宮
奏書　衰
華蓋　104～113　壬
歲達　夫妻宮　戌</td>
</tr>
<tr>
<td>鈴龍
星池
廟平
大耗　絕
指背　24～33　甲
官符　福德宮　寅</td>
<td>廉七左右天封副破
貞殺輔弼魁誥截碎
利廟廟廟旺　不陷
科
病符　墓
天煞　14～23　乙
貫索　父母宮　丑</td>
<td>天火地鳳截蜚年
梁星空閣空廉解
廟陷平廟陷　廟
喜神　死
災煞　4～13　甲
喪門　命宮　子</td>
<td>天文天天天孤劫
相昌喜貴空辰煞
得利旺平平陷
飛廉　病
劫煞　114～123　癸
晦氣　兄弟宮　亥</td>
</tr>
</table>

成。

2、再看未來兩個流月的官祿宮，武曲破軍的官祿宮、太陽天刑的官祿宮，都是難以成功的。

3、**所以判斷：**此次機會難以成功。未來兩個月沒有成功的應期。

【回饋】：

2019年4月，求測者說，那次換工作確實沒成功。

例題6

【背景】：

求測者說，世事太差，專業能力強的、認真工作的人都被迫走了好多。最近我們部門也四面楚歌，做為部門領導的王總會走嗎？如果王總走了就真的可惜了，難得遇上一位好領導。

【預測】：

1、先說吉凶，看看王總是否會離職。

<table>
<tr>
<td>太右文祿紅副大龍
陰弼曲存鸞旬耗德
陷平廟廟旺廟陷
權科
博士 臨官
亡神 116～125 丁
龍德 兄弟宮 巳</td>
<td>貪擎天天天
狼羊姚壽廚
旺陷平平
祿
力士 帝旺
將星 6～15 戊
白虎 命宮 午</td>
<td>天巨天臺寡天
同門鉞輔宿德
不不旺 不廟
青龍 衰
攀鞍 16～25 己
天德 父母宮 未</td>
<td>武天天天天
曲相馬巫哭
得廟旺 廟
身宮
9月份
小耗 病
歲驛 26～35 庚
弔客 福德宮 申</td>
</tr>
<tr>
<td>廉天陀鈴天旬天陰
貞府羅星才空虛煞
利廟廟陷陷陷陷
官府 冠帶
月煞 106～115 丙
歲破 夫妻宮 辰</td>
<td colspan="2" rowspan="2">乾造 戊 己 甲 乙（日空戌、亥）
戌 未 子 丑

1命宮； 2兄弟； 3夫妻； 4子女； 5財帛； 6疾厄
7遷移； 8交友； 9官祿； 10田宅； 11福德； 12父母

甲干 廉貞-太陽 乙干 天機-太陰 丙干 天同-廉貞 丁干 太陰-巨門
戊干 貪狼-天機 己干 武曲-文曲
庚干 太陽-天同 辛干 巨門-文昌 壬干 天梁-武曲 癸干 破軍-貪狼</td>
<td>太天左文
陽梁輔昌
平得陷廟
將軍 死
息神 36～45 辛
病符 田宅宮 酉</td>
</tr>
<tr>
<td>三天天封天咸月
臺官福誥月池德
陷旺平 平
伏兵 沐浴
咸池 96～105 乙
小耗 子女宮 卯</td>
<td>七地天華
殺空貴蓋
廟陷旺平
奏書 墓
華蓋 46～55 壬
歲建 官祿宮 戌</td>
</tr>
<tr>
<td>破火天恩龍
軍星刑光池
得廟廟平平
大耗 長生
指背 86～95 甲
官符 財帛宮 寅</td>
<td>天天副破
魁使截碎
旺陷不陷
病符 養
天煞 76～85 乙
貫索 疾厄宮 丑</td>
<td>紫地鳳解截蜚年
微劫閣神空廉解
平陷廟廟陷 廟
喜神 胎
災煞 66～75 甲
喪門 遷移宮 子</td>
<td>天天八天天孤劫
機喜座傷空辰煞
平旺廟旺平陷
忌
飛廉 絕
劫煞 56～65 癸
晦氣 交友宮 亥</td>
</tr>
</table>

先看官祿宮，官祿宮是事情的主體。

官祿宮七殺、地空星，說明事態很嚴峻，部分人走掉了。組成殺破狼結構，說明領導層面不穩定。照天府、陀羅星，說明暗地裡拆臺糾纏、暗鬥等。

2、再看官祿宮的官祿宮，在寅位，破軍、火星、天刑星，照武曲、天相星，說明是一位有修養、有能力的領導，但是會很快離開。

3、再看流月9月，命宮在申位，其官祿宮的官祿宮在辰位，天府、陀羅星，照七殺星，說明被打壓得難受。

所以判斷：流月9月會離職。

【回饋】：

於9月18日，求測者說，王總今天正式離職。

例題7

【背景】：求測者說，在投簡歷中，本月內，會上班嗎?會安定下來嗎？

【預測】：

1、先說吉凶，看看是否會安定下來。

先看命宮，命宮是事情的主體。命宮天機化忌、太陰化權，照地劫、天馬星，說明絞盡腦汁、亂跑，沒有安定下來。

天祿紅三副大龍 相存鸞臺旬耗德 得廟旺平廟陷 博士　　　　絕 亡神　32～41　丁 龍德　田宅宮　巳	天擎天天天天 梁羊刑壽廚月 廟陷平平 力士　　　　胎 將星　42～51　戊 白虎　官祿宮　午	廉七天天寡天 貞殺鉞傷宿德 利廟旺陷不廟 青龍　　　　養 攀鞍　52～61　己 天德　交友宮　未	地天天天陰 劫馬巫哭煞 廟旺　廟 身宮 小耗　　　　長生 歲驛　62～71　庚 弔客　遷移宮　申
巨陀恩天解旬天 門羅光貴神空虛 陷廟廟旺廟陷陷 官府　　　　墓 月煞　22～31　丙 歲破　福德宮　辰	乾造 戊 癸 戊 辛 (日空寅、卯) 　　 戌 亥 申 酉 1命宮； 2兄弟； 3夫妻； 4子女； 5財帛； 6疾厄 7遷移； 8交友； 9官祿； 10田宅； 11福德； 12父母 甲干 廉貞-太陽 乙干 天機-太陰 丙干 天同-廉貞 丁干 太陰-巨門 戊干 貪狼-天機 己干 武曲-文曲 庚干 太陽-天同 辛干 巨門-文昌 壬干 天梁-武曲 癸干 破軍-貪狼		八天 座使 廟陷 將軍　　　　沐浴 息神　72～81　辛 病符　疾厄宮　酉
紫貪天天臺咸月 微狼官福輔池德 旺利旺平　平 祿 12月份 伏兵　　　　死 咸池　12～21　乙 小耗　父母宮　卯			天火天華 同星姚蓋 平廟廟平 奏書　　　　冠帶 華蓋　82～91　壬 歲建　財帛宮　戌
天太地龍 機陰空池 得旺陷平 忌權 大耗　　　　病 指背　2～11　甲 官符　命宮　寅	天左右文文天副破 府輔弼昌曲魁截碎 廟廟廟廟廟旺不陷 科 病符　　　　衰 天煞　112～121　乙 貫索　兄弟宮　丑	太鈴鳳天截蜚年 陽星閣才空廉解 陷陷廟旺陷　廟 喜神　　　　帝旺 災煞　102～111　甲 喪門　夫妻宮　子	武破天封天孤劫 曲軍喜誥空辰煞 平平旺　平陷 飛廉　　　　臨官 劫煞　92～101　癸 晦氣　子女宮　亥

2、再看福德宮，巨門陷落、陀羅、恩光、天貴、解神星，說明沒有安全感，走投無門的心境。

3、再看流月，12月份（下個月）在卯位，其官祿宮七殺、天鉞星，照天府、左輔、右弼、文曲、文昌星，說明雖然很費力但是逐漸穩定下來了。

所以判斷：本月暫時不能安定下來，下個月就會較順利。

【回饋】：

事後，求測者說，沒穩定下來，上班不到一個月被要求辭職了，謝謝老師。希望能在下個月工作穩定下來。

例題8

【背景】：

工作調職是否能轉成功，小人多，目前有人阻礙，障礙重重。就怕需求部門也放棄了。不知道是不是沒希望了，還是需要一段過程？

【預測】：

1、先說吉凶，看看是否能調動成功。

先看命宮，命宮是事情的主體。

命宮天機陷落、擎羊、天哭，說

<table>
<tr>
<td>太陀鈴天天旬天
陽羅星馬巫空虛
旺陷得平　廟旺

官府　　105～114　絕
歲驛　　　　　　己
歲破　　夫妻宮　巳</td>
<td>破祿地天龍
軍存劫才德
廟廟廟旺

博士　　115～124　胎
息神　　　　　　庚
龍德　　兄弟宮　午</td>
<td>天擎天華
機羊哭蓋
陷廟平陷

力士　　5～14　養
華蓋　　　　　辛
白虎　　命宮　未</td>
<td>紫天天天天解天副劫天
微府鉞貴壽神廚截煞德
旺得廟陷旺不　廟　平

3月份
青龍　　15～24　長生
劫煞　　　　　　壬
天德　　父母宮　申</td>
</tr>
<tr>
<td>武左火地紅副大月
曲輔星空鸞旬耗德
廟廟陷陷廟陷平
祿

伏兵　　95～104　墓
攀鞍　　　　　　戊
小耗　　子女宮　辰</td>
<td colspan="2" rowspan="2">坤造　己　丙　癸　己(日空申、酉)
　　　亥　寅　未　未

1命宮；　2兄弟；　3夫妻；　4子女；　5財帛；　6疾厄
7遷移；　8交友；　9官祿；　10田宅；　11福德；　12父母

甲干　廉貞-太陽　乙干　天機-太陰　丙干　天同-廉貞　丁干　太陰-巨門
戊干　貪狼-天機　己干　武曲-文曲
庚干　太陽-天同　辛干　巨門-文昌　壬干　天梁-武曲　癸干　破軍-貪狼</td>
<td>太天天封截破
陰刑官誥空碎
旺廟平　廟平
身宮

4月份
小耗　　25～34　沐浴
災煞　　　　　　癸
弔客　　福德宮　酉</td>
</tr>
<tr>
<td>天文龍
同昌池
平利廟

大耗　　85～94　死
將星　　　　　　丁
官符　　財帛宮　卯</td>
<td>貪右天天寡
狼弼喜月宿
廟廟陷　陷
權

將軍　　35～44　冠帶
天煞　　　　　　甲
病符　　田宅宮　戌</td>
</tr>
<tr>
<td>七三天天孤陰
殺臺福使辰煞
廟平旺平平

病符　　75～84　病
亡神　　　　　　丙
貫索　　疾厄宮　寅</td>
<td>天天臺蜚
梁姚輔廉
旺平
科

喜神　　65～74　衰
月煞　　　　　　丁
喪門　　遷移宮　丑</td>
<td>廉天天八恩天天咸
貞相魁座光傷空池
平廟旺陷平陷陷陷

飛廉　　55～64　帝旺
咸池　　　　　　丙
晦氣　　交友宮　子</td>
<td>巨文鳳年
門曲閣解
旺旺旺得
忌

奏書　　45～54　臨官
指背　　　　　　乙
歲建　　官祿宮　亥</td>
</tr>
</table>

明還需要等待時間，會有驚險等。照天梁星化科，說明能調動成功。

2、再看官祿宮巨門、鳳閣、文曲化忌、照太陽星，說明能調動成功，但是調令或者公文尚需要時間，時機尚不成熟。或者說有口舌爭議等。

3、再看流月3月份命宮在申位，其官祿宮天相、廉貞、天魁星，照破軍、祿存、地劫星，說明難度大、可能會有破費等。流月4月份命宮在酉位，其官祿宮在丑位，天梁化科，加會太陽、太陰星等，說明調動成功。

所以判斷：這個調動過程會有周折，尚需等待，但是最終會成功。

【回饋】：

2月28日，求測者說，工作職位調動正式發函，調入總部科室，3月1日起執行。3月7日，求測者說，調動公文已出，但是，由於新的部門規則在制訂中，暫時先在原部門工作，等待通知。原來是假動，不知道會不會黃掉？3月21日，求測者說，今日通知開始做交接，4月1日正式開始新職位工作。

例題9

【背景】：

求測者說，想離職了，不知道能否順利離職，什麼時候離職？

【預測】：

1、先說吉凶，看看是否能離職。

先看命宮，命宮是事情的主體。命宮太陰化權、天官、左輔星，說明想要更好的待遇，想離職。但是領導不答應你離職。

2、再看官祿宮天梁、天鉞星，說明

<table>
<tr>
<td>巨祿紅副大龍
門存鸞旬耗德
旺廟旺廟陷
3月份
博士 亡神 龍德
22～31
福德宮
絕 丁巳</td>
<td>廉天擎解天
貞相羊神廚
平廟陷廟
力士 將星 白虎
32～41
田宅宮
胎 戊午</td>
<td>天天寡天
梁鉞宿德
旺旺不廟
青龍 攀鞍 天德
42～51
官祿宮
養 己未</td>
<td>七天天天天
殺馬刑傷哭
廟旺陷平廟
小耗 歲驛 弔客
52～61
交友宮
長生 庚申</td>
</tr>
<tr>
<td>貪陀三臺旬天陰
狼羅臺輔空虛煞
廟廟廟 陷陷
祿
2月份
官府 月煞 歲破
12～21
父母宮
墓 丙辰</td>
<td colspan="2" rowspan="2">乾造 戊 乙 戊 壬 (日空戌、亥)
戌 丑 辰 戌

1命宮； 2兄弟； 3夫妻； 4子女； 5財帛； 6疾厄
7遷移； 8交友； 9官祿； 10田宅； 11福德； 12父母

甲干 廉貞-太陽 乙干 天機-太陰 丙干 天同-廉貞 丁干 太陰-巨門
戊干 貪狼-天機 己干 武曲-文曲
庚干 太陽-天同 辛干 巨門-文昌 壬干 天梁-武曲 癸干 破軍-貪狼</td>
<td>天地天
同劫壽
平平平
將軍 息神 病符
62～71
遷移宮
沐浴 辛酉</td>
</tr>
<tr>
<td>太左天天咸月
陰輔官福池德
陷陷旺平平
權
伏兵 咸池 小耗
2～11
命宮
死 乙卯</td>
<td>武八天華
曲座使蓋
廟平陷平
奏書 華蓋 歲建
72～81
疾厄宮
冠帶 壬戌</td>
</tr>
<tr>
<td>紫天文天龍天
微府曲貴池月
旺廟平平平
大耗 指背 官符
112～121
兄弟宮
病 甲寅</td>
<td>天天鈴地天副破
機魁星空才截碎
陷旺得陷平不陷
忌
病符 天煞 貫索
102～111
夫妻宮
衰 乙丑</td>
<td>破文天恩鳳封截蜚年
軍昌姚光閣誥空廉解
廟得陷平廟 陷 廟
喜神 災煞 喪門
92～101
子女宮
帝旺 甲子</td>
<td>太右火天天天孤劫
陽弼星喜巫空辰煞
陷平利旺 平陷
科
身宮
飛廉 劫煞 晦氣
82～91
財帛宮
臨官 癸亥</td>
</tr>
</table>

能通過離職的申請。

3、再看流月3月份命宮在巳位，巨門、祿存星，說明走掉了，離職了。其官祿宮在酉位，天同、地劫星，說明尚未找到新的工作。

所以判斷：領導不會馬上答應你離職，但是，這次離職最後會通過，一般在3月份可以通過。

【回饋】：

（缺回饋）

例題10

【背景】：

求測者說，迫於生活壓力，需要找全職工作，什麼時候能找到？

【預測】：

1、先說吉凶，看看能否找到工作。先看命宮，命宮是事情的主體。命宮武曲得地化祿、天相、天鉞、天巫、劫煞，說明能找到工作，能較快簽合約。

2、再看官祿宮，紫微平勢、天魁、

<table>
<tr>
<td>太左陀鈴天八天旬天
陰輔羅星馬座月空虛
陷平陷得平廟　廟旺

官府　　　　長生
歲驛　94～103　己
歲破　子女宮　巳</td>
<td>貪祿地恩龍
狼存劫光德
旺廟廟廟
權
博士　　　　沐浴
息神　104～113　庚
龍德　夫妻宮　午</td>
<td>天巨擎天天華
同門羊才哭蓋
不不廟平平陷

力士　　　　冠帶
華蓋　114～123　辛
白虎　兄弟宮　未</td>
<td>武天天解天天副劫天
曲相鉞神巫廚截煞德
得廟廟不　　廟　平
祿
青龍　　　　臨官
劫煞　4～13　壬
天德　命宮　申</td>
</tr>
<tr>
<td>廉天火地紅副大月
貞府星空鸞旬耗德
利廟陷陷廟陷平

伏兵　　　　養
攀鞍　84～93　戊
小耗　財帛宮　辰</td>
<td colspan="2" rowspan="2">坤造　己　丁　丁　丁(日空寅、卯)
　　　亥　卯　未　未

1命宮；2兄弟；3夫妻；4子女；5財帛；6疾厄
7遷移；8交友；9官祿；10田宅；11福德；12父母

甲干 廉貞-太陽　乙干 天機-太陰　丙干 天同-廉貞　丁干 太陰-巨門
戊干 貪狼-天機　己干 武曲-文曲
庚干 太陽-天同　辛干 巨門-文昌　壬干 天梁-武曲　癸干 破軍-貪狼</td>
<td>太天右三天天封截破
陽梁弼臺壽官誥空碎
平得陷廟平平　廟平
科
小耗　　　　帝旺
災煞　14～23　癸
弔客　父母宮　酉</td>
</tr>
<tr>
<td>文龍天
昌池使
利廟平

大耗　　　　胎
將星　74～83　丁
官符　疾厄宮　卯</td>
<td>七天天寡
殺喜刑宿
廟陷廟陷

身宮
將軍　　　　衰
天煞　24～33　甲
病符　福德宮　戌</td>
</tr>
<tr>
<td>破天天天孤
軍姚貴福辰
得旺平旺平

病符　　　　絕
亡神　64～73　丙
貫索　遷移宮　寅</td>
<td>天臺蜚
傷輔廉
平

8月份
喜神　　　　墓
月煞　54～63　丁
喪門　交友宮　丑</td>
<td>紫天天咸陰
微魁空池煞
平旺陷陷

飛廉　　　　死
咸池　44～53　丙
晦氣　官祿宮　子</td>
<td>天文鳳年
機曲閣解
平旺旺得
忌
奏書　　　　病
指背　34～43　乙
歲建　田宅宮　亥</td>
</tr>
</table>

陰煞星，照貪狼化權、祿存、地劫、恩光星，說明單位不景氣，薪金不多。

3、再看流月8月命宮在丑位，其官祿宮在巳位，太陽陷落、左輔陷落、鈴星、旬空、天虛、八座、天馬，說明要離職了，單位不景氣，或者不受領導喜歡。

所以判斷：這次找工作能較快找到，只是薪水上難以滿意。單位的業務開展不太順利。

【回饋】：

事後，求測者說，4月9日入職一家公司，但是在薪資上有糾紛，不提具體薪資的演算法，也沒有給我簽合約，可能會有風險。8月13日，求測者說，是個老賴公司，他因為業務不做了，想要辭退我，也不給補償，各方面抓我的漏洞。

例題11

【背景】：

求測者說，領導說年後幫我調動工作，什麼時候能調動呢？

【預測】：

1、先說吉凶，看看能否調走。

先看遷移宮的官祿宮。在未位，天府、擎羊、封誥、天哭星，照七殺、三台、八座星，說明能調走，只是工作很憋悶或者說不滿意。

武破文陀天天天旬天 曲軍昌羅馬貴巫空虛 平平廟陷平平　廟旺 祿 官府　長生 歲驛　84～93　己 歲破　財帛宮　巳	太祿地天龍 陽存空壽德 旺廟廟平 博士　沐浴 息神　94～103　庚 龍德　子女宮　午	天擎封天華 府羊誥哭蓋 廟廟　平陷 身宮 力士　冠帶 華蓋　104～113　辛 白虎　夫妻宮　未	天太天天解天副劫天 機陰鉞才神廚截煞德 得利廟廟不　廟　平 青龍　臨官 劫煞　114～123　壬 天德　兄弟宮　申
天左地紅天副大月 同輔劫鸞使旬耗德 平廟陷廟陷陷平 伏兵　養 攀鞍　74～83　戊 小耗　疾厄宮　辰	坤造　己　丙　甲　己(日空辰、巳) 　　　亥　寅　午　巳 1命宮；2兄弟；3夫妻；4子女；5財帛；6疾厄 7遷移；8交友；9官祿；10田宅；11福德；12父母		紫貪文天天截破 微狼曲刑官空碎 旺利廟廟平廟平 權忌 小耗　帝旺 災煞　4～13　癸 弔客　命宮　酉
鈴龍 星池 利廟 大耗　胎 將星　64～73　丁 官符　遷移宮　卯	甲干 廉貞-太陽　乙干 天機-太陰　丙干 天同-廉貞　丁干 太陰-巨門 戊干 貪狼-天機　己干 武曲-文曲 庚干 太陽-天同　辛干 巨門-文昌　壬干 天梁-武曲　癸干 破軍-貪狼		巨右天天寡 門弼喜月宿 陷廟陷　陷 將軍　衰 天煞　14～23　甲 病符　父母宮　戌
火天天孤陰 星福傷辰煞 廟旺平平 病符　絕 亡神　54～63　丙 貫索　交友宮　寅	廉七天三八恩蜚 貞殺姚臺座光廉 利廟平廟廟廟 喜神　墓 月煞　44～53　丁 喪門　官祿宮　丑	天天天咸 梁魁空池 廟旺陷陷 科 5月份 飛廉　死 咸池　34～43　丙 晦氣　田宅宮　子	天鳳臺年 相閣輔解 得旺　得 奏書　病 指背　24～33　乙 歲建　福德宮　亥

2、再看流月4月份的命宮在亥位，其官祿宮在酉位，紫微、貪狼化權、文曲化忌、天刑、截空、破碎星，說明在新的工作上沒有話語權，很難受的感覺。

3、再看流月5月份命宮在子位，其官祿宮在辰位，天同、左輔星，說明再次找新的工作。

所以判斷：領導會幫你調動工作，但是這個工作不會很滿意，做起來很不舒服。

【回饋】：

5月7日求測者說，4月30日調離原單位，但由於不喜歡新工作，於5月6日離職。

例題12

【背景】：

求測者說，目前正常上班，8月份的事業單位改革，我會被清退嗎？

【預測】：

1、先說吉凶，看看是否會被清退。

先看命宮，命宮是事情的主體。命宮紫微、天府、天馬、天哭星，照七殺星，說明為事業的事情苦惱，心態很不穩定。

2、再看官祿宮，天相、文昌、封

<table>
<tr>
<td>太祿紅天天副大龍
陽存鸞姚巫旬耗德
旺廟旺平　廟陷

博士
亡神　93～102
龍德　子女宮
病 丁巳</td>
<td>破右擎八天天陰
軍弼羊座才廚煞
廟旺陷旺旺
科
力士
將星　103～112
白虎　夫妻宮
死 戊午</td>
<td>天天天寡天
機鉞月宿德
陷旺　不廟
忌
青龍
攀鞍　113～122
天德　兄弟宮
墓 己未</td>
<td>紫天左天三天
微府輔馬臺哭
旺得平旺旺廟

小耗
歲驛　3～12
弔客　命宮
絕 庚申</td>
</tr>
<tr>
<td>武陀臺旬天
曲羅輔空虛
廟廟　陷陷
身宮
官府
月煞　83～92
歲破　財帛宮
衰 丙辰</td>
<td colspan="2" rowspan="2">乾造 戊 戊 己 甲 (日空午、未)
　　 戌 午 丑 戌

1命宮； 2兄弟； 3夫妻； 4子女； 5財帛； 6疾厄
7遷移； 8交友； 9官祿； 10田宅； 11福德； 12父母

甲干 廉貞-太陽　乙干 天機-太陰　丙干 天同-廉貞　丁干 太陰-巨門
戊干 貪狼-天機　己干 武曲-文曲
庚干 太陽-天同　辛干 巨門-文昌　壬干 天梁-武曲　癸干 破軍-貪狼</td>
<td>太地
陰劫
旺平
權
將軍
息神　13～22
病符　父母宮
胎 辛酉</td>
</tr>
<tr>
<td>天天天天咸月
同官福使池德
平旺平平平

伏兵
咸池　73～82
小耗　疾厄宮
帝旺 乙卯</td>
<td>貪華
狼蓋
廟平
祿
8月份
奏書
華蓋　23～32
歲建　福德宮
養 壬戌</td>
</tr>
<tr>
<td>七文龍天
殺曲池壽
廟平平旺

大耗
指背　63～72
官符　遷移宮
臨官 甲寅</td>
<td>天天鈴地天天天副破
梁魁星空刑貴傷截碎
旺旺得陷陷旺平不陷

病符
天煞　53～62
貫索　交友宮
冠帶 乙丑</td>
<td>廉天文鳳封解截蜚年
貞相昌閣誥神空廉解
平廟得廟　廟陷　廟

喜神
災煞　43～52
喪門　官祿宮
沐浴 甲子</td>
<td>巨火天恩天孤劫
門星喜光空辰煞
旺利旺不平陷

飛廉
劫煞　33～42
晦氣　田宅宮
長生 癸亥</td>
</tr>
</table>

誥、解神、鳳閣星，照破軍、右弼化科，說明官方給出終止合約的文件。

3、再看流月8月份命宮在戌位，其官祿宮在寅位，七殺、文曲星，加會破軍、右弼化科，說明下崗名單。

所以判斷：由於機構改革8月份被清退。

【回饋】：

8月30日，求測者說，改革完成了，公文現在發佈，我在清退名單中。

例題13

【背景】：

求測者說，新的工作前景如何？即將入職。

【預測】：

1、先說吉凶，看看事業運。先看命宮，命宮是事情的主體。命宮天魁、天貴、天刑、太陽陷落，照天梁化科、祿存、地空星，說明單位不景氣、工資不高，但是受到重視或者重用等。

<table>
<tr>
<td>天文陀天天旬天
相昌羅馬傷空虛
得廟陷平平廟旺

官府　　　絕
歲驛　52～61　己
歲破　交友宮　巳</td>
<td>天祿地龍
梁存空德
廟廟廟
科

博士　　　胎
息神　62～71　庚
龍德　遷移宮　午</td>
<td>廉七左右擎天封天華
貞殺輔弼羊使誥哭蓋
利廟廟廟廟平　平陷

力士　　　養
華蓋　72～81　辛
白虎　疾厄宮　未</td>
<td>天恩天副陰劫天
鉞光廚截煞煞德
廟平　廟　　平

青龍　　　長生
劫煞　82～91　壬
天德　財帛宮　申</td>
</tr>
<tr>
<td>巨地紅天副大月
門劫鸞姚旬耗德
陷陷廟陷陷平

伏兵　　　墓
攀鞍　42～51　戊
小耗　官祿宮　辰</td>
<td colspan="2" rowspan="2">坤造　己　己　丙　癸（日空寅、卯）
　　　亥　巳　午　巳

1命宮；2兄弟；3夫妻；4子女；5財帛；6疾厄
7遷移；8交友；9官祿；10田宅；11福德；12父母

甲干　廉貞-太陽　乙干　天機-太陰　丙干　天同-廉貞　丁干　太陰-巨門
戊干　貪狼-天機　己干　武曲-文曲
庚干　太陽-天同　辛干　巨門-文昌　壬干　天梁-武曲　癸干　破軍-貪狼</td>
<td>文天天截破
曲壽官空碎
廟平平廟平
忌

小耗　　　沐浴
災煞　92～101　癸
弔客　子女宮　酉</td>
</tr>
<tr>
<td>紫貪鈴八龍
微狼星座池
旺利利平廟
權

大耗　　　死
將星　32～41　丁
官符　田宅宮　卯</td>
<td>天天解寡
同喜神宿
平陷廟陷
身宮

將軍　　　冠帶
天煞　102～111　甲
病符　夫妻宮　戌</td>
</tr>
<tr>
<td>天太火天天孤
機陰星福月辰
得旺廟旺　平

病符　　　病
亡神　22～31　丙
貫索　福德宮　寅</td>
<td>天蜚
府廉
廟

6月份
喜神　　　衰
月煞　12～21　丁
喪門　父母宮　丑</td>
<td>太天天天天咸
陽魁刑貴空池
陷旺平廟陷陷

飛廉　　　帝旺
咸池　2～11　丙
晦氣　命　宮　子</td>
<td>武破三鳳天臺天年
曲軍臺閣才輔巫解
平平平旺廟　　得
祿

奏書　　　臨官
指背　112～121　乙
歲建　兄弟宮　亥</td>
</tr>
</table>

2、再看官祿宮，巨門陷落、地劫星，說明暗藏很多隱患或者管理上漏洞很多等。

3、再看流月6月份命宮在丑位，其官祿宮在巳位，天相、文昌、旬空、天虛、天馬，說明沒有幹勁，遞交辭職申請等。

所以判斷：這個公司不景氣、效益不好，但是老闆想重用你。不過你做不了很長時間。

【回饋】：

5月13日，求測者說，本來應聘的只是普通員工，但老闆安排我當部長了。很感謝老闆的知遇之恩。5月29日，求測者說，剛來時老闆委以重任，但是感覺老闆陰陽怪氣，還浮現出很多問題，各種不協調、是非。這裡留不住人，半年間換了四、五個前任，其他職位也像走馬燈一樣。我曾想忍耐著做完一年，但事實證明我無法堅持下去，這份工作即將辭職。

例題14

【背景】：

求測者說，測配偶「近期」升職能否順利成功。

【預測】：

1、先說吉凶，看看能否順利成功。

先看命宮，命宮是事情的主體。命宮天梁星化科，加會太陽、太陰星，照擎羊星，說明很快就會升職，能順利成功或者突然成功。

太右陀地地天恩旬天 陽弼羅劫空馬光空虛 旺平陷不廟平平廟旺 官府 絕 歲驛 42~51 己 歲破 官祿宮 巳	破祿天天龍 軍存姚傷德 廟廟平陷 博士 胎 息神 52~61 庚 龍德 交友宮 午	天擎天華 機羊哭蓋 陷廟平陷 力士 養 華蓋 62~71 辛 白虎 遷移宮 未	紫天天天封天天副劫天 微府鉞使誥巫廚截煞德 旺得廟平 廟 平 青龍 長生 劫煞 72~81 壬 天德 疾厄宮 申
武文鈴紅副陰大月 曲昌星鸞旬煞耗德 廟得陷廟陷 平 祿 伏兵 墓 攀鞍 32~41 戊 小耗 田宅宮 辰	坤造 己亥 辛未 乙卯 壬午 (日空子、丑) 1命宮；2兄弟；3夫妻；4子女；5財帛；6疾厄 7遷移；8交友；9官祿；10田宅；11福德；12父母 甲干 廉貞-太陽 乙干 天機-太陰 丙干 天同-廉貞 丁干 太陰-巨門 戊干 貪狼-天機 己干 武曲-文曲 庚干 太陽-天同 辛干 巨門-文昌 壬干 天梁-武曲 癸干 破軍-貪狼		太左天截破 陰輔官空碎 旺陷平廟平 小耗 沐浴 災煞 82~91 癸 弔客 財帛宮 酉
天火八龍天 同星座池月 平利平廟 大耗 死 將星 22~31 丁 官符 福德宮 卯			貪文天寡 狼曲喜宿 廟陷陷陷 權 忌 將軍 冠帶 天煞 92~101 甲 病符 子女宮 戌
七天天孤 殺刑福辰 廟廟旺平 病符 病 亡神 12~21 丙 貫索 父母宮 寅	天蜚 梁廉 旺 科 身宮 喜神 衰 月煞 2~11 丁 喪門 命宮 丑	廉天天天天臺解天咸 貞相魁才壽輔神空池 平廟旺旺平 廟陷陷 飛廉 帝旺 咸池 112~121 丙 晦氣 兄弟宮 子	巨三天鳳年 門臺貴閣解 旺平平旺得 奏書 臨官 指背 102~111 乙 歲建 夫妻宮 亥

2、再看官祿宮，太陽、旬空、天虛星，照巨門、鳳閣星，說明能順利成功，但是沒有實權，名譽較好的職務。

3、**所以判斷：**近期升職能順利成功。

【回饋】：

8月份，求測者說，升職了，謝謝。

例題15

【背景】：

求測者說，下半年我是原地不動，還是不得不另尋他處？明年是回國，還是待在美國積攢履歷。請指點一下，現在如在地獄般痛苦。同學、朋友都是正教授了。

【預測】：

1、先說吉凶，看看事業運和學業前途。

先看命宮，命宮是事情的主體。

<table>
<tr>
<td>廉貪祿地地天副副劫天
貞狼存劫空官截旬煞德
陷陷廟不廟旺廟廟　旺
忌
博士　　　　　　病
劫煞　33～42　癸
天德　田宅宮　巳</td>
<td>巨擎
門羊
旺陷
力士　　　　　　死
災煞　43～52　甲
弔客　官祿宮　午</td>
<td>天紅天天寡
相鸞姚傷宿
得陷旺陷不
青龍　　　　　　墓
天煞　53～62　乙
病符　交友宮　未</td>
<td>天天火封
同梁星誥
旺陷陷
祿
小耗　　　　　　絕
指背　63～72　丙
歲建　遷移宮　申</td>
</tr>
<tr>
<td>太右文陀鈴恩截旬蜚華
陰弼昌羅星光空空廉蓋
陷廟得廟陷廟陷陷　廟
科
官府　　　　　　衰
華蓋　23～32　壬
白虎　福德宮　辰</td>
<td colspan="2" rowspan="2">乾造 丙 乙 戊 戊(日空子、丑)
　　 申 未 午 午

1命宮； 2兄弟； 3夫妻； 4子女； 5財帛； 6疾厄
7遷移； 8交友； 9官祿； 10田宅； 11福德； 12父母

甲干 廉貞-太陽　乙干 天機-太陰　丙干 天同-廉貞　丁干 太陰-巨門
戊干 貪狼-天機　己干 武曲-文曲
庚干 太陽-天同　辛干 巨門-文昌　壬干 天梁-武曲　癸干 破軍-貪狼</td>
<td>武七天天天咸破
曲殺鉞使空池碎
利旺廟陷旺平平
將軍　　　　　　胎
咸池　73～82　丁
晦氣　疾厄宮　酉</td>
</tr>
<tr>
<td>天天八大龍
府刑座耗德
得廟平不
伏兵　　　　　　帝旺
息神　13～22　辛
龍德　父母宮　卯</td>
<td>太左文天天天天
陽輔曲貴才壽哭
不廟陷旺陷廟平
奏書　　　　　　養
月煞　83～92　戊
喪門　財帛宮　戌</td>
</tr>
<tr>
<td>天鳳解天天陰年
馬閣神巫虛煞解
旺廟廟　旺　廟
身宮
大耗　　　　　　臨官
歲驛　3～12　庚
歲破　命 宮　寅</td>
<td>紫破天月
微軍喜德
廟旺陷
病符　　　　　　冠帶
攀鞍　113～122　辛
小耗　兄弟宮　丑</td>
<td>天龍天臺天
機池福輔廚
廟旺平
權
喜神　　　　　　沐浴
將星　103～112　庚
官符　夫妻宮　子</td>
<td>天三天孤
魁臺月辰
旺平　陷
飛廉　　　　　　長生
亡神　93～102　己
貫索　子女宮　亥</td>
</tr>
</table>

命宮天馬、鳳閣、天巫、解神、陰煞、天虛星，照天同化祿、封誥星，說明在美國會完成學業，但是不會再繼續待在美國了，會走動，回國或者去其他地區。

2、再看官祿宮，巨門星，照天機化權、龍池星，說明離開了美國。

3、**所以判斷**：學業進展該是順利的，但是明年（2017）不會繼續留在美國了。

【回饋】：

2016年8月份，求測者說，2016年初出國了，但5月底，這裡的高校老闆對我不滿意，降薪，還威脅要辭退我。2016年11月，求測者說，今年好辛苦，為了保住博士後學位，堅持到年底了。2017年1月份，求測者說，回國了，正在應聘一所大專院校的老師職位。

第五節　問官運、升遷、提拔

例題1

【背景】：

求測者說，在醫院上班，2013年提副職，單位情況不是很好，工資可以發，就是事情多而雜。今年（2019年）領導會提拔重用我嗎？什麼時候重用呢？

【預測】：

1、先說吉凶，看看今年能否升遷成

天相得 陀羅陷 天馬平 天壽平 天傷平 旬空廟 天虛旺 官府 歲驛 歲破 52～61　絕 己巳 交友宮	天梁廟（科） 祿存廟 火星廟 龍德 身宮 博士 息神 龍德 62～71　胎 庚午 遷移宮	廉貞利 七殺廟 擎羊廟 鈴星利 天使平 天月 天哭平 華蓋陷 力士 華蓋 白虎 72～81　養 辛未 疾厄宮	天鉞廟 地劫廟 天姚陷 天廚 副截廟 劫煞 天德平 青龍 劫煞 天德 82～91　長生 壬申 財帛宮
巨門陷 紅鸞廟 天刑平 恩光廟 天貴旺 副旬陷 大耗平 月德 伏兵 攀鞍 小耗 42～51　墓 戊辰 官祿宮	坤造　己亥　壬申　癸卯　辛酉（日空辰、巳） 1命宮；2兄弟；3夫妻；4子女；5財帛；6疾厄 7遷移；8交友；9官祿；10田宅；11福德；12父母 甲干 廉貞-太陽　乙干 天機-太陰　丙干 天同-廉貞　丁干 太陰-巨門 戊干 貪狼-天機　己干 武曲-文曲 庚干 太陽-天同　辛干 巨門-文昌　壬干 天梁-武曲　癸干 破軍-貪狼		天官平 截空廟 破碎平 小耗 災煞 弔客 92～101　沐浴 癸酉 子女宮
紫微旺 貪狼利（權） 右弼陷 三台陷 龍池廟 臺輔 大耗 將星 官符 32～41　死 丁卯 田宅宮			天同平 天喜陷 寡宿陷 將軍 天煞 病符 102～111　冠帶 甲戌 夫妻宮
天機得 太陰旺 地空陷 天福旺 解神廟 孤辰平 病符 亡神 貫索 22～31　病 丙寅 福德宮	天府廟 文昌廟 文曲廟（忌） 蜚廉 喜神 月煞 喪門 12～21　衰 丁丑 父母宮	太陽陷 天魁旺 天空陷 咸池陷 陰煞 飛廉 咸池 晦氣 2～11　帝旺 丙子 命宮	武曲平（祿） 破軍平 左輔不 八座廟 鳳閣旺 天才廟 封誥 天巫 年解得 奏書 指背 歲建 112～121　臨官 乙亥 兄弟宮

功。

先看命宮，命宮是事情的主體。

命宮太陽陷落、天魁、天空星，照天梁化科、祿存、火星，說明是醫療方面的單位，事業上不順利，升遷難成。

2、再看官祿宮，巨門陷落、天刑、恩光、天貴、月德星，說明目前帶有職務或者領導對你還不錯，但是運氣低落、升遷難遂。

3、**所以判斷**：沒有提拔重用，2019年沒有升遷應期。

【回饋】：

2020年，求測者說，去年（2019年）確實沒有成功。

例題2

【背景】：

能成功嗎，進副高級職稱？

【預測】：

1、先說吉凶，看看能否升職。

先看命宮，命宮是事情的主體。命宮天梁、左輔、右弼、擎羊星，說明公職人員身分，但是升職的優勢和困難同樣大。

2、再看官祿宮，太陽陷落、天馬平勢、天魁、天巫星，照巨門化

<table>
<tr>
<td>巨陀八天旬破
門羅座廚空碎
旺陷廟　廟陷
忌
官府　絕
指背　102～111　乙
白虎　夫妻宮　巳</td>
<td>廉天祿紅咸天
貞相存鸞池德
平廟廟旺陷旺
博士　胎
咸池　112～121　丙
天德　兄弟宮　午</td>
<td>天左右擎寡
梁輔弼羊宿
旺廟廟廟不
力士　養
月煞　2～11　丁
弔客　命宮　未</td>
<td>七鈴陰
殺星煞
廟陷
青龍　長生
亡神　12～21　戊
病符　父母宮　申</td>
</tr>
<tr>
<td>貪天天臺副龍
狼姚才輔旬德
廟陷陷　陷
伏兵　墓
天煞　92～101　甲
龍德　子女宮　辰</td>
<td colspan="2" rowspan="2">坤造　丁　甲　乙　丙(日空午、未)
　　　酉　辰　酉　戌

1命宮；2兄弟；3夫妻；4子女；5財帛；6疾厄
7遷移；8交友；9官祿；10田宅；11福德；12父母

甲干 廉貞-太陽　乙干 天機-太陰　丙干 天同-廉貞　丁干 太陰-巨門
戊干 貪狼-天機　己干 武曲-文曲
庚干 太陽-天同　辛干 巨門-文昌　壬干 天梁-武曲　癸干 破軍-貪狼</td>
<td>天天地三天
同鉞劫臺哭
平廟平廟不
權
小耗　沐浴
將星　22～31　己
歲建　福德宮　酉</td>
</tr>
<tr>
<td>太天截天
陰貴空虛
陷旺平廟
祿
身宮
大耗　死
災煞　82～91　癸
歲破　財帛宮　卯</td>
<td>武解天
曲神空
廟廟陷
將軍　冠帶
攀鞍　32～41　庚
晦氣　田宅宮　戌</td>
</tr>
<tr>
<td>紫天文天天天副大劫月
微府曲官使月截耗煞德
旺廟平平平　陷陷
病符　病
劫煞　72～81　壬
小耗　疾厄宮　寅</td>
<td>天火地恩龍鳳年華
機星空光池閣解蓋
陷得陷廟平平得陷
科
喜神　衰
華蓋　62～71　癸
官符　遷移宮　丑</td>
<td>破文天天天天封
軍昌喜刑壽傷誥
廟得旺平平陷
9月份
飛廉　帝旺
息神　52～61　壬
貫索　交友宮　子</td>
<td>太天天天天孤蜚
陽魁馬福巫辰廉
陷旺平廟　陷
奏書　臨官
歲驛　42～51　辛
喪門　官祿宮　亥</td>
</tr>
</table>

忌，說明沒有通過。

3、再看官祿宮的父母宮，在子位，文昌、封誥、破軍、天刑星，說明不在名單之列。

這個宮位是9月份。

所以判斷：這次升職難以成功，公佈應該在9月份。

【回饋】：

9月20日，求測者說，今天職稱名單已公佈，本人不在其中。

例題3

【背景】：

求測者說，2018今年之內的官運怎麼樣？能不能升官？

【預測】：

1、先說吉凶，看看能否升官。

先看命宮，命宮是事情的主體。

命宮右弼陷落化科、恩光陷落、鈴星得地，說明外援幫助很少，難度不小。

2、再看官祿宮巨門、天同不旺，說

<table>
<tr>
<td>天左祿地地紅天副大龍
機輔存劫空鸞月旬耗德
平平廟不廟旺　廟陷
忌
病
博士
亡神　83～92　丁
龍德　財帛宮　巳</td>
<td>紫擎天
微羊廚
廟陷
死
力士
將星　93～102　戊
白虎　子女宮　午</td>
<td>天火天天寡天
鉞星才壽宿德
旺利平旺不廟
墓
青龍
攀鞍　103～112　己
天德　夫妻宮　未</td>
<td>破天封解天天
軍馬誥神巫哭
得旺　不　廟
絕
小耗
歲驛　113～122　庚
弔客　兄弟宮　申</td>
</tr>
<tr>
<td>七文陀天旬天
殺昌羅使空虛
廟得廟陷陷陷
衰
官府
月煞　73～82　丙
歲破　疾厄宮　辰</td>
<td colspan="2" rowspan="2">乾造　戊　乙　甲　庚(日空子、丑)
　　　戌　卯　寅　午

1命宮；2兄弟；3夫妻；4子女；5財帛；6疾厄
7遷移；8交友；9官祿；10田宅；11福德；12父母

甲干 廉貞-太陽　乙干 天機-太陰　丙干 天同-廉貞　丁干 太陰-巨門
戊干 貪狼-天機　己干 武曲-文曲
庚干 太陽-天同　辛干 巨門-文昌　壬干 天梁-武曲　癸干 破軍-貪狼</td>
<td>右鈴恩
弼星光
陷得陷
科
身宮
2018年
胎
將軍
息神　3～12　辛
病符　命宮　酉</td>
</tr>
<tr>
<td>太天八天天天咸月
陽梁座貴官福池德
廟廟平旺旺平平
帝旺
伏兵
咸池　63～72　乙
小耗　遷移宮　卯</td>
<td>廉天文天華
貞府曲刑蓋
利廟陷廟平
養
奏書
華蓋　13～22　壬
歲建　父母宮　戌</td>
</tr>
<tr>
<td>武天天龍天
曲相姚池傷
得廟旺平平
臨官
大耗
指背　53～62　甲
官符　交友宮　寅</td>
<td>天巨天副破
同門魁截碎
不不旺不陷
冠帶
病符
天煞　43～52　乙
貫索　官祿宮　丑</td>
<td>貪風臺截蜚陰年
狼閣輔空廉煞解
旺廟　陷　　廟
祿
沐浴
喜神
災煞　33～42　甲
喪門　田宅宮　子</td>
<td>太天三天孤劫
陰喜臺空辰煞
廟旺平平陷
權
長生
飛廉
劫煞　23～32　癸
晦氣　福德宮　亥</td>
</tr>
</table>

明難以通過升遷。

3、問的是2018年之內，

所以判斷：2018年難以升遷。

【回饋】：

求測者說，機構改革期間，人事凍結，到明年（2019）3月份改革才會結束，暫時不能提拔，

例題4

【背景】：

求測者說，我實職副科四年了，這次提拔能成功嗎？一肚子苦水，這次人事也來考核了，然後沒聲音了，想知道什麼時候順利發文、出結果？謝謝。我憂愁死了。

【預測】：

1、先說吉凶，看看能否提拔。

先看命宮，命宮是事情的主體。

命宮空，看遷移宮，紫微、貪狼

<table>
<tr>
<td>天祿紅天天副大龍
相存鸞姚巫旬耗德
得廟旺平　廟陷

博士　病
亡神　83～92　丁
龍德　財帛宮　巳</td>
<td>天右擎天陰
梁弼羊廚煞
廟旺陷
科
力士　死
將星　93～102　戊
白虎　子女宮　午</td>
<td>廉七天恩天天天寡天
貞殺鉞光貴才月宿德
利廟旺旺旺平　不廟

青龍　墓
攀鞍　103～112　己
天德　夫妻宮　未</td>
<td>左地天天
輔劫馬哭
平廟旺廟

小耗　絕
歲驛　113～122　庚
弔客　兄弟宮　申</td>
</tr>
<tr>
<td>巨陀天旬天
門羅使空虛
陷廟陷陷陷

官府　衰
月煞　73～82　丙
歲破　疾厄宮　辰</td>
<td colspan="2" rowspan="2">乾造　戊　戊　甲　癸 (日空午、未)
　　　戌　午　申　酉

1命宮；2兄弟；3夫妻；4子女；5財帛；6疾厄
7遷移；8交友；9官祿；10田宅；11福德；12父母

甲干 廉貞-太陽　乙干 天機-太陰　丙干 天同-廉貞　丁干 太陰-巨門
戊干 貪狼-天機　己干 武曲-文曲
庚干 太陽-天同　辛干 巨門-文昌　壬干 天梁-武曲　癸干 破軍-貪狼</td>
<td>將軍　胎
息神　3～12　辛
病符　命宮　酉</td>
</tr>
<tr>
<td>紫貪三天天臺咸月
微狼臺官福輔池德
旺利陷旺平　平
祿
身宮
伏兵　帝旺
咸池　63～72　乙
小耗　遷移宮　卯</td>
<td>天火華
同星蓋
平廟平

7月份
奏書　養
華蓋　13～22　壬
歲建　父母宮　戌</td>
</tr>
<tr>
<td>天太地龍天
機陰空池傷
得旺陷平平
忌權
大耗　臨官
指背　53～62　甲
官符　交友宮　寅</td>
<td>天文文天天天副破
府昌曲魁刑壽截碎
廟廟廟旺陷廟不陷

病符　冠帶
天煞　43～52　乙
貫索　官祿宮　丑</td>
<td>太鈴鳳解截蜚年
陽星閣神空廉解
陷陷廟廟陷　廟

喜神　沐浴
災煞　33～42　甲
喪門　田宅宮　子</td>
<td>武破天八封天孤劫
曲軍喜座誥空辰煞
平平旺廟　平陷

飛廉　長生
劫煞　23～32　癸
晦氣　福德宮　亥</td>
</tr>
</table>

化祿、天官，說明升遷願望達成，往上移動一點。

2、再看官祿宮天府、文曲、文昌、天魁星，照七殺、天德、恩光、天貴、天鉞星，說明上級發文，獲得升遷。

3、再看流月7月份在戌位，其官祿宮在寅位，天機星在這裡較旺、太陰化權，加會紫微、右弼化科，說明拿到文件。

所以判斷：這次能升遷成功，7月份能拿到文件。

【回饋】：

7月8日，求測者說，任命檔今天下來了。我得到提拔了。拿到文件。

例題5

【背景】：

求測者說，事業上四個女人爭一個副經理職務，能競選上嗎？我不愛表現，不喜歡走後門，我年齡最大，其他三個，在競爭實力和人脈關係上都比較具有優勢。很迷惘。

【預測】：

1、先說吉凶，看看能否升職。

先看命宮，命宮是事情的主體。

命宮天梁星化權、封誥星，說明

巨文天旬 門昌馬空 旺廟平廟 身宮 青龍 病 歲驛 103～112 辛 弔客 夫妻宮 巳	廉天地三解天副陰 貞相空臺神廚截煞 平廟廟旺廟　廟 小耗 死 息神 113～122 壬 病符 兄弟宮 午	天天封截華 梁刑誥空蓋 旺陷　廟陷 權 將軍 墓 華蓋 3～12 癸 歲建 命宮 未	七天紅八恩天天孤劫 殺鉞鸞座光福空辰煞 廟廟廟廟平廟旺平 奏書 絕 劫煞 13～22 甲 晦氣 父母宮 申
貪擎地天副寡天 狼羊劫官旬宿德 廟廟陷旺陷陷廟 力士 衰 攀鞍 93～102 庚 天德 子女宮 辰	坤造 乙 戊 乙 辛（日空戌、亥） 未 子 丑 巳 1命宮；2兄弟；3夫妻；4子女；5財帛；6疾厄 7遷移；8交友；9官祿；10田宅；11福德；12父母		天文 同曲 平廟 飛廉 胎 災煞 23～32 乙 喪門 福德宮 酉
太祿鈴鳳蜚年 陰存星閣廉解 陷廟利旺　廟 忌 博士 帝旺 將星 83～92 己 白虎 財帛宮 卯	甲干 廉貞-太陽 乙干 天機-太陰 丙干 天同-廉貞 丁干 太陰-巨門 戊干 貪狼-天機 己干 武曲-文曲 庚干 太陽-天同 辛干 巨門-文昌 壬干 天梁-武曲 癸干 破軍-貪狼		武天 曲月 廟 喜神 養 天煞 33～42 丙 貫索 田宅宮 戌
紫天左陀火天天天天龍 微府輔羅星喜才使巫德 旺廟廟陷廟廟廟平 科 官府 臨官 亡神 73～82 戊 龍德 疾厄宮 寅	天天破 機虛碎 陷廟陷 祿 伏兵 冠帶 月煞 63～72 己 歲破 遷移宮 丑	破右天天天天咸大月 軍弼魁貴壽傷池耗德 廟廟旺廟平陷陷旺 大耗 沐浴 咸池 53～62 戊 小耗 交友宮 子	太天龍臺天 陽姚池輔哭 陷陷旺　平 病符 長生 指背 43～52 丁 官符 官祿宮 亥

受到提拔封官。

2、再看官祿宮，太陽陷落、龍池、台輔星，照巨門、文昌星，說明升遷成功。

3、**所以判斷**：這次升職能成功，應期是本月有結果。

【回饋】：

12月24日，求測者說，事成了，競爭上了！是23日下午競選的，24日上午通知的。

例題6

【背景】：

求測者說，這次幹部提拔能成嗎？會有我嗎？

【預測】：

1、先說吉凶，看看能否提拔。先看命宮，命宮是事情的主體。命宮文曲、天鉞、天刑、天空星，照貪狼星，說明願望難以達成，沒有提拔的文件。

2、再看官祿宮，天府、月德星，照

<table>
<tr>
<td>天文祿天天天副副劫天
相昌存才官巫截旬煞德
得廟廟廟旺 廟廟 旺
科
臨官
博士
劫煞 86～95 癸
天德 財帛宮 巳</td>
<td>天擎地八
梁羊空座
廟陷廟旺
帝旺
力士
災煞 96～105 甲
弔客 子女宮 午</td>
<td>廉七火紅封寡
貞殺星鸞誥宿
利廟利陷 不
忌
身宮
衰
青龍
天煞 106～115 乙
病符 夫妻宮 未</td>
<td>三恩解
臺光神
旺平不
病
小耗
指背 116～125 丙
歲建 兄弟宮 申</td>
</tr>
<tr>
<td>巨左陀地天截旬蜚華
門輔羅劫使空空廉蓋
陷廟廟陷陷陷陷 廟
冠帶
官府
華蓋 76～85 壬
白虎 疾厄宮 辰</td>
<td colspan="2" rowspan="2">乾造 丙 庚 丙 癸 (日空申、酉)
申 寅 子 巳

1命宮； 2兄弟； 3夫妻； 4子女； 5財帛； 6疾厄
7遷移； 8交友； 9官祿； 10田宅； 11福德； 12父母

甲干 廉貞-太陽 乙干 天機-太陰 丙干 天同-廉貞 丁干 太陰-巨門
戊干 貪狼-天機 己干 武曲-文曲
庚干 太陽-天同 辛干 巨門-文昌 壬干 天梁-武曲 癸干 破軍-貪狼</td>
<td>文天天天咸破
曲鉞刑空池碎
廟廟廟旺平平
死
將軍
咸池 6～15 丁
晦氣 命宮 酉</td>
</tr>
<tr>
<td>紫貪鈴天大龍
微狼星壽耗德
旺利利陷不
沐浴
伏兵
息神 66～75 辛
龍德 遷移宮 卯</td>
<td>天右天天
同弼月哭
平廟 平
祿
墓
奏書
月煞 16～25 戊
喪門 父母宮 戌</td>
</tr>
<tr>
<td>天太天鳳天天陰年
機陰馬閣傷虛煞解
得旺旺廟平旺 廟
權
長生
大耗
歲驛 56～65 庚
歲破 交友宮 寅</td>
<td>天天天月
府喜姚德
廟陷平
養
病符
攀鞍 46～55 辛
小耗 官祿宮 丑</td>
<td>太天龍天天
陽貴池福廚
陷廟旺平
胎
喜神
將星 36～45 庚
官符 田宅宮 子</td>
<td>武破天臺孤
曲軍魁輔辰
平平旺 陷
絕
飛廉
亡神 26～35 己
貫索 福德宮 亥</td>
</tr>
</table>

七殺、廉貞化忌、封誥星，說明被劃掉了，沒有提拔。

3、所以判斷：沒有被提拔，沒有成功的應期。

【回饋】：

3月24日，求測者說，沒有提拔！沒成。

例題7

【背景】：

求測者說，有一個機會，進省委辦公廳，不知道能否成功？

【預測】：

1、先說吉凶，看看是否有工作上的好消息。

先看命宮，命宮是事情的主體。命宮武曲、貪狼星，說明願望能實現。

2、再看官祿宮，紫微、祿存、三

<table>
<tr>
<td>紫七祿鈴三天天副副劫天
微殺存星臺貴官截旬煞德
旺平廟得平平旺廟廟　旺

博士
劫煞　45～54　絕
天德　官祿宮　癸巳</td>
<td>擎地天
羊劫傷
陷廟陷

力士
災煞　55～64　胎
弔客　交友宮　甲午</td>
<td>紅天寡
鸞姚宿
陷旺不

青龍
天煞　65～74　養
病符　遷移宮　乙未</td>
<td>天
使
平

小耗
指背　75～84　長生
歲建　疾厄宮　丙申</td>
</tr>
<tr>
<td>天天右陀地截旬蜚華
機梁弼羅空空空廉蓋
利廟廟廟陷陷陷　廟
權

官府
華蓋　35～44　墓
白虎　田宅宮　壬辰</td>
<td colspan="2" rowspan="2">乾造　丙　丙　甲　辛（日空戌、亥）
　　　申　申　子　未

1命宮；2兄弟；3夫妻；4子女；5財帛；6疾厄
7遷移；8交友；9官祿；10田宅；11福德；12父母

甲干　廉貞-太陽　乙干　天機-太陰　丙干　天同-廉貞　丁干　太陰-巨門
戊干　貪狼-天機　己干　武曲-文曲
庚干　太陽-天同　辛干　巨門-文昌　壬干　天梁-武曲　癸干　破軍-貪狼</td>
<td>廉破天火八恩天封天咸破
貞軍鉞星座光才誥空池碎
平陷廟得廟陷旺　旺平平
忌

將軍
咸池　85～94　沐浴
晦氣　財帛宮　丁酉</td>
</tr>
<tr>
<td>天文天大龍
相昌刑耗德
陷利廟不
科
身宮

伏兵
息神　25～34　死
貫索　福德宮　辛卯</td>
<td>左天
輔哭
廟平

奏書　2017年　冠帶
月煞　95～104
喪門　子女宮　戊戌</td>
</tr>
<tr>
<td>太巨天鳳解天天陰年
陽門馬閣神巫虛煞解
旺廟旺廟廟　旺　廟

大耗
歲驛　15～24　病
歲破　父母宮　庚寅</td>
<td>武貪天臺月
曲狼喜輔德
廟廟陷

病符
攀鞍　5～14　衰
小耗　命宮　辛丑</td>
<td>天太龍天天
同陰池福廚
旺廟旺平
祿

喜神
將星　115～124　帝旺
官符　兄弟宮　庚子</td>
<td>天文天天天孤
府曲魁壽月辰
得旺旺旺　陷

飛廉
亡神　105～114　臨官
貫索　夫妻宮　己亥</td>
</tr>
</table>

台、鈴星、劫煞、天官、天德星，說明為這次調動花了不少錢，不過能成功。只是還潛伏很多問題或者會有周折。

3、再看流年2017年在戌位，左輔星，照天梁、右弼、陀羅星，說明速度慢，但是能通過。

所以判斷：這次調動能成，但是會花耗錢財，時間也會拖延較長，2017年能成。

【回饋】：

事後求測者說，對方同意接收，但人家那邊不讓我直接去，要先去部委走個形式，這樣從外邊看是從部委轟下來的！

例題8

【背景】：

求測者說，今年有一個可以說是平步青雲的機會，但是官場複雜……求看丈夫能否升官，官運吉凶。能否晉升。

【預測】：

1、先說吉凶，看看能否晉升。

先看命宮，命宮是事情的主體。命宮天府星不旺、天魁星，照紫微、祿存、劫煞、天德、天官星，

<table>
<tr>
<td>紫七右祿天副副劫天
微殺弼存官截旬煞德
旺平平廟旺廟廟 旺

博士
劫煞 63～72 病 癸
天德 遷移宮 巳</td>
<td>擎鈴天天
羊星姚使
陷廟平平

力士
災煞 73～82 死 甲
弔客 疾厄宮 午</td>
<td>地紅天寡
劫鸞才宿
平陷平不

青龍
天煞 83～92 墓 乙
病符 財帛宮 未</td>
<td>天
巫

小耗
指背 93～102 絕 丙
歲建 子女宮 申</td>
</tr>
<tr>
<td>天天陀八天截旬蜚陰華
機梁羅座傷空空廉煞蓋
利廟廟旺平陷陷 廟
權

官府
華蓋 53～62 衰 壬
白虎 交友宮 辰</td>
<td colspan="2" rowspan="2">乾造 丙 乙 庚 甲 (日空辰、巳)
申 未 子 申

1命宮；2兄弟；3夫妻；4子女；5財帛；6疾厄
7遷移；8交友；9官祿；10田宅；11福德；12父母

甲干 廉貞-太陽 乙干 天機-太陰 丙干 天同-廉貞 丁干 太陰-巨門
戊干 貪狼-天機 己干 武曲-文曲
庚干 太陽-天同 辛干 巨門-文昌 壬干 天梁-武曲 癸干 破軍-貪狼</td>
<td>廉破左天天咸破
貞軍輔鉞空池碎
平陷陷廟旺平平
忌

將軍
咸池 103～112 胎 丁
晦氣 夫妻宮 酉</td>
</tr>
<tr>
<td>天地天大龍
相空月耗德
陷平 不
身宮

伏兵 帝旺
息神 43～52 辛
龍德 官祿宮 卯</td>
<td>火三封天
星臺誥哭
廟旺 平

奏書
月煞 113～122 養 戊
喪門 兄弟宮 戌</td>
</tr>
<tr>
<td>太巨文天天恩鳳臺天年
陽門昌馬刑光閣輔虛解
旺廟陷旺廟平廟 旺廟
科

10月份 臨官
大耗
歲驛 33～42 庚
歲破 田宅宮 寅</td>
<td>武貪天月
曲狼喜德
廟廟陷

病符 冠帶
攀鞍 23～32 辛
小耗 福德宮 丑</td>
<td>天太文天龍天解天
同陰曲貴池福神廚
旺廟得廟旺平廟
祿

喜神 沐浴
將星 13～22 庚
官符 父母宮 子</td>
<td>天天天孤
府魁壽辰
得旺旺陷

飛廉 長生
亡神 3～12 己
貫索 命 宮 亥</td>
</tr>
</table>

說明為了這次晉升會耗財，但是有貴人幫助能成。

2、再看夫妻宮，破軍、左輔、天鉞星，說明丈夫有能力，他也很焦急。其官祿宮武曲貪狼，說明願望能實現。

3、再看流月10月在寅位，其夫妻宮在子位，天同化祿、太陰、文曲、天貴、龍池星，說明通過審查獲得好機會等。其官祿宮在辰，天機化權，天梁、陀羅、八座、華蓋星，說明延期了，但是成功了。

所以判斷：這次晉升能成功，但是會耗費錢財，也存在一些需要解決的糾紛等問題。

【回饋】：

11月9日，求測者說，他升官了。事情確實是拖到了10月份，但不是個人原因，而是全區都拖延了。

例題9

【背景】：

求測者說，剛得到消息，領導有意要調整職位，本人有希望升職嗎？

【預測】：

1、先說吉凶，看看能否升職。

先看命宮，命宮是事情的主體。命宮天同化祿、鈴星，照太陰、文曲、天鉞星，說明能升職，不過不太滿意或者不順利。

2、再看官祿宮，天機化權、封誥

<table>
<tr>
<td>太文祿天副副劫天
陽昌存官截旬煞德
旺廟廟旺廟廟　旺
科
博士
劫煞　23～32　病 癸
天德　福德宮　巳</td>
<td>破擎地
軍羊空
廟陷廟
力士
災煞　33～42　死 甲
弔客　田宅宮　午</td>
<td>天火紅天封寡
機星鸞姚誥宿
陷利陷旺　不
權
青龍　12月份
天煞　43～52　墓 乙
病符　官祿宮　未</td>
<td>紫天天天
微府貴傷
旺得陷平
小耗
指背　53～62　絕 丙
歲建　交友宮　申</td>
</tr>
<tr>
<td>武右陀地八恩截旬蜚華
曲弼羅劫座光空空廉蓋
廟廟廟陷旺廟陷陷　廟
官府
華蓋　13～22　衰 壬
白虎　父母宮　辰</td>
<td colspan="2" rowspan="2">乾造 丙 丙 己 己（日空戌、亥）
申 申 巳 巳

1命宮； 2兄弟； 3夫妻； 4子女； 5財帛； 6疾厄
7遷移； 8交友； 9官祿； 10田宅； 11福德； 12父母

甲干 廉貞-太陽　乙干 天機-太陰　丙干 天同-廉貞　丁干 太陰-巨門
戊干 貪狼-天機　己干 武曲-文曲
庚干 太陽-天同　辛干 巨門-文昌　壬干 天梁-武曲　癸干 破軍-貪狼</td>
<td>太文天天天咸破
陰曲鉞壽空池碎
旺廟廟平旺平平
將軍
咸池　63～72　胎 丁
晦氣　遷移宮　酉</td>
</tr>
<tr>
<td>天鈴天大龍
同星刑耗德
平利廟不
祿
伏兵
息神　3～12　帝旺 辛
龍德　命宮　卯</td>
<td>貪左三天天
狼輔臺使哭
廟廟旺陷平
奏書
月煞　73～82　養 戊
喪門　疾厄宮　戌</td>
</tr>
<tr>
<td>七天鳳解天天陰年
殺馬閣神巫虛煞解
廟旺廟廟　旺　廟
大耗
歲驛　113～122　臨官 庚
歲破　兄弟宮　寅</td>
<td>天天月
梁喜德
旺陷
身宮
病符
攀鞍　103～112　冠帶 辛
小耗　夫妻宮　丑</td>
<td>廉天龍天天
貞相池福廚
平廟旺平
忌
喜神
將星　93～102　沐浴 庚
官符　子女宮　子</td>
<td>巨天天臺天孤
門魁才輔月辰
旺旺廟　陷
飛廉
亡神　83～92　長生 己
貫索　財帛宮　亥</td>
</tr>
</table>

星，照天梁星，說明通過升職，獲得了這次機會。

3、再看流月12月份在未位，其官祿宮在亥位，巨門天魁台輔星，照太陽文昌化科，說明在這個月官運上有好消息，能升遷等。

所以判斷：這次升職能成功，不過不太順利或者結局不太滿意。12月有好消息。

【回饋】：

12月30日，求測者說，成功了，今日任命，但是職位不太理想。

第六節 問官司、牢獄

例題1

【背景】：求測者說，老婆娘家的嫂子犯了點錯，被拘留，什麼時候能釋放出來呢？

【預測】：

1、先說吉凶，看看能否被釋放。

我們看夫妻宮的兄弟宮的夫妻宮

<table>
<tr>
<td>天文陀天天旬天
梁昌羅馬壽空虛
得廟陷平平廟旺
科
官府 長生
歲驛 94~103 己
歲破 子女宮 巳</td>
<td>七祿地解龍
殺存空神德
旺廟廟廟
身宮
博士 沐浴
息神 104~113 庚
龍德 夫妻宮 午</td>
<td>擎天天封天華
羊貴才誥哭蓋
廟旺平 平陷
力士 冠帶
華蓋 114~123 辛
白虎 兄弟宮 未</td>
<td>廉天天天副劫天
貞鉞刑廚截煞德
廟廟陷 廟 平
青龍 臨官
劫煞 4~13 壬
天德 命宮 申</td>
</tr>
<tr>
<td>紫天地紅副陰大月
微相劫鸞旬煞耗德
得得陷廟陷 平
伏兵 養
攀鞍 84~93 戊
小耗 財帛宮 辰</td>
<td colspan="2" rowspan="2">坤造 己 丁 戊 丁(日空寅、卯)
亥 丑 申 巳

1命宮； 2兄弟； 3夫妻； 4子女； 5財帛； 6疾厄
7遷移； 8交友； 9官祿； 10田宅； 11福德； 12父母

甲干 廉貞-太陽 乙干 天機-太陰 丙干 天同-廉貞 丁干 太陰-巨門
戊干 貪狼-天機 己干 武曲-文曲
庚干 太陽-天同 辛干 巨門-文昌 壬干 天梁-武曲 癸干 破軍-貪狼</td>
<td>文天截破
曲官空碎
廟平廟平
忌
小耗 帝旺
災煞 14~23 癸
弔客 父母宮 酉</td>
</tr>
<tr>
<td>天巨左鈴恩龍天
機門輔星光池使
旺廟陷利廟廟平
大耗 胎
將星 74~83 丁
官符 疾厄宮 卯</td>
<td>破天寡
軍喜宿
旺陷陷
將軍 衰
天煞 24~33 甲
病符 福德宮 戌</td>
</tr>
<tr>
<td>貪火三天天孤
狼星臺福月辰
平廟平旺 平
權
病符 絕
亡神 64~73 丙
貫索 遷移宮 寅</td>
<td>太太天蜚
陽陰傷廉
不廟平
喜神 墓
月煞 54~63 丁
喪門 交友宮 丑</td>
<td>武天天天八天咸
曲府魁姚座空池
旺廟旺陷陷陷陷
祿
飛廉 死
咸池 44~53 丙
晦氣 官祿宮 子</td>
<td>天右鳳臺天年
同弼閣輔巫解
廟平旺 得
奏書 病
指背 34~43 乙
歲建 田宅宮 亥</td>
</tr>
</table>

（嫂子宮），在卯位，天機、巨門、鈴星、恩光，說明是較小的官非，問題不大，能出來。

2、再看嫂子宮的官祿宮，在未位，擎羊、封誥、天哭星，說明被拘留關押等。

3、再看嫂子宮的福德宮，在巳位，天梁化科、旬空、天虛、文昌星，照天同星，說明依法關押被解除、被釋放。

所以判斷：嫂子能被釋放，本月內（1月份）就會被釋放，問題不大。

【回饋】：

1月14日，求測者說，今日被釋放。

例題2

【背景】：

求測者說，拖了一年多，二審上週開過庭了，二審結果什麼時候出來，對方會不會再要什麼花樣，最後能拿到錢嗎？

【預測】：

1、先說吉凶，看看能否勝訴、能否拿到錢。

先看命宮，命宮是事情的主體。

命宮武曲、天貴、解神星，加會

<table>
<tr>
<td>巨祿地地紅天副大龍
門存劫空鸞使旬耗德
旺廟不廟旺平廟陷
博士
亡神　72～81　絕
龍德　疾厄宮　丁巳</td>
<td>廉天左擎天
貞相輔羊廚
平廟旺陷
力士
將星　82～91　胎
白虎　財帛宮　戊午</td>
<td>天天火三八寡天
梁鉞星臺座宿德
旺旺利廟平不廟
青龍
攀鞍　92～101　養
天德　子女宮　己未</td>
<td>七右天天天封天
殺弼馬才壽誥哭
廟不旺廟旺　廟
科
小耗
歲驛　102～111　長生
弔客　夫妻宮　庚申</td>
</tr>
<tr>
<td>貪文陀恩天旬天
狼昌羅光月空虛
廟得廟廟　陷陷
祿
官府
月煞　62～71　墓
歲破　遷移宮　丙辰</td>
<td colspan="2" rowspan="2">乾造 戊 丙 己 庚(日空申、酉)
　　 戊 辰 卯 午

1命宮； 2兄弟； 3夫妻； 4子女； 5財帛； 6疾厄
7遷移； 8交友； 9官祿； 10田宅； 11福德； 12父母

甲干 廉貞-太陽 乙干 天機-太陰 丙干 天同-廉貞 丁干 太陰-巨門
戊干 貪狼-天機 己干 武曲-文曲
庚干 太陽-天同 辛干 巨門-文昌 壬干 天梁-武曲 癸干 破軍-貪狼</td>
<td>天鈴
同星
平得
將軍
息神　112～121　沐浴
病符　兄弟宮　辛酉</td>
</tr>
<tr>
<td>太天天天天咸月
陰姚官福傷池德
陷廟旺平陷平
權
伏兵
咸池　52～61　死
小耗　交友宮　乙卯</td>
<td>武文天解陰華
曲曲貴神煞蓋
廟陷旺廟　平
身宮
奏書
華蓋　2～11　冠帶
歲建　命宮　壬戌</td>
</tr>
<tr>
<td>紫天龍天
微府池巫
旺廟平
大耗
指背　42～51　病
官符　官祿宮　甲寅</td>
<td>天天副破
機魁截碎
陷旺不陷
忌
病符
天煞　32～41　衰
貫索　田宅宮　乙丑</td>
<td>破鳳臺截蜚年
軍閣輔空廉解
廟廟　陷　廟
喜神
災煞　22～31　帝旺
喪門　福德宮　甲子</td>
<td>太天天天孤劫
陽喜刑空辰煞
陷旺陷平陷
飛廉
劫煞　12～21　臨官
晦氣　父母宮　癸亥</td>
</tr>
</table>

天相、左輔星，照貪狼化祿、陀羅、恩光星，說明能解決要錢的訴求，但是拖延難辦。還需要很多斡旋。

2、再看官祿宮，紫微、天府星，加會天相，照七殺星，說明能勝訴。

3、再看財帛宮，天相、左輔星，加會紫微、天府、武曲星，照破軍星，說明法院支持你的還錢訴求，但是難以兌現。

所以判斷：能勝訴，但是要錢卻很難，拖延時間長，或者說難以給全部。

【回饋】：

5月13日，求測者說，4月29日中午收到判決書，我勝訴，限對方在10日內還錢，已超期，對方不給。明天我去法院申請強制執行。5月14日，求測者說，今天一早，對方祕書聯繫我，說要按照判決給錢，但是我問祕書是哪一天給，她說老闆沒說。5月25日，求測者說，還沒有給錢。

例題3

【背景】：

三秦都市報（三秦網訊，記者李佳）2018年5月30日凌晨5時40分左右，西安北郊東風路與環湖西路十字發生一起交通事故，一名女環衛工被撞身亡，肇事司機駕車逃逸。此事件受到社會各界廣泛關注，據事發時間起盤。

【預測】：

1、先說吉凶，看看哪天抓獲肇事司

<table>
<tr>
<td>武破祿紅封副大龍
曲軍存鸞誥旬耗德
平平廟旺　廟陷
博士　絕
亡神　32～41　丁
龍德　田宅宮　巳</td>
<td>太擎鈴天天
陽羊星壽廚
旺陷廟平
力士　胎
將星　42～51　戊
白虎　官祿宮　午</td>
<td>天左右文文天天寡天
府輔弼昌曲鉞傷宿德
廟廟廟利旺旺陷不廟
科
青龍　養
攀鞍　52～61　己
天德　交友宮　未</td>
<td>天太地天天陰
機陰空馬哭煞
得利廟旺廟
忌 權
身宮
小耗　長生
歲驛　62～71　庚
弔客　遷移宮　申</td>
</tr>
<tr>
<td>天陀火天八旬天
同羅星姚座空虛
平廟陷陷旺陷陷
官府　墓
月煞　22～31　丙
歲破　福德宮　辰</td>
<td colspan="2" rowspan="2">乾造 戊　丁　壬　癸 (日空子、丑)
　　 戌　巳　戌　卯

1命宮； 2兄弟； 3夫妻； 4子女； 5財帛； 6疾厄
7遷移； 8交友； 9官祿； 10田宅； 11福德； 12父母

甲干 廉貞-太陽　乙干 天機-太陰　丙干 天同-廉貞　丁干 太陰-巨門
戊干 貪狼-天機　己干 武曲-文曲
庚干 太陽-天同　辛干 巨門-文昌　壬干 天梁-武曲　癸干 破軍-貪狼</td>
<td>紫貪恩天天臺
微狼光貴使輔
旺利陷廟陷
祿
將軍　沐浴
息神　72～81　辛
病符　疾厄宮　酉</td>
</tr>
<tr>
<td>天天咸月
官福池德
旺平平
伏兵　死
咸池　12～21　乙
小耗　父母宮　卯</td>
<td>巨三解華
門臺神蓋
陷旺廟平
奏書　冠帶
華蓋　82～91　壬
歲建　財帛宮　戌</td>
</tr>
<tr>
<td>地龍天
劫池月
平平
大耗　病
指背　2～11　甲
官符　命 宮　寅</td>
<td>廉七天副破
貞殺魁截碎
利廟旺不陷
6月1日
病符　衰
天煞　112～121　乙
貫索　兄弟宮　丑</td>
<td>天天鳳天截蜚年
梁刑閣才空廉解
廟平廟旺陷　廟
喜神　帝旺
災煞　102～111　甲
喪門　夫妻宮　子</td>
<td>天天天天孤劫
相喜巫空辰煞
得旺　平陷
飛廉　臨官
劫煞　92～101　癸
晦氣　子女宮　亥</td>
</tr>
</table>

機。

先看命宮，地劫平勢、龍池平勢、天月星，

地劫平勢，說明躺在地上；

龍池平勢，說明流血；

天月，說明危重病人。

2、再看遷移宮，天機化忌、太陰利勢化權、地空、天馬、天哭、陰煞星，

天機化忌，說明發生車禍；

太陰利勢化權，說明一個女人在掙扎；

天馬，說明在馬路上；

地空、天哭、陰煞說明奄奄一息、生命垂危。

3、再看官祿宮，太陽、擎羊、鈴星，照天梁、天刑、鳳閣星，

太陽、擎羊，說明員警行動；

鈴星是逃逸的肇事司機；

天梁、天刑、鳳閣，說明受到法律制裁、羈押等。

4、再看流日6月1日（甲子），在丑位，七殺、廉貞、天魁星，照天府、左輔、右弼、天鉞、文曲、文昌、天德星，

廉貞、七殺，說明肇事司機；

天鉞、天魁，說明員警；

天府、文曲、文昌、天德星，說明社會各界的輿論反應強烈；

天德、左輔、右弼、天府，說明是社會各界齊動員幫助警方搜尋肇事司機。

七殺、天府、左輔、右弼、天鉞、天魁，說明肇事司機被抓捕，押送收監。

【回饋】：

據《陝西都市快報》記者透露：警方於2018年6月1日17：30左右，在西安市北三環一物流中心將肇事司機李某抓獲。李某，咸陽永壽人，今年三十歲。他對自己肇事逃逸的事實供認不諱。

例題4

【背景】：

求測者說，何時能抓住騙子？這個騙子騙了很多人的錢，也包括我的，4月中旬逃跑了，4月底已經立案，不知道什麼時候能抓到騙子？他還能還錢嗎？請多指點。

【預測】：

1、先說吉凶，看看能否抓住騙子。

先看命宮，命宮是事情的主體。

命宮地劫、天馬、天哭、陰煞

<table>
<tr>
<td>天祿紅恩天副大龍
相存鸞光貴旬耗德
得廟旺平平廟陷

博士 93～102 病
亡神 丁
龍德 子女宮 巳</td>
<td>天擎天天
梁羊才廚
廟陷旺

力士 103～112 死
將星 戊
白虎 夫妻宮 午</td>
<td>廉七左右天寡天
貞殺輔弼鉞宿德
利廟廟廟旺不廟
科
青龍 113～122 墓
攀鞍 己
天德 兄弟宮 未</td>
<td>地天天陰
劫馬哭煞
廟旺廟

小耗 3～12 絕
歲驛 庚
弔客 命 宮 申</td>
</tr>
<tr>
<td>巨陀天旬天
門羅姚空虛
陷廟陷陷陷

官府 83～92 衰
月煞 丙
歲破 財帛宮 辰</td>
<td colspan="2" rowspan="2">乾造 戊 丁 壬 己(日空寅、卯)
戌 巳 子 酉

1命宮； 2兄弟； 3夫妻； 4子女； 5財帛； 6疾厄
7遷移； 8交友； 9官祿； 10田宅； 11福德； 12父母

甲干 廉貞-太陽 乙干 天機-太陰 丙干 天同-廉貞 丁干 太陰-巨門
戊干 貪狼-天機 己干 武曲-文曲
庚干 太陽-天同 辛干 巨門-文昌 壬干 天梁-武曲 癸干 破軍-貪狼</td>
<td>將軍 13～22 胎
息神 辛
病符 父母宮 酉</td>
</tr>
<tr>
<td>紫貪天天天臺咸月
微狼官福使輔池德
旺利旺平平 平
祿
伏兵 73～82 帝旺
咸池 乙
小耗 疾厄宮 卯</td>
<td>天火解華
同星神蓋
平廟廟平

7月份
奏書 23～32 養
華蓋 壬
歲建 福德宮 戌</td>
</tr>
<tr>
<td>天太地八龍天
機陰空座池月
得旺陷廟平
忌權 身宮
大耗 63～72 臨官
指背 甲
官符 遷移宮 寅</td>
<td>天文文天天副破
府昌曲魁傷截碎
廟廟廟旺平不陷

病符 53～62 冠帶
天煞 乙
貫索 交友宮 丑</td>
<td>太鈴天三鳳天截蜚年
陽星刑臺閣壽空廉解
陷陷平平廟平陷 廟

喜神 43～52 沐浴
災煞 甲
喪門 官祿宮 子</td>
<td>武破天封天天孤劫
曲軍喜誥巫空辰煞
平平旺 平陷

飛廉 33～42 長生
劫煞 癸
晦氣 田宅宮 亥</td>
</tr>
</table>

星，照天機化忌、太陰、八座星，說明騙子逃跑、很苦惱。

2、再看官祿宮，太陽陷落、鈴星、天刑、鳳閣星，照天梁星，說明騙子受到法律制裁。

3、再看財帛宮，巨門陷落，陀羅星，說明被騙的錢大部分能要回。

4、再看流月7月份，在戌位，天同、火星，說明騙子在外地被抓獲。其官祿宮在寅位，天機化忌、太陰、八座星，說明官方能要回來一部分錢。

所以判斷：騙子會被抓住的，7月份能有消息。

【回饋】：

7月19日，求測者說，今天得到警方確認，騙子已經抓到了。

例題 5

【背景】：

2018年10月4日上午，遼寧省朝陽市公安局發佈消息稱，凌源市第三監獄有兩名罪犯逃脫。其中一名叫王某，另外一名張某某，兩人目前均為無期徒刑罪犯。有媒體稱，兩名犯人逃走時偷走了獄警的衣服。據此時間起盤。

【預測】：

1、先說吉凶，看看能否抓獲逃跑的

<table>
<tr>
<td>天文祿紅副大龍
機昌存鸞旬耗德
平廟廟旺廟陷
忌
絕
博士
亡神 15～24 丁
龍德 父母宮 巳</td>
<td>紫擎火地天
微羊星空廚
廟陷廟廟
胎
力士
將星 25～34 戊
白虎 福德宮 午</td>
<td>天封天寡天
鉞誥月宿德
旺 不廟
養
青龍
攀鞍 35～44 己
天德 田宅宮 未</td>
<td>破鈴天天天天
軍星馬姚貴哭
得陷旺陷陷廟
長生
小耗
歲驛 45～54 庚
弔客 官祿宮 申</td>
</tr>
<tr>
<td>七陀地天恩旬天
殺羅劫刑光空虛
廟廟陷平廟陷陷
墓
官府
月煞 5～14 丙
歲破 命宮 辰</td>
<td colspan="2" rowspan="2">乾造 戊 辛 己 己(日空戌、亥)
戌 酉 巳 巳

1命宮； 2兄弟； 3夫妻； 4子女； 5財帛； 6疾厄
7遷移； 8交友； 9官祿； 10田宅； 11福德； 12父母

甲干 廉貞-太陽 乙干 天機-太陰 丙干 天同-廉貞 丁干 太陰-巨門
戊干 貪狼-天機 己干 武曲-文曲
庚干 太陽-天同 辛干 巨門-文昌 壬干 天梁-武曲 癸干 破軍-貪狼</td>
<td>文天
曲傷
廟平
沐浴
將軍
息神 55～64 辛
病符 交友宮 酉</td>
</tr>
<tr>
<td>太天右八天天咸月
陽梁弼座官福池德
廟廟陷平旺平平
科
死
伏兵
咸池 115～124 乙
小耗 兄弟宮 卯</td>
<td>廉天華
貞府蓋
利廟平
冠帶
奏書
華蓋 65～74 壬
歲建 遷移宮 戌</td>
</tr>
<tr>
<td>武天龍天解
曲相池才神
得廟平廟廟
身宮
10月6日 病
大耗
指背 105～114 甲
官符 夫妻宮 寅</td>
<td>天巨天副破
同門魁截碎
不不旺不陷
衰
病符
天煞 95～104 乙
貫索 子女宮 丑</td>
<td>貪鳳天截蜚陰年
狼閣壽空廉煞解
旺廟平陷 廟
祿
帝旺
喜神
災煞 85～94 甲
喪門 財帛宮 子</td>
<td>太左天三天臺天天孤劫
陰輔喜臺使輔巫空辰煞
廟不旺平旺 平陷
權
臨官
飛廉
劫煞 75～84 癸
晦氣 疾厄宮 亥</td>
</tr>
</table>

罪犯。

先看命宮，命宮是事情的主體。

命宮七殺、陀羅、地劫、天刑、恩光、旬空、天虛星，照天府星，加會貪狼化祿、鳳閣星，

七殺、陀羅，說明兩個囚犯；

地劫、旬空、天虛，說明趁管理上的缺失、鑽漏洞；

天刑平勢、地劫陷落，說明法律無法束縛；

貪狼化祿、鳳閣、蜚廉、陰煞，說明突然反叛、張狂的突破牢籠；

恩光、天府，說明身著警服。

2、再看官祿宮，破軍得地、鈴星陷落、天馬、天哭星，加會貪狼化祿、鳳閣星，

破軍、鈴星，說明員警、警方；

天馬、貪狼化祿，說明快速出擊；

天哭星，說明大為惱火、著急；

貪狼化祿、鳳閣、天馬，說明在山地、公路、監舍內部，全面展開搜索、

3、再看官祿宮的官祿宮，在子位，貪狼化祿、鳳閣、蜚廉、陰煞星，照紫微、擎羊、火星、地空、天廚星，

紫微、擎羊、貪狼化祿，說明監獄的頭、監獄長等；

紫微、火星、蜚廉、陰煞，說明被罷免職務、領導惹上麻煩；

地空、天廚，說明沒有飯吃了、停止工作了等。

4、再看流日10月6日（辛未）在寅位，其官祿宮在午位，紫微、擎羊、火星、地空星，加會天相、天府星，照貪狼化祿、鳳閣星，

紫微、貪狼化祿、擎羊，說明強大的警方管理和措施；

火星、地空，說明兩個囚犯；

天相、紫微、天府，說明接受管理、停止隱藏。

【回饋】：

據遼寧省監獄管理局消息，經過追捕幹員的不懈努力，2018年10月6日13時左

右抓獲脫逃的兩名罪犯。

2018年10月6日上午，遼寧省有關部門已將凌源三監監獄長予以免職，其他有關人員待查清事實後依法依規嚴肅追責。

例題6

【背景】：

求測者說，正在準備打官司，是刑事訴訟。現在擔心證據不足。是否可以打贏官司？是否能得到賠償。

【預測】：

1、先說吉凶，看看能否打贏官司並得到賠償。

先看官祿宮，天相陷落、天刑廟旺、天官、截空星，說明刑事案件沒有起訴，或者說沒有進入流

天陀天天天 府羅馬巫虛 得陷平　旺 官府 歲驛　3～12　病 歲破　命宮　己巳	天太祿火龍 同陰存星德 陷不廟廟 博士　死 息神　13～22　庚 龍德　父母宮　午	武貪擎鈴天華 曲狼羊星哭蓋 廟廟廟利平陷 祿 權 力士　墓 華蓋　23～32　辛 白虎　福德宮　未	太巨天地解天劫天 陽門鉞劫神廚煞德 得廟廟廟不　　平 5月份　絕 青龍 劫煞　33～42　壬 天德　田宅宮　申
左紅天旬大月 輔鸞才空耗德 廟廟陷陷平 伏兵　衰 攀鞍　113～122　戊 小耗　兄弟宮　辰	坤造 己 丙 甲 癸 (日空辰、巳) 亥 寅 午 酉 1命宮； 2兄弟； 3夫妻； 4子女； 5財帛； 6疾厄 7遷移； 8交友； 9官祿； 10田宅； 11福德； 12父母 甲干 廉貞-太陽 乙干 天機-太陰 丙干 天同-廉貞 丁干 太陰-巨門 戊干 貪狼-天機 己干 武曲-文曲 庚干 太陽-天同 辛干 巨門-文昌 壬干 天梁-武曲 癸干 破軍-貪狼		天天恩天天截破 相刑光貴官空碎 陷廟陷廟平廟平 小耗　胎 災煞　43～52　癸 弔客　官祿宮　酉
廉破龍臺 貞軍池輔 平陷廟 大耗　帝旺 將星　103～112　丁 官符　夫妻宮　卯			天天右天天天天寡 機梁弼喜壽傷月宿 利廟廟陷廟平　陷 科 將軍　養 天煞　53～62　甲 病符　交友宮　戌
地天孤陰 空福辰煞 陷旺平 病符　臨官 亡神　93～102　丙 貫索　子女宮　寅	文文天三八蜚 昌曲姚臺座廉 廟廟平廟廟 忌 喜神　冠帶 月煞　83～92　丁 喪門　財帛宮　丑	天天天咸 魁使空池 旺陷陷陷 飛廉　沐浴 咸池　73～82　丙 晦氣　疾厄宮　子	紫七鳳封年 微殺閣誥解 旺平旺　得 身宮 奏書　長生 指背　63～72　乙 歲建　遷移宮　亥

程。

2、再看財帛宮，文曲化忌、文昌、三台、八座星，照武曲化權、貪狼化祿、擎羊星，說明賠償錢款的數目難以談妥，但是壞人會給錢的，數量不少。

3、再看流月5月份在申位，其財帛宮在辰位，左輔星，照右弼天梁星化科，說明在賠償款上受到幫助，達成協議。

所以判斷：沒有開庭起訴。壞人能賠償錢款。5月份會有人幫助辦成。

【回饋】：

5月6日，求測者說，不想打官司了，但是對方把賠償金額降低到一半。還在僵持，和解數額一直無法談妥。5月21日，求測者說，已經和解。要求的錢數都拿到手了。

例題 7

【背景】：

求測者說，我接了一個案子，是經濟案子，但是可能涉及到刑事，風險比較大，所以比較擔心，我想解除委託。這個案子是否有風險？

【預測】：

1、先說吉凶，看看能否因為這個案子帶來風險。

先看命宮，命宮是事情的主體。

命宮太陰、天官平勢、截空、破

<table>
<tr>
<td>太陀天天恩天天旬天
陽羅馬姚光貴巫空虛
旺陷平平平平　廟旺
長生
官府
歲驛　84～93　己
歲破　財帛宮　巳</td>
<td>破右祿火陰龍
軍弼存星煞德
廟旺廟廟
沐浴
博士
息神　94～103　庚
龍德　子女宮　午</td>
<td>天擎鈴天天華
機羊星月哭蓋
陷廟利　平陷
冠帶
力士
華蓋　104～113　辛
白虎　夫妻宮　未</td>
<td>紫天左天地天天副劫天
微府輔鉞劫才廚截煞德
旺得平廟廟廟　廟　平
臨官
青龍
劫煞　114～123　壬
天德　兄弟宮　申</td>
</tr>
<tr>
<td>武紅天副大月
曲鸞使旬耗德
廟廟陷陷平
祿
養
伏兵
攀鞍　74～83　戊
小耗　疾厄宮　辰</td>
<td colspan="2" rowspan="2">坤造　己　庚　戊　辛（日空午、未）
　　　亥　午　子　酉

1命宮；2兄弟；3夫妻；4子女；5財帛；6疾厄
7遷移；8交友；9官祿；10田宅；11福德；12父母

甲干　廉貞-太陽　乙干　天機-太陰　丙干　天同-廉貞　丁干　太陰-巨門
戊干　貪狼-天機　己干　武曲-文曲
庚干　太陽-天同　辛干　巨門-文昌　壬干　天梁-武曲　癸干　破軍-貪狼</td>
<td>太天截破
陰官空碎
旺平廟平
帝旺
小耗
災煞　4～13　癸
弔客　命宮　酉</td>
</tr>
<tr>
<td>天龍臺
同池輔
平廟
身宮
胎
大耗
將星　64～73　丁
官符　遷移宮　卯</td>
<td>貪天寡
狼喜宿
廟陷陷
權
衰
將軍
天煞　14～23　甲
病符　父母宮　戌</td>
</tr>
<tr>
<td>七地天天天孤
殺空壽福傷辰
廟陷旺旺平平
絕
病符
亡神　54～63　丙
貫索　交友宮　寅</td>
<td>天文文天三八蜚
梁昌曲刑臺座廉
旺廟廟陷廟廟
科　忌
墓
喜神
月煞　44～53　丁
喪門　官祿宮　丑</td>
<td>廉天天解天咸
貞相魁神空池
平廟旺廟陷陷
死
飛廉
咸池　34～43　丙
晦氣　田宅宮　子</td>
<td>巨鳳封年
門閣誥解
旺旺　得
病
奏書
指背　24～33　乙
歲建　福德宮　亥</td>
</tr>
</table>

碎星，加會太陽星，天梁化科、文曲化忌、文昌星，說明沒有實施打官司，沒有掙到錢，協議反悔了。

2、再看交友宮的官祿宮，在午位，破軍、右弼、祿存、火星、陰煞星，照天相、解神、天魁星，加會七殺、貪狼化權，說明合作協定破壞，破財或者退款，但是對方接受了。

3、所以判斷：你反悔了，沒有開始訴訟程序，並因此破財。沒有在這個案件上能掙錢的應期。

【回饋】：

6月25日，求測者說，我已經解除合約了，最近因為這個案子壓力大，心神不定，而且錢也不多，所以我就解除合約了，錢也退了，謝謝。

例題8

【背景】：

求測者說，某男上司被同事舉報虛假報銷、考勤問題，但是被包庇。現在就是他的女上司護著他，所以第一次舉報沒有被處置。週一下午該同事繼續向上級申訴，想問問這件事最終的處置結果，該男上司是否會受到總部的處置。

【預測】：

1、先說吉凶，看看上司是否被處

<table>
<tr>
<td>太右陀鈴天天旬天
陰弼羅星馬傷空虛
陷平陷得平平廟旺

官府 絕
歲驛 52～61 己
歲破 交友宮 巳</td>
<td>貪祿地天三龍
狼存劫姚臺德
旺廟廟平旺
權
博士 胎
息神 62～71 庚
龍德 遷移宮 午</td>
<td>天巨擎天天天華
同門羊貴使哭蓋
不不廟旺平平陷

力士 養
華蓋 72～81 辛
白虎 疾厄宮 未</td>
<td>武天天八天天副劫天
曲相鉞座巫廚截煞德
得廟廟廟　廟　平
祿
青龍 長生
劫煞 82～91 壬
天德 財帛宮 申</td>
</tr>
<tr>
<td>廉天火地紅副陰大月
貞府星空鸞旬煞耗德
利廟陷陷廟陷　平

伏兵 墓
奏書 42～51 戊
小耗 官祿宮 辰</td>
<td colspan="2" rowspan="2">坤造 己 辛 壬 丁 (日空子、丑)
亥 未 戌 未

1命宮； 2兄弟； 3夫妻； 4子女； 5財帛； 6疾厄
7遷移； 8交友； 9官祿； 10田宅； 11福德； 12父母

甲干 廉貞-太陽 乙干 天機-太陰 丙干 天同-廉貞 丁干 太陰-巨門
戊干 貪狼-天機 己干 武曲-文曲
庚干 太陽-天同 辛干 巨門-文昌 壬干 天梁-武曲 癸干 破軍-貪狼</td>
<td>太天左天封截破
陽梁輔官誥空碎
平得陷平　廟平
科
小耗 沐浴
災煞 92～101 癸
弔客 子女宮 酉</td>
</tr>
<tr>
<td>文龍天
昌池月
利廟

大耗 死
將星 32～41 丁
官符 田宅宮 卯</td>
<td>七天寡
殺喜宿
廟陷陷

將軍 冠帶
天煞 102～111 甲
病符 夫妻宮 戌</td>
</tr>
<tr>
<td>破天天孤
軍刑福辰
得廟旺平
身宮
病符 病
亡神 22～31 丙
貫索 福德宮 寅</td>
<td>天臺蜚
壽輔廉
廟

喜神 衰
月煞 12～21 丁
喪門 父母宮 丑</td>
<td>紫天解天咸
微魁神空池
平旺廟陷陷

飛廉 帝旺
咸池 2～11 丙
晦氣 命 宮 子</td>
<td>天文恩鳳天年
機曲光閣才解
平旺不旺廟得
忌
奏書 臨官
指背 112～121 乙
歲建 兄弟宮 亥</td>
</tr>
</table>

置。

先看官祿宮，天府、廉貞利勢、火星陷落、地空陷落、旬空、陰煞、月德星，照七殺星，說明該男上次很緊張，但是沒受到處罰或者處置。

2、再看官祿宮的官祿宮，在申位，武曲化祿、天相、天鉞、八座、天巫、劫煞星，說明總部有人保護他，沒有懲罰他，不過他會因此有一些破費。

3、**所以判斷：**該男上司經過人事運作，沒有受到懲罰和處置。沒有他被處置的應期。

【回饋】：

8月5日，求測者說，他沒有被處置。

例題9

【背景】：

求測者說，一審我敗訴，欲上訴。上訴，二審能否勝訴？從立案到開庭得一段時間，開庭到判決又需一段時間。

【預測】：

1、先說吉凶，看看能否勝訴。

先看命宮，命宮是事情的主體。命宮紫微、破軍、左輔、右弼星，照天相星，說明是二審案

<table>
<tr>
<td>祿天副副劫天
存官截旬煞德
廟旺廟廟　旺
博士　長生
劫煞　104～113　癸
天德　夫妻宮　巳</td>
<td>天擎三
機羊臺
廟陷旺
權
力士　沐浴
災煞　114～123　甲
弔客　兄弟宮　午</td>
<td>紫破左右紅寡
微軍輔弼鸞宿
廟旺廟廟陷不
青龍　冠帶
天煞　4～13　乙
病符　命宮　未</td>
<td>鈴八陰
星座煞
陷廟
小耗　臨官
指背　14～23　丙
歲建　父母宮　申</td>
</tr>
<tr>
<td>太陀天臺截旬蜚華
陽羅姚輔空空廉蓋
旺廟陷　陷陷　廟
官府　養
華蓋　94～103　壬
白虎　子女宮　辰</td>
<td colspan="2" rowspan="2">乾造 丙 癸 壬 庚 (日空寅、卯)
　　 申 巳 子 戌

1命宮； 2兄弟； 3夫妻； 4子女； 5財帛； 6疾厄
7遷移； 8交友； 9官祿； 10田宅； 11福德； 12父母

甲干 廉貞-太陽　乙干 天機-太陰　丙干 天同-廉貞　丁干 太陰-巨門
戊干 貪狼-天機　己干 武曲-文曲
庚干 太陽-天同　辛干 巨門-文昌　壬干 天梁-武曲　癸干 破軍-貪狼</td>
<td>天天地天咸破
府鉞劫空池碎
旺廟平旺平平
將軍　帝旺
咸池　24～33　丁
晦氣　福德宮　酉</td>
</tr>
<tr>
<td>武七天大龍
曲殺才耗德
利旺旺不
身宮
伏兵　胎
息神　84～93　辛
龍德　財帛宮　卯</td>
<td>太恩解天
陰光神哭
旺廟廟平
奏書　衰
月煞　34～43　戊
喪門　田宅宮　戌</td>
</tr>
<tr>
<td>天天文天鳳天天天年
同梁曲馬閣使月虛解
利廟平旺廟平　旺廟
祿
大耗　絕
歲驛　74～83　庚
歲破　疾厄宮　寅</td>
<td>天地天月
相空喜德
廟陷陷
病符　墓
攀鞍　64～73　辛
小耗　遷移宮　丑</td>
<td>巨文火天天龍天天封天
門昌星刑貴池福傷誥廚
旺得陷平廟旺平陷
科
喜神　死
將星　54～63　庚
官符　交友宮　子</td>
<td>廉貪天天天孤
貞狼魁壽巫辰
陷陷旺旺　陷
忌
飛廉　病
亡神　44～53　己
貫索　官祿宮　亥</td>
</tr>
</table>

子，法官不友好，也就是容易敗訴等。

2、再看官祿宮，廉貞化忌、天魁星，說明已經盡力了，但是官司還是敗訴了。

3、**所以判斷：**二審還是敗訴的結果，沒有勝訴的應期。

【回饋】：

8月27日，求測者說，二審輸了，維持原判。

第七節 問出國簽證、戶口遷移

例題1

【背景】：求測者說，出國簽證，近日能被通過嗎？

祿天劫天 存官煞德 廟旺　旺 博士　　23～32　病 劫煞　　　　　癸 天德　福德宮　巳	天擎八天解 機羊座貴神 廟陷旺廟廟 權 力士　　33～42　死 災煞　　　　　甲 弔客　田宅宮　午	紫破紅天寡 微軍鸞壽宿 廟旺陷旺不 青龍　　43～52　墓 天煞　　　　　乙 病符　官祿宮　未	鈴天三天 星刑臺傷 陷陷旺平 小耗　　53～62　絕 指背　　　　　丙 歲建　交友宮　申
太陀恩臺截旬蜚陰華 陽羅光輔空空廉煞蓋 旺廟廟　陷陷　　廟 官府　　13～22　衰 華蓋　　　　　壬 白虎　父母宮　辰	乾造 丙 辛 壬 庚(日空辰、巳) 　　 申 丑 寅 戌 1命宮； 2兄弟； 3夫妻； 4子女； 5財帛； 6疾厄 7遷移； 8交友； 9官祿； 10田宅； 11福德； 12父母		天天地天咸破 府鉞劫空池碎 旺廟平旺平平 將軍　　63～72　胎 咸池　　　　　丁 晦氣　遷移宮　酉
武七左大龍 曲殺輔耗德 利旺陷不 伏兵　　3～12　帝旺 息神　　　　　辛 龍德　命宮　卯	甲干 廉貞-太陽　乙干 天機-太陰　丙干 天同-廉貞　丁干 太陰-巨門 戊干 貪狼-天機　己干 武曲-文曲 庚干 太陽-天同　辛干 巨門-文昌　壬干 天梁-武曲　癸干 破軍-貪狼		太天天 陰使哭 旺陷平 奏書　　73～82　養 月煞　　　　　戊 喪門　疾厄宮　戌
天天文天鳳天天年 同梁曲馬閣月虛解 利廟平旺廟　旺廟 祿 大耗　　113～122　臨官 歲驛　　　　　庚 歲破　兄弟宮　寅	天地天月 相空喜德 廟陷陷 1月17日 病符　　103～112　冠帶 攀鞍　　　　　辛 小耗　夫妻宮　丑	巨文火天龍天封天 門昌星姚池福誥廚 旺得陷陷旺平 科 喜神　　93～102　沐浴 將星　　　　　庚 官符　子女宮　子	廉貪右天天天孤 貞狼弼魁才巫辰 陷陷平旺廟　陷 忌　身宮 飛廉　　83～92　長生 亡神　　　　　己 貫索　財帛宮　亥

【預測】：

1、先說吉凶，看看能否簽證成功。

先看官祿宮，紫微、破軍星，照天相星，說明官方出具文件，拿到了簽證。

2、再看父母宮，太陽、陀羅、恩光、華蓋星，照太陰星，說明出行的權威文件，也是拿到了簽證。

3、再看流日1月17日（甲辰）在丑位，天相星，照紫微、破軍化權，說明1月17日拿到了簽證。

所以判斷：出國簽證在1月17日能拿到。

【回饋】：

事後，求測者說，2017年1月17號簽發的，通過了。

例題2

【背景】：

求測者說，最近，我能否拿到戶口准遷證？請老師看看。

【預測】：

1、先說吉凶，看看能否。

先看官祿宮，武曲化權、三台、鳳閣星，說明拿到戶籍變動權。

2、再看父母宮，天梁、天鉞、陀羅星，說明通過，給蓋章了。

3、再看近日的流日4月2日（乙

<table>
<tr>
<td>巨天副破劫月
門貴旬碎煞德
旺平廟陷

大耗　　　　病
劫煞　113～122　辛
小耗　兄弟宮　巳</td>
<td>廉天左天天截天天
貞相輔才福空哭虛
平廟旺旺平廟陷平

4月2日
伏兵　　　　死
災煞　3～12　壬
歲破　命宮　午</td>
<td>天天陀副大龍
梁鉞羅截耗德
旺旺廟廟平

官府　　　　墓
天煞　13～22　癸
龍德　父母宮　未</td>
<td>七右祿鈴蜚
殺弼存星廉
廟不廟陷

博士　　　　絕
指背　23～32　甲
白虎　福德宮　申</td>
</tr>
<tr>
<td>貪八龍臺天旬華
狼座池輔月空蓋
廟旺廟　　陷廟

病符　　　　衰
華蓋　103～112　庚
官符　夫妻宮　辰</td>
<td colspan="2" rowspan="2">乾造　庚　己　庚　丙（日空戌、亥）
　　　子　卯　午　戌

1命宮；2兄弟；3夫妻；4子女；5財帛；6疾厄
7遷移；8交友；9官祿；10田宅；11福德；12父母

甲干　廉貞-太陽　乙干　天機-太陰　丙干　天同-廉貞　丁干　太陰-巨門
戊干　貪狼-天機　己干　武曲-文曲
庚干　太陽-天同　辛干　巨門-文昌　壬干　天梁-武曲　癸干　破軍-貪狼</td>
<td>天擎地天咸天
同羊劫喜池德
平陷平廟平不
忌

力士　　　　胎
咸池　33～42　乙
天德　田宅宮　酉</td>
</tr>
<tr>
<td>太紅天恩
陰鸞姚光
陷廟廟廟
科

喜神　　　　帝旺
息神　93～102　己
貫索　子女宮　卯</td>
<td>武三鳳解寡陰年
曲臺閣神宿煞解
廟旺廟廟陷　廟
權

青龍　　　　養
月煞　43～52　丙
弔客　官祿宮　戌</td>
</tr>
<tr>
<td>紫天文天天天天孤
微府曲馬壽巫廚辰
旺廟平旺旺　　平
身宮

飛廉　　　　臨官
歲驛　83～92　戊
喪門　財帛宮　寅</td>
<td>天天地天天
機魁空使空
陷旺陷陷平

奏書　　　　冠帶
攀鞍　73～82　己
晦氣　疾厄宮　丑</td>
<td>破文火封
軍昌星誥
廟得陷

將軍　　　　沐浴
將星　63～72　戊
歲建　遷移宮　子</td>
<td>太天天天
陽刑官傷
陷陷旺旺
祿

小耗　　　　長生
亡神　53～62　丁
病符　交友宮　亥</td>
</tr>
</table>

亥）在午位，天相、左輔星，加會紫微化科、天府、武曲化權，照破軍星，說明政府簽發的搬離、搬家的文件，准遷證明，拿到了。

所以判斷：能獲得准遷證，4月2日可以獲得。

【回饋】：

4月2日，求測者說，今天拿到了，謝謝。

例題3

【背景】：

我2009年到唐山上大學，之後在唐山讀碩士、參加工作，但由於目前工作發展空間較小、沒什麼發展潛力，公司雖大工作很累。另外，去年（2017年）母親出車禍後需要照顧，所以求測何時可以跳槽到父母所在城市工作。

【預測】：

1、先說吉凶，看看能否回到父母身

<table>
<tr>
<td>太祿火紅天副大龍
陰存星鸞傷旬耗德
陷廟得旺平廟陷
權
長生
博士
亡神 54 ~ 63 丁
龍德 交友宮 巳</td>
<td>貪左文擎天封天
狼輔昌羊壽誥廚
旺旺陷陷平
祿
沐浴
力士
將星 64 ~ 73 戊
白虎 遷移宮 午</td>
<td>天巨天鈴地天寡天
同門鉞星空使宿德
不不旺利平平不廟
冠帶
青龍
攀鞍 74 ~ 83 己
天德 疾厄宮 未</td>
<td>武天右文天天
曲相弼曲馬哭
得廟不得旺廟
科
身宮
臨官
小耗
歲驛 84 ~ 93 庚
弔客 財帛宮 申</td>
</tr>
<tr>
<td>廉天陀八天旬天
貞府羅座月空虛
利廟廟旺 陷陷
養
官府
月煞 44 ~ 53 丙
歲破 官祿宮 辰</td>
<td colspan="2" rowspan="2">乾造 戊 丙 壬 甲 (日空申、酉)
戌 辰 午 辰

1命宮； 2兄弟； 3夫妻； 4子女； 5財帛； 6疾厄
7遷移； 8交友； 9官祿； 10田宅； 11福德； 12父母

甲干 廉貞-太陽 乙干 天機-太陰 丙干 天同-廉貞 丁干 太陰-巨門
戊干 貪狼-天機 己干 武曲-文曲
庚干 太陽-天同 辛干 巨門-文昌 壬干 天梁-武曲 癸干 破軍-貪狼</td>
<td>太天恩
陽梁光
平得陷
帝旺
將軍
息神 94 ~ 103 辛
病符 子女宮 酉</td>
</tr>
<tr>
<td>地天天天咸月
劫姚官福池德
平廟旺平平
胎
伏兵
咸池 34 ~ 43 乙
小耗 田宅宮 卯</td>
<td>七三天臺解陰華
殺臺才輔神煞蓋
廟旺陷 廟 平
衰
奏書
華蓋 104 ~ 113 壬
歲建 夫妻宮 戌</td>
</tr>
<tr>
<td>破龍天
軍池巫
得平
絕
大耗
指背 24 ~ 33 甲
官符 福德宮 寅</td>
<td>天副破
魁截碎
旺不陷
墓
病符
天煞 14 ~ 23 乙
貫索 父母宮 丑</td>
<td>紫鳳截蜚年
微閣空廉解
平廟陷 廟
死
喜神
災煞 4 ~ 13 甲
喪門 命 宮 子</td>
<td>天天天天天孤劫
機喜刑貴空辰煞
平旺陷平平陷
忌
病
飛廉
劫煞 114 ~ 123 癸
晦氣 兄弟宮 亥</td>
</tr>
</table>

邊工作生活。

先看遷移宮貪狼化祿、左輔、天廚、封誥星，加會破軍請、七殺星，說明美好願望被打破，難成。

2、再看官祿宮，天府、陀羅、八座星，照七殺、三台星，說明舊有的事業堅持下去了，也就是沒有變換工作。現實的嚴酷，想回老家，無法達成目標。

3、**所以判斷**：無法調動工作到父母身邊。沒有回去的應期。

【回饋】：

2019年12月，求測者說，目前還在原單位，還沒有回到老家。

例題4

【背景】：求測者說，簽證能否辦下來，想去加拿大。

【預測】：

1、先說吉凶，看看簽證能否辦下來。

先看官祿宮，巨門、天魁星，照天機化祿、地空星，說明坐飛機出行、離開等。

2、再看父母宮，天府、文曲星，照

<table>
<tr>
<td>文昌廟 天馬平 旬空廟
青龍 歲驛 弔客
92～101
絕 辛巳
子女宮</td>
<td>天機廟 地空廟 解神廟 天廚 副截廟
祿
身宮
小耗 息神 病符
102～111
胎 壬午
夫妻宮</td>
<td>紫微廟 破軍旺 天貴旺 封誥 截空廟 華蓋陷
科
將軍 華蓋 歲建
112～121
養 癸未
兄弟宮</td>
<td>天鉞廟 紅鸞廟 天刑陷 天福廟 天空旺 孤辰平 劫煞
奏書 劫煞 晦氣
2～11
長生 甲申
命宮</td>
</tr>
<tr>
<td>太陽旺 擎羊廟 地劫陷 天官旺 副旬陷 寡宿陷 陰煞 天德廟
力士 攀鞍 天德
82～91
墓 庚辰
財帛宮</td>
<td colspan="2" rowspan="2">坤造 乙未 己丑 壬寅 乙巳(日空辰、巳)

1命宮； 2兄弟； 3夫妻； 4子女； 5財帛； 6疾厄
7遷移； 8交友； 9官祿； 10田宅； 11福德； 12父母

甲干 廉貞-太陽 乙干 天機-太陰 丙干 天同-廉貞 丁干 太陰-巨門
戊干 貪狼-天機 己干 武曲-文曲
庚干 太陽-天同 辛干 巨門-文昌 壬干 天梁-武曲 癸干 破軍-貪狼</td>
<td>天府旺 文曲廟
飛廉 災煞 喪門
12～21
沐浴 乙酉
父母宮</td>
</tr>
<tr>
<td>武曲利 七殺旺 左輔陷 祿存廟 鈴星利 恩光廟 鳳閣旺 天才旺 天使平 蜚廉 年解廟
博士 將星 白虎
72～81
死 己卯
疾厄宮</td>
<td>太陰旺
忌
喜神 天煞 貫索
22～31
冠帶 丙戌
福德宮</td>
</tr>
<tr>
<td>天同利 天梁廟 陀羅陷 火星廟 天喜廟 三臺平 天月 龍德
權
官府 亡神 龍德
62～71
病 戊寅
遷移宮</td>
<td>天相廟 天壽廟 天傷平 天虛廟 破碎陷
2月份
伏兵 月煞 歲破
52～61
衰 己丑
交友宮</td>
<td>巨門旺 天魁旺 天姚陷 八座陷 咸池陷 大耗旺 月德
大耗 咸池 小耗
42～51
帝旺 戊子
官祿宮</td>
<td>廉貞陷 貪狼陷 右弼平 龍池旺 臺輔 天巫 天哭平
病符 指背 官符
32～41
臨官 丁亥
田宅宮</td>
</tr>
</table>

七殺、祿存、恩光、鳳閣星，說明權威文件獲得恩准。

3、再看流月2月份在酉位，其官祿宮在丑位，說明獲得文件，簽證障礙解除。

所以判斷：能批准，2月份可以通過。

【回饋】：

2月28日，求測者說，2月份辦下來了！謝謝！

第八節 問合作、交易

例題1

【背景】：

求測者說，我的車位2016年五一之後租給一家人，下個月也就是2月5日到期，我昨天提前問他繼續租嗎？他說想讓我降價，但我不想降價。他總共租了兩個車位，其中一個是我的，還租了別人的一個車位，那

<table>
<tr>
<td>天祿天天副副劫天
梁存壽官截旬煞德
得廟平旺廟廟　旺
博士　　　絕
劫煞　2～11　癸
天德　命宮　巳</td>
<td>七擎鈴八恩解
殺羊星座光神
旺陷廟旺廟廟
力士　　　胎
災煞　12～21　甲
弔客　父母宮　午</td>
<td>地紅寡
劫鸞宿
平陷不
青龍　　　養
天煞　22～31　乙
病符　福德宮　未</td>
<td>廉天三
貞刑臺
廟陷旺
忌
小耗　　　長生
指背　32～41　丙
歲建　田宅宮　申</td>
</tr>
<tr>
<td>紫天陀天截旬蜚陰華
微相羅貴空空廉煞蓋
得得廟旺陷陷　　廟
官府　　　墓
華蓋　112～121　壬
白虎　兄弟宮　辰</td>
<td colspan="2" rowspan="2">乾造 丙　庚　庚　甲（日空午、未）
　　 申　子　寅　申

1命宮； 2兄弟； 3夫妻； 4子女； 5財帛； 6疾厄
7遷移； 8交友； 9官祿； 10田宅； 11福德； 12父母

甲干 廉貞-太陽　乙干 天機-太陰　丙干 天同-廉貞　丁干 太陰-巨門
戊干 貪狼-天機　己干 武曲-文曲
庚干 太陽-天同　辛干 巨門-文昌　壬干 天梁-武曲　癸干 破軍-貪狼</td>
<td>天天咸破
鉞空池碎
廟旺平平
身宮
將軍　　　沐浴
咸池　42～51　丁
晦氣　官祿宮　酉</td>
</tr>
<tr>
<td>天巨左地大龍
機門輔空耗德
旺廟陷平不
權
1月4日
伏兵　　　死
息神　102～111　辛
龍德　夫妻宮　卯</td>
<td>破火天封天
軍星傷誥哭
旺廟平　平
奏書　　　冠帶
月煞　52～61　戊
喪門　交友宮　戌</td>
</tr>
<tr>
<td>貪文天鳳臺天天年
狼昌馬閣輔月虛解
平陷旺廟　　旺廟
科
大耗　　　病
歲驛　92～101　庚
歲破　子女宮　寅</td>
<td>太太天天月
陽陰喜才德
不廟陷平
病符　　　衰
攀鞍　82～91　辛
小耗　財帛宮　丑</td>
<td>武天文天龍天天天
曲府曲姚池福使廚
旺廟得陷旺平陷
喜神　　　帝旺
將星　72～81　庚
官符　疾厄宮　子</td>
<td>天右天天孤
同弼魁巫辰
廟平旺　陷
祿
飛廉　　　臨官
亡神　62～71　己
貫索　遷移宮　亥</td>
</tr>
</table>

個比我的便宜，但我覺得我的車位更寬敞，更好停車，價格合理，所以我不想降價，不知他最後租不租我的車位。三天之內有結果。

【預測】：

1、先說吉凶，看看對方是否租車位、是否繼續合作。先看交友宮，破軍、火星、封誥星，照紫微、天相、陀羅星，說明合作不再圓滿，不能繼續了，也就是說對方不再租了。

2、再看流日1月4日（辛卯），在卯位，其交友宮在申位，廉貞化忌，三台星，說明對方回信了，是不續租的資訊。

3、**所以判斷：**對方不再續租，1月4日有回信。

【回饋】：

1月4日，求測者說，他不租了。

例題2

【背景】：

求測者說，公司會續約嗎？本月底合約到期。找新的工作順利嗎？

【預測】：

1、先說吉凶，看看公司能否續約。先看官祿宮，紫微、天府、地空星，照七殺、天刑星，加會天相星，說明工作合約解除了，沒有續約。

2、再看流月8月份，在巳位，其官

<table>
<tr>
<td>太右陀封天旬破
陽弼羅誥廚空碎
旺平陷　　廟陷

8月份　臨官
官府
指背　16～25　乙
白虎　父母宮　巳</td>
<td>破祿火紅天咸天
軍存星鸞姚池德
廟廟廟旺平陷旺

帝旺
博士
咸池　26～35　丙
天德　福德宮　午</td>
<td>天文文擎天寡
機昌曲羊壽宿
陷利旺廟旺不
科

衰
力士
月煞　36～45　丁
弔客　田宅宮　未</td>
<td>紫天地天
微府空巫
旺得廟

病
青龍
亡神　46～55　戊
病符　官祿宮　申</td>
</tr>
<tr>
<td>武副陰龍
曲旬煞德
廟陷

冠帶
伏兵
天煞　6～15　甲
龍德　命宮　辰</td>
<td colspan="2" rowspan="2">坤造 丁　丁　己　丁(日空寅、卯)
　　 酉　未　酉　卯

1命宮； 2兄弟； 3夫妻； 4子女； 5財帛； 6疾厄
7遷移； 8交友； 9官祿； 10田宅； 11福德； 12父母

甲干 廉貞-太陽　乙干 天機-太陰　丙干 天同-廉貞　丁干 太陰-巨門
戊干 貪狼-天機　己干 武曲-文曲
庚干 太陽-天同　辛干 巨門-文昌　壬干 天梁-武曲　癸干 破軍-貪狼</td>
<td>太左天恩天天臺天
陰輔鉞光貴傷輔哭
旺陷廟陷廟平　不
祿

死
小耗
將星　56～65　己
歲建　交友宮　酉</td>
</tr>
<tr>
<td>天天截天
同月空虛
平　平廟
權

沐浴
大耗
災煞　116～125　癸
歲破　兄弟宮　卯</td>
<td>貪天
狼空
廟陷

身宮
墓
將軍
攀鞍　66～75　庚
晦氣　遷移宮　戌</td>
</tr>
<tr>
<td>七地天八天副大劫月
殺劫刑座官截耗煞德
廟平廟廟平陷陷

長生
病符
劫煞　106～115　壬
小耗　夫妻宮　寅</td>
<td>天鈴龍鳳天年華
梁星池閣才解蓋
旺得平平平得陷

養
喜神
華蓋　96～105　癸
官符　子女宮　丑</td>
<td>廉天天三解
貞相喜臺神
平廟旺平廟

胎
飛廉
息神　86～95　壬
貫索　財帛宮　子</td>
<td>巨天天天天孤蜚
門魁馬福使辰廉
旺旺平廟旺陷
忌

絕
奏書
歲驛　76～85　辛
喪門　疾厄宮　亥</td>
</tr>
</table>

祿宮在酉位，太陰、天貴、天鉞、台輔星，加會太陽星、天梁星，說明工作平臺變化了，換工作了。

3、**所以判斷**：到月底公司沒有和你續約。下個月能找到工作。

【回饋】：

7月31日，求測者說，今天公司通知正式解約，目前已經向其他公司投簡歷。

例題3

【背景】：

求測者說，客戶上週說要向我採購，這幾天沒消息。什麼時候簽合約？簽合約應該在近期。

【預測】：

1、先說吉凶，看看能否簽約。

先看命宮，命宮是事情的主體。

命宮破軍、天鉞星，照天相星，加會貪狼化權、天魁星，七殺、左輔星、文昌星，說明會有變化

<table>
<tr>
<td>天陀地地天天旬天
機羅劫空馬巫空虛
平陷不廟平　廟旺
長生
官府
歲驛　94～103　己
歲破　子女宮　巳</td>
<td>紫祿龍
微存德
廟廟
2月25日　沐浴
博士
息神　104～113　庚
龍德　夫妻宮　午</td>
<td>擎天天天華
羊才壽哭蓋
廟平旺平陷
冠帶
力士
華蓋　114～123　辛
白虎　兄弟宮　未</td>
<td>破天封解天副劫天
軍鉞誥神廚截煞德
得廟　不　廟　平
身宮
臨官
青龍
劫煞　4～13　壬
天德　命宮　申</td>
</tr>
<tr>
<td>七左文鈴紅天副大月
殺輔昌星鸞貴旬耗德
廟廟得陷廟旺陷平
養
伏兵
攀鞍　84～93　戊
小耗　財帛宮　辰</td>
<td colspan="2" rowspan="2">坤造　己　丙　壬　丙（日空午、未）
　　　亥　寅　辰　午

1命宮；2兄弟；3夫妻；4子女；5財帛；6疾厄
7遷移；8交友；9官祿；10田宅；11福德；12父母

甲干　廉貞-太陽　乙干　天機-太陰　丙干　天同-廉貞　丁干　太陰-巨門
戊干　貪狼-天機　己干　武曲-文曲
庚干　太陽-天同　辛干　巨門-文昌　壬干　天梁-武曲　癸干　破軍-貪狼</td>
<td>天天截破
刑官空碎
廟平廟平
帝旺
小耗
災煞　14～23　癸
弔客　父母宮　酉</td>
</tr>
<tr>
<td>太天火八龍天
陽梁星座池使
廟廟利平廟平
科
胎
大耗
將星　74～83　丁
官符　疾厄宮　卯</td>
<td>廉天右文天恩天寡
貞府弼曲喜光月宿
利廟廟陷陷廟　陷
忌
衰
將軍
天煞　24～33　甲
病符　福德宮　戌</td>
</tr>
<tr>
<td>武天天孤陰
曲相福辰煞
得廟旺平
祿
絕
病符
亡神　64～73　丙
貫索　遷移宮　寅</td>
<td>天巨天天蜚
同門姚傷廉
不不平平
墓
喜神
月煞　54～63　丁
喪門　交友宮　丑</td>
<td>貪天臺天咸
狼魁輔空池
旺旺　陷陷
權
死
飛廉
咸池　44～53　丙
晦氣　官祿宮　子</td>
<td>太三鳳年
陰臺閣解
廟平旺得
病
奏書
指背　34～43　乙
歲建　田宅宮　亥</td>
</tr>
</table>

轉變，能簽約成功。

2、再看交友宮，巨門、天同陷落、蜚廉星，說明對方有微詞，很勉強。

3、再看流日2月25日（癸巳）在午位，其交友宮在亥位，太陰化科、鳳閣星，合天相星，說明這一天簽約了。

所以判斷：此客戶能談成，只是對方有些勉強或者變化。2月25日可以簽約。

【回饋】：

2月25日，求測者說，今天簽合約了！不過訂貨數量略減。4月30日，求測者說，第一部分已執行完畢，算順利。錢已到位。

例題4

【背景】：

求測者說，對方說有事已拖了半月，說下周完成交易，是否真有誠意？這筆生意能否交易成功。

【預測】：

1、先說吉凶，看看能否交易成功。

先看交友宮，太陽、天梁化科、文昌、龍池星，說明對方有信譽，有誠意。

2、再看財帛宮的交友宮，在亥位，

<table>
<tr>
<td>天陀鈴天恩天旬天
機羅星馬光使空虛
平陷得平平平廟旺
臨官
官府 歲驛 歲破
76～85
疾厄宮
己巳</td>
<td>紫祿地龍
微存劫德
廟廟廟
帝旺
博士 息神 龍德
86～95
財帛宮
庚午</td>
<td>左右擎天華
輔弼羊哭蓋
廟廟廟平陷
衰
力士 華蓋 白虎
96～105
子女宮
辛未</td>
<td>破天天副陰劫天
軍鉞廚截煞煞德
得廟　廟　　平
病
青龍 劫煞 天德
106～115
夫妻宮
壬申</td>
</tr>
<tr>
<td>七火地紅天八副大月
殺星空鸞姚座旬耗德
廟陷陷廟陷旺陷平
冠帶
伏兵 攀鞍 小耗
66～75
遷移宮
戊辰</td>
<td colspan="2" rowspan="2">坤造 己 己 丁 丁(日空子、丑)
　　 亥 巳 巳 未

1命宮； 2兄弟； 3夫妻； 4子女； 5財帛； 6疾厄
7遷移； 8交友； 9官祿； 10田宅； 11福德； 12父母

甲干 廉貞-太陽 乙干 天機-太陰 丙干 天同-廉貞 丁干 太陰-巨門
戊干 貪狼-天機 己干 武曲-文曲
庚干 太陽-天同 辛干 巨門-文昌 壬干 天梁-武曲 癸干 破軍-貪狼</td>
<td>天天封截破
才官誥空碎
旺平　廟平
5月24日
死
小耗 災煞 弔客
116～125
兄弟宮
癸酉</td>
</tr>
<tr>
<td>太天文龍天
陽梁昌池傷
廟廟利廟陷
科
沐浴
大耗 將星 官符
56～65
交友宮
丁卯</td>
<td>廉天天三解寡
貞府喜臺神宿
利廟陷旺廟陷
墓
將軍 天煞 病符
6～15
命宮
甲戌</td>
</tr>
<tr>
<td>武天天天孤
曲相福月辰
得廟旺　平
祿
長生
病符 亡神 貫索
46～55
官祿宮
丙寅</td>
<td>天巨天臺蜚
同門貴輔廉
不不旺
養
喜神 月煞 喪門
36～45
田宅宮
丁丑</td>
<td>貪天天天咸
狼魁刑空池
旺旺平陷陷
權
身宮
胎
飛廉 咸池 晦氣
26～35
福德宮
丙子</td>
<td>太文鳳天天年
陰曲閣壽巫解
廟旺旺旺　得
忌
絕
奏書 指背 歲建
16～25
父母宮
乙亥</td>
</tr>
</table>

太陰廟旺、文曲化忌、鳳閣星，說明對方有點煩心的事，耽擱了，比如家裡的口舌等。交易是能成功的，或者在價格上會有交涉等。

3、再看流日5月24日（辛酉）在酉位，其交友宮在寅位，武曲化祿、天相、天福星，加會紫微、祿存、地劫星、天府星，說明這一天獲得對方的簽約，但是會壓價。

所以判斷：這個客戶是有誠意的，會交易成功，注意5月24日。

【回饋】：

5月24日，求測者說，今天交易完成，謝謝。

例題5

【背景】：

求測者說，合夥辦學校，學校總投資2～3億，手續齊全已開學招生，我們是小股東，前景如何？

【預測】：

1、先說吉凶，看看前景如何。

先看命宮，命宮是事情的主體。

命宮太陽不旺、地劫、華蓋、恩光星，說明學校效益不好，是個破財、耗財的事情。

<table>
<tr>
<td>廉貪祿紅天臺副大龍
貞狼存鸞使輔旬耗德
陷陷廟旺平　廟陷
祿
絕
博士
亡神　72～81　丁
龍德　疾厄宮　巳</td>
<td>巨擎天天
門羊壽廚
旺陷平
胎
力士
將星　82～91　戊
白虎　財帛宮　午</td>
<td>天天天寡天
相鉞月宿德
得旺　不廟
養
青龍
攀鞍　92～101　己
天德　子女宮　未</td>
<td>天天天天天天
同梁馬姚才哭
旺陷旺陷廟廟
身宮
2019年　長生
小耗
歲驛　102～111　庚
弔客　夫妻宮　申</td>
</tr>
<tr>
<td>太陀天旬天
陰羅刑空虛
陷廟平陷陷
權
墓
官府
月煞　62～71　丙
歲破　遷移宮　辰</td>
<td colspan="2" rowspan="2">乾造　戊　辛　乙　丁（日空寅、卯）
　　　戌　酉　巳　亥

1命宮；　2兄弟；　3夫妻；　4子女；　5財帛；　6疾厄
7遷移；　8交友；　9官祿；　10田宅；　11福德；　12父母

甲干　廉貞-太陽　乙干　天機-太陰　丙干　天同-廉貞　丁干　太陰-巨門
戊干　貪狼-天機　己干　武曲-文曲
庚干　太陽-天同　辛干　巨門-文昌　壬干　天梁-武曲　癸干　破軍-貪狼</td>
<td>武七
曲殺
利旺
沐浴
將軍
息神　112～121　辛
病符　兄弟宮　酉</td>
</tr>
<tr>
<td>天右文八天天天咸月
府弼曲座官福傷池德
得陷旺平旺平陷平
科
死
伏兵
咸池　52～61　乙
小耗　交友宮　卯</td>
<td>太地恩華
陽劫光蓋
不平廟平
冠帶
奏書
華蓋　2～11　壬
歲建　命宮　戌</td>
</tr>
<tr>
<td>鈴天龍解
星貴池神
廟平平廟
病
大耗
指背　42～51　甲
官符　官祿宮　寅</td>
<td>紫破天封副破
微軍魁誥截碎
廟旺旺　不陷
衰
病符
天煞　32～41　乙
貫索　田宅宮　丑</td>
<td>天火地鳳截蜚陰年
機星空閣空廉煞解
廟陷平廟陷　　廟
忌
帝旺
喜神
災煞　22～31　甲
喪門　福德宮　子</td>
<td>左文天三天天孤劫
輔昌喜臺巫空辰煞
不利旺平　平陷
臨官
飛廉
劫煞　12～21　癸
晦氣　父母宮　亥</td>
</tr>
</table>

2、再看官祿宮，鈴星，照天同、天哭、天馬星，說明學校領導層面有小人、是非多、不同心等。

3、再看流年2019年在申位，其官祿宮在子位，天機化忌、火星、地空、蜚廉、陰煞星，照巨門星，說明學校領導層是非還是很多，會有調整，有人離開和退出股份等。

所以判斷：這次投資不順利，該學校的領導層面矛盾很多，學校的效益也不好。

【回饋】：

2019年4月5日，求測者說，大股東與軍師勾結，挪用錢還帳務不公開，大股東過河拆橋，用完大家的錢，翻臉不認人。有個股東是犯罪份子在裡面攪和，其他股東很被動。

2019年6月9日，求測者說，糾紛矛盾升級，打算實名舉報，同歸於盡。

例題6

【背景】：

求測者說，好的幫傭實在是太難找了。請問明天來的新幫傭是否好相處，真是愁人。

【預測】：

1、先說吉凶，看看新來的幫傭是否好相處。

先看命宮，命宮是事情的主體。命宮七殺、擎羊星，說明難以忍受，不好相處。合天梁化科、

天陀天天三臺天旬天 相羅馬姚臺輔巫空虛 得陷平平平　　廟旺 身宮 官府　105～114　絕 歲驛　　　己 歲破　夫妻宮　巳	天右祿天陰龍 梁弼存才煞德 廟旺廟旺 科 博士　　　胎 息神　115～124　庚 龍德　兄弟宮　午	廉七擎恩天天華 貞殺羊光月哭蓋 利廟廟旺　平陷 力士　　　養 華蓋　5～14　辛 白虎　命宮　未	左天火天副劫天 輔鉞星廚截煞德 平廟陷　廟　平 青龍　　　長生 劫煞　15～24　壬 天德　父母宮　申
巨紅天副大月 門鸞壽旬耗德 陷廟廟陷平 伏兵　　　墓 攀鞍　95～104　戊 小耗　子女宮　辰	坤造　己　庚　壬　辛（日空午、未） 　　　亥　午　辰　亥 1命宮；2兄弟；3夫妻；4子女；5財帛；6疾厄 7遷移；8交友；9官祿；10田宅；11福德；12父母 甲干 廉貞-太陽　乙干 天機-太陰　丙干 天同-廉貞　丁干 太陰-巨門 戊干 貪狼-天機　己干 武曲-文曲 庚干 太陽-天同　辛干 巨門-文昌　壬干 天梁-武曲　癸干 破軍-貪狼		鈴八天截破 星座官空碎 得廟平廟平 小耗　　　沐浴 災煞　25～34　癸 弔客　福德宮　酉
紫貪文龍 微狼曲池 旺利旺廟 權忌 大耗　　　死 將星　85～94　丁 官符　財帛宮　卯			天地天寡 同劫喜宿 平平陷陷 將軍　　　冠帶 天煞　35～44　甲 病符　田宅宮　戌
天太天天孤 機陰福使辰 得旺旺平平 病符　　　病 亡神　75～84　丙 貫索　疾厄宮　寅	天天封蜚 府刑誥廉 廟陷 喜神　　　衰 月煞　65～74　丁 喪門　遷移宮　丑	太天地天解天咸 陽魁空傷神空池 陷旺平陷廟陷陷 飛廉　　　帝旺 咸池　55～64　丙 晦氣　交友宮　子	武破文天鳳年 曲軍昌貴閣解 平平利平旺得 祿 奏書　　　臨官 指背　45～54　乙 歲建　官祿宮　亥

右弼、祿存，說明長相很好，她要的工資也適中。

2、再看交友宮，太陽陷落、解神，合天府、封誥、蜚廉星，說明難以容忍，不能繼續，解雇她了。

3、**所以判斷：**對新來的幫傭不太滿意，時間長不了就會解雇。

【回饋】：

6月28日，求測者說，新來的幫傭，人長得確實還可以，但是菜做得相當難吃。家裡下午有老人需要休息，但是她做完午飯經常不想走，想在我家坐半天，再做晚飯，非常不方便。鐘點工就是中午做好飯洗完碗，就可以走了，但她經常想做完午飯在我家待到晚上，再做晚飯。這是不合適的。做的菜，簡直難以下嚥，沒一天吃飽飯。愁死人啊！

例題7

【背景】：

求測者說，在公司的三年合約9月中旬要到期了，前幾天從一同事口中聽到不好的消息，說不會與我續約，心裡很亂，部門領導是新上任的，也不好意思去問。在職位上勤勤懇懇了幾年，經常加班，雖說自己業務能力一般，但是也不至於是這個結果吧！真的太殘酷了。合約會續簽嗎？

<table>
<tr>
<td>太右陀天天旬天
陰弼羅馬使空虛
陷平陷平平廟旺
臨官
官府
歲驛 76～85 己
歲破 疾厄宮 巳</td>
<td>貪祿火天恩天龍
狼存星姚光貴德
旺廟廟平廟廟
權
帝旺
博士
息神 86～95 庚
龍德 財帛宮 午</td>
<td>天巨擎鈴天華
同門羊星哭蓋
不不廟利平陷
衰
力士
華蓋 96～105 辛
白虎 子女宮 未</td>
<td>武天天地天天副劫天
曲相鉞劫巫廚截煞德
得廟廟廟　　廟　平
祿
病
青龍
劫煞 106～115 壬
天德 夫妻宮 申</td>
</tr>
<tr>
<td>廉天紅副陰大月
貞府鸞旬煞耗德
利廟廟陷　平
身宮
冠帶
伏兵
攀鞍 66～75 戊
小耗 遷移宮 辰</td>
<td colspan="2" rowspan="2">坤造 己 辛 己 癸 (日空子、丑)
亥 未 未 酉

1命宮； 2兄弟； 3夫妻； 4子女； 5財帛； 6疾厄
7遷移； 8交友； 9官祿； 10田宅； 11福德； 12父母

甲干 廉貞-太陽 乙干 天機-太陰 丙干 天同-廉貞 丁干 太陰-巨門
戊干 貪狼-天機 己干 武曲-文曲
庚干 太陽-天同 辛干 巨門-文昌 壬干 天梁-武曲 癸干 破軍-貪狼</td>
<td>太天左天天截破
陽梁輔才官空碎
平得陷旺平廟平
科
死
小耗
災煞 116～125 癸
弔客 兄弟宮 酉</td>
</tr>
<tr>
<td>三龍天天臺天
臺池壽傷輔月
陷廟陷陷
沐浴
大耗
將星 56～65 丁
官符 交友宮 卯</td>
<td>七天寡
殺喜宿
廟陷陷
墓
將軍
天煞 6～15 甲
病符 命宮 戌</td>
</tr>
<tr>
<td>破地天天孤
軍空刑福辰
得陷廟旺平
長生
病符
亡神 46～55 丙
貫索 官祿宮 寅</td>
<td>文文蜚
昌曲廉
廟廟
忌
養
喜神
月煞 36～45 丁
喪門 田宅宮 丑</td>
<td>紫天解天咸
微魁神空池
平旺廟陷陷
胎
飛廉
咸池 26～35 丙
晦氣 福德宮 子</td>
<td>天八鳳封年
機座閣誥解
平廟旺　得
8月份
絕
奏書
指背 16～25 乙
歲建 父母宮 亥</td>
</tr>
</table>

【預測】：

1、先說吉凶，看看能否。

先看命宮，七殺星，說明很緊張，心理上感到壓力很大。照天府星，說明在公司還是規規矩矩的，對公司有依賴。

2、再看官祿宮破軍、天刑星，說明領導確實有解聘之意。照武曲化祿、天相、地劫、劫煞、天鉞星，說明會有破費，但是能積極續約。

3、再看流月8月在亥位，其官祿宮在卯位，龍池星，照天梁化科，說明續約了。

所以判斷：能續約，可以適當做些人事活動。

【回饋】：

8月27日，求測者說，原職位合約已續簽，謝謝。

第九節 問考試、招聘、面試

例題1

【背景】：

求測者說，我的文憑實在沒甚麼優勢，能力還是可以的。求問面試結果，這個職位競爭很激烈，沒有朋友幫，純粹是獵人頭推薦的。

【預測】：

1、先說吉凶，看看能否面試通過。

<table>
<tr>
<td>巨火天天旬
門星馬貴空
旺得平平廟
12月23日 長生
青龍 14～23 辛
歲驛
弔客 父母宮 巳</td>
<td>廉天鈴八解天副陰
貞相星座神廚截煞
平廟廟旺廟 廟
沐浴
小耗 24～33 壬
息神
病符 福德宮 午</td>
<td>天地天恩截華
梁劫刑光空蓋
旺平陷旺廟陷
權
冠帶
將軍 34～43 癸
華蓋
歲建 田宅宮 未</td>
<td>七天紅三天天孤劫
殺鉞鸞臺福空辰煞
廟廟廟旺廟旺平
身宮
臨官
奏書 44～53 甲
劫煞
晦氣 官祿宮 申</td>
</tr>
<tr>
<td>貪擎天副寡天
狼羊官旬宿德
廟廟旺陷陷廟
養
力士 4～13 庚
攀鞍
天德 命宮 辰</td>
<td colspan="2" rowspan="2">坤造 乙 戊 丁 戊 (日空戌、亥)
未 子 卯 申

1命宮； 2兄弟； 3夫妻； 4子女； 5財帛； 6疾厄
7遷移； 8交友； 9官祿； 10田宅； 11福德； 12父母

甲干 廉貞-太陽 乙干 天機-太陰 丙干 天同-廉貞 丁干 太陰-巨門
戊干 貪狼-天機 己干 武曲-文曲
庚干 太陽-天同 辛干 巨門-文昌 壬干 天梁-武曲 癸干 破軍-貪狼</td>
<td>天天
同傷
平平
帝旺
飛廉 54～63 乙
災煞
喪門 交友宮 酉</td>
</tr>
<tr>
<td>太祿地鳳天蜚年
陰存空閣壽廉解
陷廟平旺陷 廟
忌
胎
博士 114～123 己
將星
白虎 兄弟宮 卯</td>
<td>武封天
曲誥月
廟
衰
喜神 64～73 丙
天煞
貫索 遷移宮 戌</td>
</tr>
<tr>
<td>紫天左文陀天臺天龍
微府輔昌羅喜輔巫德
旺廟廟陷陷廟
科
絕
官府 104～113 戊
亡神
龍德 夫妻宮 寅</td>
<td>天天破
機虛碎
陷廟陷
祿
墓
伏兵 94～103 己
月煞
歲破 子女宮 丑</td>
<td>破右文天咸大月
軍弼曲魁池耗德
廟廟得旺陷旺
死
大耗 84～93 戊
咸池
小耗 財帛宮 子</td>
<td>太天龍天天天
陽姚池才使哭
陷陷旺廟旺平
病
病符 74～83 丁
指背
官符 疾厄宮 亥</td>
</tr>
</table>

先看命宮，命宮是事情的主體。

命宮貪狼、擎羊、天官、天德星，照武曲星，加會破軍、右弼、文曲、天魁星，說明極度緊張、害怕不能通過，文憑不高，有貴人相助，「草根」逆襲，能實現願望。

2、再看官祿宮七殺、天鉞、三台、天福星，合巨門星，照紫微、天府、左輔星，說明被主管欣賞，能獲得職位。

3、再看流日23日（癸酉）在巳位，巨門星化權；其官祿宮，天同星，勉強通過。

所以判斷：此次面試能僥倖通過，12月23日有好消息。

【回饋】：

12月23日，求測者說，今天接到Offer，面試通過。這個機會總體不錯，上市公司知名度高、給我個人的發揮空間也很大、薪資待遇比BAT同級別略高。對我來說唯一的缺點就是公司較遠，搭車單程要一百元，其他都很滿意。

例題2

【背景】：求測者說，明天的面試能通過嗎？

【預測】：

1、先說吉凶，看看面試能否被通過。

先看命宮，命宮是事情的主體。命宮天同、地空、旬空、天虛星，說明沒有被同意。

2、再看官祿宮天機、巨門、八座、

<table>
<tr>
<td>天陀地地天三旬天
同羅劫空馬臺空虛
廟陷不廟平平廟旺
身宮
官府　3～12　病
歲驛　己
歲破　命宮　巳</td>
<td>武天祿天天龍
曲府存刑月德
旺旺廟平
祿
博士　死
息神　13～22　庚
龍德　父母宮　午</td>
<td>太太擎恩天華
陽陰羊光哭蓋
得不廟旺平陷
力士　墓
華蓋　23～32　辛
白虎　福德宮　未</td>
<td>貪天封天天副陰劫天
狼鉞誥巫廚截煞煞德
平廟　廟　平
權
青龍　絕
劫煞　33～42　壬
天德　田宅宮　申</td>
</tr>
<tr>
<td>破文鈴紅天天解副大月
軍昌星鸞才壽神旬耗德
旺得陷廟陷廟廟陷平
伏兵　衰
攀鞍　113～122　戊
小耗　兄弟宮　辰</td>
<td colspan="2" rowspan="2">坤造　己　乙　丙　甲(日空戌、亥)
　　　亥　亥　寅　午

1命宮；2兄弟；3夫妻；4子女；5財帛；6疾厄
7遷移；8交友；9官祿；10田宅；11福德；12父母

甲干 廉貞-太陽　乙干 天機-太陰　丙干 天同-廉貞　丁干 太陰-巨門
戊干 貪狼-天機　己干 武曲-文曲
庚干 太陽-天同　辛干 巨門-文昌　壬干 天梁-武曲　癸干 破軍-貪狼</td>
<td>天巨八天截破
機門座官空碎
旺廟廟平廟平
小耗　胎
災煞　43～52　癸
弔客　官祿宮　酉</td>
</tr>
<tr>
<td>火龍
星池
利廟
大耗　帝旺
將星　103～112　丁
官符　夫妻宮　卯</td>
<td>紫天文天天天寡
微相曲喜姚傷宿
得得陷陷廟平陷
忌
將軍　養
天煞　53～62　甲
病符　交友宮　戌</td>
</tr>
<tr>
<td>廉天孤
貞福辰
廟旺平
病符　臨官
亡神　93～102　丙
貫索　子女宮　寅</td>
<td>左右天蜚
輔弼貴廉
廟廟旺
喜神　冠帶
月煞　83～92　丁
喪門　財帛宮　丑</td>
<td>七天天臺天咸
殺魁使輔空池
旺旺陷　陷陷
飛廉　沐浴
咸池　73～82　丙
晦氣　疾厄宮　子</td>
<td>天鳳年
梁閣解
陷旺得
科
奏書　長生
指背　63～72　乙
歲建　遷移宮　亥</td>
</tr>
</table>

截空星，說明失去機會了，機會走掉了。

3、所以判斷：這次應聘沒有成功，沒有通過的應期。

【回饋】：

事後，求測者說，當時面試說一週內給答覆，結果沒有音訊了。

例題3

【背景】：

求測者說，昨天參加了面試，現在還沒通知結果，想問問能否成功。

【預測】：

1、先說吉凶，看看能否成功。

先看命宮，命宮是事情的主體。命宮天機利勢、天梁、恩光、龍池星，說明能通過，但是會對這次機會不滿足。

2、再看官祿宮，祿存、天巫、蜚

<table>
<tr>
<td>紫七左臺天副破劫月
微殺輔輔月旬碎煞德
旺平平　　廟陷
長生
大耗
劫煞　14～23　辛
小耗　父母宮　巳</td>
<td>天截天天
福空哭虛
平廟陷平
沐浴
伏兵
災煞　24～33　壬
歲破　福德宮　午</td>
<td>天陀副大龍
鉞羅截耗德
旺廟廟平
冠帶
官府
天煞　34～43　癸
龍德　田宅宮　未</td>
<td>祿天解天蜚
存貴神巫廉
廟陷不
臨官
博士
指背　44～53　甲
白虎　官祿宮　申</td>
</tr>
<tr>
<td>天天恩龍天旬華
機梁光池才空蓋
利廟廟廟陷陷廟
養
病符
華蓋　4～13　庚
官符　命 宮　辰</td>
<td colspan="2" rowspan="2">乾造 庚　己　甲　乙 (日空子、丑)
　　 子　卯　寅　亥

1命宮； 2兄弟； 3夫妻； 4子女； 5財帛； 6疾厄
7遷移； 8交友； 9官祿； 10田宅； 11福德； 12父母

甲干 廉貞-太陽　乙干 天機-太陰　丙干 天同-廉貞　丁干 太陰-巨門
戊干 貪狼-天機　己干 武曲-文曲
庚干 太陽-天同　辛干 巨門-文昌　壬干 天梁-武曲　癸干 破軍-貪狼</td>
<td>廉破右擎鈴天天咸天
貞軍弼羊星喜傷池德
平陷陷陷得廟平平不
帝旺
力士
咸池　54～63　乙
天德　交友宮　酉</td>
</tr>
<tr>
<td>天文紅八
相曲鸞座
陷旺廟平
胎
喜神
息神　114～123　己
貫索　兄弟宮　卯</td>
<td>地天鳳寡年
劫刑閣宿解
平廟廟陷廟
衰
青龍
月煞　64～73　丙
弔客　遷移宮　戌</td>
</tr>
<tr>
<td>太巨天天天天孤
陽門馬姚壽廚辰
旺廟旺旺旺　平
祿
身宮
絕
飛廉　3月13日
歲驛　104～113　戊
喪門　夫妻宮　寅</td>
<td>武貪天火封天
曲狼魁星誥空
廟廟旺得　平
權
墓
奏書
攀鞍　94～103　己
晦氣　子女宮　丑</td>
<td>天太地陰
同陰空煞
旺廟平
忌 科
死
將軍
將星　84～93　戊
歲建　財帛宮　子</td>
<td>天文三天天
府昌臺官使
得利平旺旺
病
小耗
亡神　74～83　丁
病符　疾厄宮　亥</td>
</tr>
</table>

廉，照太陽化祿、巨門、天馬星。說明受到主管欣賞，通過了。

3、再看流日3月13日（乙卯）在寅位，太陽化祿、巨門、天馬星，說明在這一天通過了，其官祿宮在午位，截空、天哭、天福星，照天同化忌、太陰化科化忌，說明用人單位給的職務或者職位讓你有點不滿意。

所以判斷：能順利通過，只是在職位上不太滿足。3月13日有好消息。

【回饋】：

3月13日，求測者說，我剛剛接到電話通知了，有後續安排，繼續HR面試。3月18日，求測者說，面試通過了，但我對職位有點不滿意。

例題4

【背景】：

求測者說，剛經歷過這家大型國企的兩輪面試和筆試，本週內若錄用，則會電話通知，週幾可收到電話？我給對方的印象不錯，而我的發揮也較好。主要是此國企支持讀博並全包學費。所以超希望能成功。

【預測】：

1、先說吉凶，看看能否順利成功。

先看命宮，命宮是事情的主體。

<table>
<tr>
<td>武破左陀地地天天旬破
曲軍輔羅劫空廚月空碎
平平平陷不廟　　廟陷
官府　　　　　　絕
指背　85～94　乙
白虎　財帛宮　巳</td>
<td>太祿紅八恩天天咸天
陽存鸞座光才壽池德
旺廟旺旺廟旺平陷旺
博士　　　　　　胎
咸池　95～104　丙
天德　子女宮　午</td>
<td>天擎寡
府羊宿
廟廟不
3月17日　養
力士
月煞　105～114　丁
弔客　夫妻宮　未</td>
<td>天太三封解天
機陰臺誥神巫
得利旺　不
科 祿
青龍　　　　長生
亡神　115～124　戊
病符　兄弟宮　申</td>
</tr>
<tr>
<td>天文鈴天副龍
同昌星使旬德
平得陷陷陷
權
伏兵　　　　　　墓
天煞　75～84　甲
龍德　疾厄宮　辰</td>
<td colspan="2" rowspan="2">坤造 丁 癸 己 庚 (日空辰、巳)
　　 酉 卯 亥 午

1命宮； 2兄弟； 3夫妻； 4子女； 5財帛； 6疾厄
7遷移； 8交友； 9官祿； 10田宅； 11福德； 12父母

甲干 廉貞-太陽　乙干 天機-太陰　丙干 天同-廉貞　丁干 太陰-巨門
戊干 貪狼-天機　己干 武曲-文曲
庚干 太陽-天同　辛干 巨門-文昌　壬干 天梁-武曲　癸干 破軍-貪狼</td>
<td>紫貪右天火天
微狼弼鉞星哭
旺利陷廟得不
身宮
小耗　　　　沐浴
將星　5～14　己
歲建　命宮　酉</td>
</tr>
<tr>
<td>截天
空虛
平廟
大耗　　　　　　死
災煞　65～74　癸
歲破　遷移宮　卯</td>
<td>巨文天天
門曲刑空
陷陷廟陷
忌
將軍　　　　冠帶
攀鞍　15～24　庚
晦氣　父母宮　戌</td>
</tr>
<tr>
<td>天天天副大劫月
姚官傷截耗煞德
旺平平陷陷
病符　　　　　　病
劫煞　55～64　壬
小耗　交友宮　寅</td>
<td>廉七龍鳳年華
貞殺池閣解蓋
利廟平平得陷
喜神　　　　　衰
華蓋　45～54　癸
官符　官祿宮　丑</td>
<td>天天天臺陰
梁喜貴輔煞
廟旺廟
飛廉　　　　帝旺
息神　35～44　壬
貫索　田宅宮　子</td>
<td>天天天天孤蜚
相魁馬福辰廉
得旺平廟陷
奏書　　　　臨官
歲驛　25～34　辛
喪門　福德宮　亥</td>
</tr>
</table>

命宮紫微天鉞星，說明被錄用了，同度的貪狼利勢、天哭、火星，說明很不樂意。

2、再看官祿宮，七殺星，照天府、擎羊星，說明用人單位很霸道、沒有商量餘地，讓你無法忍受。

3、再看流日3月17日（癸卯），在未位，天府、擎羊星，照七殺星，說明無法忍受。**所以判斷**：能通過面試，但是具體職位或者上班地點無法接受。3月17日會給你消息。

【回饋】：

3月17日，求測者說，今天下午來電話，由於分配的地點不是我想去的，我拒絕了！這次面試算是失敗了吧！

例題5

【背景】：

求測者說，我現在收到的是二線學校的通知書，在等一線學校的通知書。大部分通知書都會在6月之前發完。我還會收到一線大學的錄取通知書嗎？

【預測】：

1、先說吉凶，看看能否被一線大學錄取。

先看命宮，命宮是事情的主體。

武破左祿紅天天副大龍 曲軍輔存鸞才月旬耗德 平平平廟旺廟　廟陷 臨官 博士 亡神　106～115　丁 龍德　夫妻宮　巳	太擎天天 陽羊貴廚 旺陷廟 帝旺 力士 將星　116～125　戊 白虎　兄弟宮　午	天天地寡天 府鉞劫宿德 廟旺平不廟 衰 青龍 攀鞍　6～15　己 天德　命宮　未	天太天恩解天天 機陰馬光神巫哭 得利旺平不　廟 忌 權 病 小耗 歲驛　16～25　庚 弔客　父母宮　申
天陀旬天 同羅空虛 平廟陷陷 冠帶 官府 月煞　96～105　丙 歲破　子女宮　辰	乾造 戊 丙 丁 戊(日空戌、亥) 戌 辰 卯 申 1命宮；2兄弟；3夫妻；4子女；5財帛；6疾厄 7遷移；8交友；9官祿；10田宅；11福德；12父母 甲干 廉貞-太陽　乙干 天機-太陰　丙干 天同-廉貞　丁干 太陰-巨門 戊干 貪狼-天機　己干 武曲-文曲 庚干 太陽-天同　辛干 巨門-文昌　壬干 天梁-武曲　癸干 破軍-貪狼		紫貪右火天 微狼弼星壽 旺利陷得平 祿 科 6月份 死 將軍 息神　26～35　辛 病符　福德宮　酉
地天天咸月 空官福池德 平旺平平 沐浴 伏兵 咸池　86～95　乙 小耗　財帛宮　卯			巨天封華 門刑誥蓋 陷廟　平 墓 奏書 華蓋　36～45　壬 歲建　田宅宮　戌
文天八龍天臺 昌姚座池使輔 陷旺廟平平 長生 大耗 指背　76～85　甲 官符　疾厄宮　寅	廉七天副破 貞殺魁截碎 利廟旺不陷 養 病符 天煞　66～75　乙 貫索　遷移宮　丑	天文三鳳天截蜚陰年 梁曲臺閣傷空廉煞解 廟得平廟陷陷　　廟 胎 喜神 災煞　56～65　甲 喪門　交友宮　子	天鈴天天孤劫 相星喜空辰煞 得利旺平陷 身宮 絕 飛廉 劫煞　46～55　癸 晦氣　官祿宮　亥

命宮天府、天鉞、地劫、天德星，照七殺星、天魁星，說明能得到多個二線的大學錄取。但是一線大學壓力較大。

2、再看官祿宮，天相、鈴星利勢、劫煞星，說明你希望的一線大學被搶光了，也就是難以收到一線大學的通知書。

3、再看父母宮，天機化忌、恩光平勢、天哭星，說明沒有收到一線大學的通知書。

4、再看流月6月份在酉位，其官祿宮在丑位，七殺、天魁星，照天府、天鉞星，二線的大學通知書能收到多個。到這個月份還是沒有收到一線大學的通知書。

所以判斷：能收到不只一個二線大學的通知書。一線大學難度大。

【回饋】：

事後，求測者說，最後只是收到好幾個二線大學的通知書，但是我不想讀了，打算出來創事業。

例題6

【背景】：

求測者說，這次考試能考過嗎？6月出成績單。

【預測】：

1、先說吉凶，看看能否考試通過。先看命宮，命宮是事情的主體。命宮天機化忌、封誥、巨門星，說明成績不行，沒有通過。

2、再看官祿宮，天魁星，合七殺、鳳閣星，說明被官方劃掉了。

天祿紅副大龍 同存鸞旬耗德 廟廟旺廟陷 病 博士 亡神 83～92 丁 龍德 財帛宮 巳	武天左擎地恩天 曲府輔羊劫光廚 旺旺旺陷廟廟 死 力士 將星 93～102 戊 白虎 子女宮 午	太太天天寡天 陽陰鉞才宿德 得不旺平不廟 權 墓 青龍 攀鞍 103～112 己 天德 夫妻宮 未	貪右火天天 狼弼星馬哭 平不陷旺廟 祿科 絕 小耗 歲驛 113～122 庚 弔客 兄弟宮 申
破陀地八天天旬天 軍羅空座使月空虛 旺廟陷旺陷 陷陷 衰 官府 月煞 73～82 丙 歲破 疾厄宮 辰	乾造 戊 丁 丙 乙(日空寅、卯) 戌 巳 午 未 1命宮； 2兄弟； 3夫妻； 4子女； 5財帛； 6疾厄 7遷移； 8交友； 9官祿； 10田宅； 11福德； 12父母 甲干 廉貞-太陽 乙干 天機-太陰 丙干 天同-廉貞 丁干 太陰-巨門 戊干 貪狼-天機 己干 武曲-文曲 庚干 太陽-天同 辛干 巨門-文昌 壬干 天梁-武曲 癸干 破軍-貪狼		天巨天封 機門壽誥 旺廟平 忌 胎 將軍 息神 3～12 辛 病符 命宮 酉
文天天天咸月 昌姚官福池德 利廟旺平平 帝旺 伏兵 咸池 63～72 乙 小耗 遷移宮 卯			紫天鈴三解陰華 微相星臺神煞蓋 得得廟旺廟 平 養 奏書 華蓋 13～22 壬 歲建 父母宮 戌
廉天龍天天 貞貴池傷巫 廟平平平 臨官 大耗 指背 53～62 甲 官符 交友宮 寅	天臺副破 魁輔截碎 旺 不陷 冠帶 病符 天煞 43～52 乙 貫索 官祿宮 丑	七鳳截蜚年 殺閣空廉解 旺廟陷 廟 沐浴 喜神 災煞 33～42 甲 喪門 田宅宮 子	天文天天天孤劫 梁曲喜刑空辰煞 陷旺旺陷平陷 身宮 長生 飛廉 劫煞 23～32 癸 晦氣 福德宮 亥

3、再看流月6月在戌位，紫微、天相、鈴星、解神星，說明官方成績單顯示很差。

所以判斷：沒有通過考試。

【回饋】：

6月8日，求測者說，沒過。

例題7

【背景】：

求測者說，我孩子2000年生，參加本省一所高校的複試，有兩個環節，6月14日筆試，通過後才能參加面試，都通過後才算入圍。能否入圍？

【預測】：

1、先說吉凶，看看能否入圍。

先看子女宮的官祿宮，在子位，太陽陷落、天刑、鳳閣、台輔

<table>
<tr>
<td>天祿地地紅副大龍
相存劫空鸞旬耗德
得廟不廟旺廟陷
博士 絕
亡神 62～71 丁
龍德 遷移宮 巳</td>
<td>天擎天天
梁羊使廚
廟陷平
力士 胎
將星 72～81 戊
白虎 疾厄宮 午</td>
<td>廉七左右天火恩寡天
貞殺輔弼鉞星光宿德
利廟廟廟旺利旺不廟
[illegible]
青龍 養
攀鞍 82～91 己
天德 財帛宮 未</td>
<td>天封天陰
馬誥哭煞
旺 廟
小耗 長生
歲驛 92～101 庚
弔客 子女宮 申</td>
</tr>
<tr>
<td>巨文陀天天旬天
門昌羅姚傷空虛
陷得廟陷平陷陷
官府 墓
月煞 52～61 丙
歲破 交友宮 辰</td>
<td colspan="2" rowspan="2">乾造 戊 戊 乙 壬(日空申、酉)
戌 午 亥 午

1命宮； 2兄弟； 3夫妻； 4子女； 5財帛； 6疾厄
7遷移； 8交友； 9官祿； 10田宅； 11福德； 12父母

甲干 廉貞-太陽 乙干 天機-太陰 丙干 天同-廉貞 丁干 太陰-巨門
戊干 貪狼-天機 己干 武曲-文曲
庚干 太陽-天同 辛干 巨門-文昌 壬干 天梁-武曲 癸干 破軍-貪狼</td>
<td>鈴天天
星才壽
得旺平
將軍 沐浴
息神 102～111 辛
病符 夫妻宮 酉</td>
</tr>
<tr>
<td>紫貪八天天咸月
微狼座官福池德
旺利平旺平平
祿
伏兵 死
咸池 42～51 乙
小耗 官祿宮 卯</td>
<td>天文解華
同曲神蓋
平陷廟平
6月14日
奏書 冠帶
華蓋 112～121 壬
歲建 兄弟宮 戌</td>
</tr>
<tr>
<td>天太龍天
機陰池月
得旺平
忌 權
大耗 病
指背 32～41 甲
官符 田宅宮 寅</td>
<td>天天天副破
府魁貴截碎
廟旺旺不陷
病符 衰
天煞 22～31 乙
貫索 福德宮 丑</td>
<td>太天鳳臺截蜚年
陽刑閣輔空廉解
陷平廟 陷 廟
喜神 帝旺
災煞 12～21 甲
喪門 父母宮 子</td>
<td>武破天三天天孤劫
曲軍喜臺巫空辰煞
平平旺平 平陷
身宮
飛廉 臨官
劫煞 2～11 癸
晦氣 命宮 亥</td>
</tr>
</table>

星，說明沒有上檯面，沒有通過。

2、再看子女宮的父母宮，在酉位，天才、鈴星，說明才華不出眾。

3、再看流日6月14日（丁丑）在戌位，其父母宮在亥位，武曲、破軍、三台、天空、劫煞星，說明沒有很好的筆試成績。

所以判斷：這次考試沒有入圍，沒有成功的應期。

【回饋】：

6月17日，求測者說，沒有入圍，筆試就沒過。

例題8

【背景】：

求測者說，能否去今天面試的房地產公司上班？

【預測】：

1、先說吉凶，看看能否去該公司上班。

先看官祿宮，破軍、天喜陷落、天刑星，說明不樂觀，沒有成功。

2、**所以判斷：**無法去該公司上班，

<table>
<tr>
<td>天左陀天天天旬天
梁輔羅馬才月空虛
得平陷平廟　廟旺
【科】
絕
官府
歲驛　115～124　己
歲破　兄弟宮　巳</td>
<td>七祿火龍
殺存星德
旺廟廟
胎
博士
息神　[5～14]　庚
龍德　命宮　午</td>
<td>擎鈴三八天華
羊星臺座哭蓋
廟利廟平平陷
養
力士
華蓋　15～24　辛
白虎　父母宮　未</td>
<td>廉天地解天天副劫天
貞鉞劫神巫廚截煞德
廟廟廟不　　廟　平
長生
青龍
劫煞　25～34　壬
天德　福德宮　申</td>
</tr>
<tr>
<td>紫天紅副大月
微相鸞旬耗德
得得廟陷平
墓
伏兵
攀鞍　105～114　戊
小耗　夫妻宮　辰</td>
<td colspan="2" rowspan="2">坤造　己　丁　丁　己（日空子、丑）
　　　亥　卯　巳　酉

1命宮；2兄弟；3夫妻；4子女；5財帛；6疾厄
7遷移；8交友；9官祿；10田宅；11福德；12父母

甲干　廉貞-太陽　乙干　天機-太陰　丙干　天同-廉貞　丁干　太陰-巨門
戊干　貪狼-天機　己干　武曲-文曲
庚干　太陽-天同　辛干　巨門-文昌　壬干　天梁-武曲　癸干　破軍-貪狼</td>
<td>右天截破
弼官空碎
陷平廟平
沐浴
小耗
災煞　35～44　癸
弔客　田宅宮　酉</td>
</tr>
<tr>
<td>天巨龍臺
機門池輔
旺廟廟
死
大耗
將星　95～104　丁
官符　子女宮　卯</td>
<td>破天天寡
軍喜刑宿
旺陷廟陷
冠帶
將軍
天煞　45～54　甲
病符　官祿宮　戌</td>
</tr>
<tr>
<td>貪地天恩天天孤
狼空姚光貴福辰
平陷旺平平旺平
【權】
病
病符
亡神　85～94　丙
貫索　財帛宮　寅</td>
<td>太太文文天蜚
陽陰昌曲使廉
不廟廟廟陷
【忌】
衰
喜神
月煞　75～84　丁
喪門　疾厄宮　丑</td>
<td>武天天天咸陰
曲府魁空池煞
旺廟旺陷陷
【祿】
[身宮]
帝旺
飛廉
咸池　65～74　丙
晦氣　遷移宮　子</td>
<td>天鳳天天封年
同閣壽傷誥解
廟旺旺旺　得
臨官
奏書
指背　55～64　乙
歲建　交友宮　亥</td>
</tr>
</table>

此次面試沒有成功的應期。

【回饋】：

4月1日，求測者說，沒成，泡湯了。

例題9

【背景】：

求測者說，一個事業單位考試，這次能考上嗎？收兩個人。這是選拔性考試，進不了面試就等於過不了。前6名才可以進入面試。我已經起早貪黑苦讀5個多月了。每一次落榜都是打擊。5月25日考試。

【預測】：

1、先說吉凶，看看能否考上。

先看命宮，命宮是事情的主體。

<table>
<tr>
<td>廉貪陀天旬天
貞狼羅馬空虛
陷陷陷平廟旺
權
官府　　　　　絕
歲驛　105～114　己
歲破　夫妻宮　巳</td>
<td>巨祿天龍
門存才德
旺廟旺
博士　　　　　胎
息神　115～124　庚
龍德　兄弟宮　午</td>
<td>天左右擎火天華
相輔弼羊星哭蓋
得廟廟廟利平陷
力士　　　　　養
華蓋　5～14　辛
白虎　命宮　未</td>
<td>天天天鈴天副陰劫天
同梁鉞星廚截煞煞德
旺陷廟陷　廟　　平
科
青龍　　　　　長生
劫煞　15～24　壬
天德　父母宮　申</td>
</tr>
<tr>
<td>太紅天八天臺副大月
陰鸞姚座貴輔旬耗德
陷廟陷旺旺　陷平
伏兵　　　　　墓
攀鞍　95～104　戊
小耗　子女宮　辰</td>
<td colspan="2" rowspan="2">坤造　己　己　乙　丙（日空寅、卯）
　　　亥　巳　巳　戌

1命宮；　2兄弟；　3夫妻；　4子女；　5財帛；　6疾厄
7遷移；　8交友；　9官祿；　10田宅；　11福德；　12父母

甲干　廉貞-太陽　乙干　天機-太陰　丙干　天同-廉貞　丁干　太陰-巨門
戊干　貪狼-天機　己干　武曲-文曲
庚干　太陽-天同　辛干　巨門-文昌　壬干　天梁-武曲　癸干　破軍-貪狼</td>
<td>武七地天截破
曲殺劫官空碎
利旺平平廟平
祿
5月25日　沐浴
小耗
災煞　25～34　癸
弔客　福德宮　酉</td>
</tr>
<tr>
<td>天龍
府池
得廟
身宮
大耗　　　　　死
將星　85～94　丁
官符　財帛宮　卯</td>
<td>太天三解寡
陽喜臺神宿
不陷旺廟陷
將軍　　　　　冠帶
天煞　35～44　甲
病符　田宅宮　戌</td>
</tr>
<tr>
<td>文恩天天天天孤
曲光壽福使月辰
平平旺旺平　平
忌
病符　　　　　病
亡神　75～84　丙
貫索　疾厄宮　寅</td>
<td>紫破地蜚
微軍空廉
廟旺陷
喜神　　　　　衰
月煞　65～74　丁
喪門　遷移宮　丑</td>
<td>天文天天天封天咸
機昌魁刑傷誥空池
廟得旺平陷　陷陷
飛廉　　　　　帝旺
咸池　55～64　丙
晦氣　交友宮　子</td>
<td>鳳天年
閣巫解
旺　得
奏書　　　　　臨官
指背　45～54　乙
歲建　官祿宮　亥</td>
</tr>
</table>

命宮天相、左輔、右弼、擎羊、火星，照紫微、破軍星，說明成績一般，官方沒有錄用。

2、再看官祿宮，鳳閣、天巫，年解星，說明空中樓閣，望塵莫及了。

3、再看流日5月25日（壬戌）在酉位，武曲化忌、七殺、地劫、截空星，說明落空無法實現。

所以判斷：沒有考上，沒有成功應期。

【回饋】：

事後，求測者說，沒上。

例題10

【背景】：

求測者說，今天軍隊文職筆試，只有考進前5名才能進入面試，求問能不能通過而進入面試？在網上估了分，並不是很理想，除非發生奇蹟，6月中旬成績能查詢。

【預測】：

1、先說吉凶，看看能否考上而進入面試。

先看父母宮，天機陷落同度擎

太陀天天旬天 陽羅馬才空虛 旺陷平廟廟旺 官府 歲驛　115～124　己 歲破　兄弟宮　絕　巳	破左祿龍 軍輔存德 廟旺廟 博士 息神　5～14　庚 龍德　命宮　胎　午	天擎火天華 機羊星哭蓋 陷廟利平陷 力士 華蓋　15～24　辛 白虎　父母宮　養　未	紫天右天鈴天副劫天 微府弼鉞星廚截煞德 旺得不廟陷　廟　平 6月份 青龍 劫煞　25～34　壬 天德　福德宮　長生　申
武紅三臺天副大月 曲鸞臺輔月旬耗德 廟廟廟　　陷平 祿 伏兵 攀鞍　105～114　戊 小耗　夫妻宮　墓　辰	坤造　己　戊　甲　甲（日空辰、巳） 　　　亥　辰　午　戌 1命宮；2兄弟；3夫妻；4子女；5財帛；6疾厄 7遷移；8交友；9官祿；10田宅；11福德；12父母 甲干　廉貞-太陽　乙干　天機-太陰　丙干　天同-廉貞　丁干　太陰-巨門 戊干　貪狼-天機　己干　武曲-文曲 庚干　太陽-天同　辛干　巨門-文昌　壬干　天梁-武曲　癸干　破軍-貪狼		太地恩天截破 陰劫光官空碎 旺平陷平廟平 小耗 災煞　35～44　癸 弔客　田宅宮　沐浴　酉
天天龍 同姚池 平廟廟 大耗 將星　95～104　丁 官符　子女宮　死　卯			貪天八解寡陰 狼喜座神宿煞 廟陷平廟陷 權 將軍 天煞　45～54　甲 病符　官祿宮　冠帶　戌
七文天天孤 殺曲福巫辰 廟平旺　平 忌 身宮 病符 亡神　85～94　丙 貫索　財帛宮　病　寅	天地天天蜚 梁空壽使廉 旺陷廟陷 科 喜神 月煞　75～84　丁 喪門　疾厄宮　衰　丑	廉天文天封天咸 貞相昌魁誥空池 平廟得旺　陷陷 飛廉 咸池　65～74　丙 晦氣　遷移宮　帝旺　子	巨天天鳳天年 門刑貴閣傷解 旺陷平旺旺得 奏書 指背　55～64　乙 歲建　交友宮　臨官　亥

羊、火星，說明成績很差。

2、再看6月在申宮，其官祿宮在子宮，文昌、天相星，照破軍，說明官方認為成績不理想。

3、**所以判斷：**這次考試無法通過。6月應期內的結果不好。

【回饋】：

6月18日，求測者說，沒上，謝謝。

例題11

【背景】：

求測者說，高考考完了，志願也報了，從孩子所在學校前5年錄取排名來看能錄取，但是考試發揮失常，所喜歡的哈工大是國家重點院校，就擔心今年競爭人多，紮堆報出意外。

【預測】：

1、先說吉凶，看看能否被哈工大錄取。

先看命宮，命宮是事情的主體。

天陀鈴天天天旬天 相羅星馬姚巫空虛 得陷得平平 廟旺 官府 臨官 歲驛 66～75 己 歲破 遷移宮 巳	天右祿地天陰龍 梁弼存劫使煞德 廟旺廟廟平 科 博士 帝旺 息神 76～85 庚 龍德 疾厄宮 午	廉七擎三八天天華 貞殺羊臺座月哭蓋 利廟廟廟平 平陷 力士 衰 華蓋 86～95 辛 白虎 財帛宮 未	左天天副劫天 輔鉞廚截煞德 平廟 廟 平 青龍 病 劫煞 96～105 壬 天德 子女宮 申
巨火地紅天副大月 門星空鸞傷旬耗德 陷陷陷廟平陷平 伏兵 冠帶 攀鞍 56～65 戊 小耗 交友宮 辰	坤造 己 庚 壬 丁(日空申、酉) 亥 午 午 未 1命宮； 2兄弟； 3夫妻； 4子女； 5財帛； 6疾厄 7遷移； 8交友； 9官祿； 10田宅； 11福德； 12父母 甲干 廉貞-太陽 乙干 天機-太陰 丙干 天同-廉貞 丁干 太陰-巨門 戊干 貪狼-天機 己干 武曲-文曲 庚干 太陽-天同 辛干 巨門-文昌 壬干 天梁-武曲 癸干 破軍-貪狼		天天封截破 貴官誥空碎 廟平 廟平 小耗 死 災煞 106～115 癸 弔客 夫妻宮 酉
紫貪文龍 微狼昌池 旺利利廟 權 大耗 沐浴 將星 46～55 丁 官符 官祿宮 卯			天天天寡 同喜才宿 平陷陷陷 將軍 墓 天煞 116～125 甲 病符 兄弟宮 戌
天太天孤 機陰福辰 得旺旺平 病符 長生 亡神 36～45 丙 貫索 田宅宮 寅	天天恩臺蜚 府刑光輔廉 廟陷廟 身宮 喜神 養 月煞 26～35 丁 喪門 福德宮 丑	太天天解天咸 陽魁壽神空池 陷旺平廟陷陷 飛廉 胎 咸池 16～25 丙 晦氣 父母宮 子	武破文鳳年 曲軍曲閣解 平平旺旺得 祿 忌 奏書 絕 指背 6～15 乙 歲建 命宮 亥

命宮武曲平勢化祿、破軍、文曲化忌、鳳閣星，說明考試分數不是很高，有破有成，或者說實現降低的目標。

2、再看子女的官祿宮，在子位，太陽陷落、天魁、解神星，合天府、恩光、台輔星，說明一般的大學能成。

3、**所以判斷：**孩子考試的分數不是很高，但是能走一般大學，哈工大有點難度了。沒有考上重點大學的應期。

【回饋】：

7月21日，求測者說，沒被「哈工大」錄取。7月24日，求測者說，今天被「東北師範大學會計專業」錄取了。

例題12

【背景】：

求測者說，我家小朋友能被幼稚園錄取嗎？有機會嗎？

【預測】：

1、先說吉凶，看看孩子能否被錄取。

先看子女宮，天同、天梁化科、天鉞星，說明有人幫助，能同意。

2、再看流月7月在子位，其子女宮

<table>
<tr>
<td>廉貪陀鈴天天天旬天
貞狼羅星馬姚巫空虛
陷陷陷得平平　廟旺
權

臨官
官府
歲驛　66～75　己
歲破　遷移宮　巳</td>
<td>巨右祿地天陰龍
門弼存劫使煞德
旺旺廟廟平

帝旺
博士
息神　76～85　庚
龍德　疾厄宮　午</td>
<td>天擎天天華
相羊月哭蓋
得廟　平陷

衰
力士
華蓋　86～95　辛
白虎　財帛宮　未</td>
<td>天天左天天副劫天
同梁輔鉞廚截煞德
旺陷平廟　廟　平
科

病
青龍
劫煞　96～105　壬
天德　子女宮　申</td>
</tr>
<tr>
<td>太火地紅八恩天副大月
陰星空鸞座光傷旬耗德
陷陷陷廟旺廟平陷平

冠帶
伏兵
攀鞍　56～65　戊
小耗　交友宮　辰</td>
<td colspan="2" rowspan="2">坤造　己　庚　乙　癸(日空午、未)
　　　亥　午　酉　未

1命宮；2兄弟；3夫妻；4子女；5財帛；6疾厄
7遷移；8交友；9官祿；10田宅；11福德；12父母

甲干　廉貞-太陽　乙干　天機-太陰　丙干　天同-廉貞　丁干　太陰-巨門
戊干　貪狼-天機　己干　武曲-文曲
庚干　太陽-天同　辛干　巨門-文昌　壬干　天梁-武曲　癸干　破軍-貪狼</td>
<td>武七天封截破
曲殺官誥空碎
利旺平　廟平
祿

死
小耗
災煞　106～115　癸
弔客　夫妻宮　酉</td>
</tr>
<tr>
<td>天文龍
府昌池
得利廟

沐浴
大耗
將星　46～55　丁
官符　官祿宮　卯</td>
<td>太天三天寡
陽喜臺才宿
不陷旺陷陷

墓
將軍
天煞　116～125　甲
病符　兄弟宮　戌</td>
</tr>
<tr>
<td>天孤
福辰
旺平

長生
病符
亡神　36～45　丙
貫索　田宅宮　寅</td>
<td>紫破天臺蜚
微軍刑輔廉
廟旺陷
身宮
養
喜神
月煞　26～35　丁
喪門　福德宮　丑</td>
<td>天天天天解天咸
機魁貴壽神空池
廟旺廟平廟陷陷

7月份　胎
飛廉
咸池　16～25　丙
晦氣　父母宮　子</td>
<td>文鳳年
曲閣解
旺旺得
忌

絕
奏書
指背　6～15　乙
歲建　命宮　亥</td>
</tr>
</table>

在酉位，而子女宮的官祿宮在丑位，紫微、破軍、台輔星，合天機、天魁、天貴星，說明學校領導破格錄取，有機會獲得別人的幫助。

3、**所以判斷：**孩子能被錄取，7月份可成。

【回饋】：

事後，求測者說，錄取了！補錄進去了，期間是很焦慮的。

例題13

【背景】：

求測者說，報名已經結束了，歷盡周折，七歲女孩，最終能進這所私立學校嗎？昨天找人了，不知道能進不能進呢？

【預測】：

1、先說吉凶，看看孩子能進入這個私立學校嗎？

先看子女宮，天鉞、劫煞星，照巨門、太陽星，說明能進這個學

<table>
<tr>
<td>紫七陀鈴天天天旬天
微殺羅星馬姚巫空虛
旺平陷得平平　廟旺

官府　臨官
歲驛　66～75　己
歲破　遷移宮　巳</td>
<td>右祿地天陰龍
弼存劫使煞德
旺廟廟平

博士　帝旺
息神　76～85　庚
龍德　疾厄宮　午</td>
<td>擎三八天天華
羊臺座月哭蓋
廟廟平　平陷

力士　衰
華蓋　86～95　辛
白虎　財帛宮　未</td>
<td>左天天副劫天
輔鉞廚截煞德
平廟　廟　平

青龍　病
劫煞　96～105　壬
天德　子女宮　申</td>
</tr>
<tr>
<td>天天火地紅天副大月
機梁星空鸞傷旬耗德
利廟陷陷廟平陷平
科

伏兵　冠帶
攀鞍　56～65　戊
小耗　交友宮　辰</td>
<td colspan="2" rowspan="2">坤造　己　庚　甲　辛 (日空辰、巳)
　　　亥　午　午　未

1命宮； 2兄弟； 3夫妻； 4子女； 5財帛； 6疾厄
7遷移； 8交友； 9官祿； 10田宅； 11福德； 12父母

甲干 廉貞-太陽　乙干 天機-太陰　丙干 天同-廉貞　丁干 太陰-巨門
戊干 貪狼-天機　己干 武曲-文曲
庚干 太陽-天同　辛干 巨門-文昌　壬干 天梁-武曲　癸干 破軍-貪狼</td>
<td>廉破天天封截破
貞軍貴官誥空碎
平陷廟平　廟平

小耗　死
災煞　106～115　癸
弔客　夫妻宮　酉</td>
</tr>
<tr>
<td>天文龍
相昌池
陷利廟

大耗　沐浴
將星　46～55　丁
官符　官祿宮　卯</td>
<td>天天寡
喜才宿
陷陷陷

將軍　墓
天煞　116～125　甲
病符　兄弟宮　戌</td>
</tr>
<tr>
<td>太巨天孤
陽門福辰
旺廟旺平

病符　長生
亡神　36～45　丙
貫索　田宅宮　寅</td>
<td>武貪天恩臺蜚
曲狼刑光輔廉
廟廟陷廟
祿 權

身宮
喜神　養
月煞　26～35　丁
喪門　福德宮　丑</td>
<td>天太天天解天咸
同陰魁壽神空池
旺廟旺平廟陷陷

7月份
飛廉　胎
咸池　16～25　丙
晦氣　父母宮　子</td>
<td>天文鳳年
府曲閣解
得旺旺得
忌

奏書　絕
指背　6～15　乙
歲建　命宮　亥</td>
</tr>
</table>

校，但是會有破費。

2、再看子女宮的官祿宮，在子位，天同、太陰、天魁星，說明給管理者花點錢，就會同意而成功。

3、再看流月7月份在子位，其子女宮在酉位，子女宮的官祿宮在丑位，貪狼化權、武曲化祿、恩光、台輔、蜚廉星，說明能實現願望，不過稍微費心一點。

所以判斷：能進入這家私立學校，但是會有破費。7月份可成。

【回饋】：

7月15日，求測者說，也是歷盡周折，最終可以了。不花錢肯定進不去。

例題14

【背景】：

求測者說，這是我去年實習過的一家公司，老闆要招一個人，我和老闆聯繫上了，正在準備面試中，請看看能應聘成功嗎？謝謝了。

【預測】：

1、先說吉凶，看看能否應聘成功。

先看官祿宮，紫微、天相星，都不旺，加會武曲、天府星，照破軍、陀羅星，說明這家公司的薪

<table>
<tr>
<td>天祿天臺副副劫天
同存官輔截旬煞德
廟廟旺 廟廟 旺
祿
博士 長生
劫煞 114～123 癸
天德 兄弟宮 巳</td>
<td>武天擎八
曲府羊座
旺旺陷旺
力士 沐浴
災煞 4～13 甲
弔客 命宮 午</td>
<td>太太左右紅寡
陽陰輔弼鸞宿
得不廟廟陷不
青龍 冠帶
天煞 14～23 乙
病符 父母宮 未</td>
<td>貪三陰
狼臺煞
平旺
小耗 臨官
指背 24～33 丙
歲建 福德宮 申</td>
</tr>
<tr>
<td>破陀天截旬蜚華
軍羅姚空空廉蓋
旺廟陷陷陷 廟
身宮
官府 養
華蓋 104～113 壬
白虎 夫妻宮 辰</td>
<td colspan="2" rowspan="2">乾造 丙 癸 甲 乙（日空子、丑）
申 巳 寅 亥

1命宮； 2兄弟； 3夫妻； 4子女； 5財帛； 6疾厄
7遷移； 8交友； 9官祿； 10田宅； 11福德； 12父母

甲干 廉貞-太陽 乙干 天機-太陰 丙干 天同-廉貞 丁干 太陰-巨門
戊干 貪狼-天機 己干 武曲-文曲
庚干 太陽-天同 辛干 巨門-文昌 壬干 天梁-武曲 癸干 破軍-貪狼</td>
<td>天巨天鈴天咸破
機門鉞星空池碎
旺廟廟得旺平平
權
將軍 帝旺
咸池 34～43 丁
晦氣 田宅宮 酉</td>
</tr>
<tr>
<td>文天大龍
曲貴耗德
旺旺不
伏兵 胎
息神 94～103 辛
龍德 子女宮 卯</td>
<td>紫天地解天
微相劫神哭
得得平廟平
奏書 衰
月煞 44～53 戊
喪門 官祿宮 戌</td>
</tr>
<tr>
<td>廉天鳳天天天年
貞馬閣才月虛解
廟旺廟廟 旺廟
忌
大耗 絕
歲驛 84～93 庚
歲破 財帛宮 寅</td>
<td>火天天封月
星喜使誥德
得陷陷
病符 墓
攀鞍 74～83 辛
小耗 疾厄宮 丑</td>
<td>七地天龍天天天
殺空刑池壽福廚
旺平平旺平平
喜神 死
將星 64～73 庚
官符 遷移宮 子</td>
<td>天文天恩天天孤
梁昌魁光傷巫辰
陷利旺不旺 陷
科
飛廉 病
亡神 54～63 己
貫索 交友宮 亥</td>
</tr>
</table>

資較高，但是拖延難成。沒有給錄用通知。

2、再看遷移宮的官祿宮，在辰位，破軍、陀羅星，說明這次變動的想法沒有成功。

3、所以判斷：沒有被錄用，沒有進入這家公司的應期。

【回饋】：

7月5日，求測者說，沒有成功哦！

例題15

【背景】：

求測者說，我目前在公司上班，想利用業餘時間讀博，其實我的工作和博士課題研究也算是有關聯，我的想法就是做那種導師和單位都感興趣的課題，目前也有幾個研究方向，希望兩者兼顧，不知道這個讀博機會如何？

不過有半年的基礎課，可能需要多去學校聽課，我們公司已經有在外面上學的同事，在用人方面很靈活。

<table>
<tr>
<td>廉貪祿地地天副副劫天
貞狼存劫空官截旬煞德
陷陷廟不廟旺廟廟　旺
忌
博士　　病
劫煞　23～32　癸
天德　福德宮　巳</td>
<td>巨擎
門羊
旺陷
力士　　死
災煞　33～42　甲
弔客　田宅宮　午</td>
<td>天紅天寡
相鸞月宿
得陷　不
青龍　　墓
天煞　43～52　乙
病符　官祿宮　未</td>
<td>天天火天天封
同梁星姚傷誥
旺陷陷陷平
祿
小耗　　絕
指背　53～62　丙
歲建　交友宮　申</td>
</tr>
<tr>
<td>太文陀鈴天恩截旬蜚華
陰昌羅星刑光空空廉蓋
陷得廟陷平廟陷陷　廟
科
官府　　衰
華蓋　13～22　壬
白虎　父母宮　辰</td>
<td colspan="2" rowspan="2">乾造 丙 丙 丁 丙(日空午、未)
　　 申 申 亥 午

1命宮； 2兄弟； 3夫妻； 4子女； 5財帛； 6疾厄
7遷移； 8交友； 9官祿； 10田宅； 11福德； 12父母

甲干 廉貞-太陽 乙干 天機-太陰 丙干 天同-廉貞 丁干 太陰-巨門
戊干 貪狼-天機 己干 武曲-文曲
庚干 太陽-天同 辛干 巨門-文昌 壬干 天梁-武曲 癸干 破軍-貪狼</td>
<td>武七天天咸破
曲殺鉞空池碎
利旺廟旺平平
將軍　　胎
咸池　63～72　丁
晦氣　遷移宮　酉</td>
</tr>
<tr>
<td>天右大龍
府弼耗德
得陷不
身宮
伏兵　　帝旺
息神　3～12　辛
龍德　命宮　卯</td>
<td>太文天天天
陽曲貴使哭
不陷旺陷平
奏書　　養
月煞　73～82　戊
喪門　疾厄宮　戌</td>
</tr>
<tr>
<td>天八鳳解天年
馬座閣神虛解
旺廟廟廟旺廟
大耗　　臨官
歲驛　113～122　庚
歲破　兄弟宮　寅</td>
<td>紫破天月
微軍喜德
廟旺陷
病符　　冠帶
攀鞍　103～112　辛
小耗　夫妻宮　丑</td>
<td>天三龍天臺天陰
機臺池福輔廚煞
廟平旺平
權
喜神　　沐浴
將星　93～102　庚
官符　子女宮　子</td>
<td>左天天天天孤
輔魁才壽巫辰
不旺廟旺　陷
飛廉　　長生
亡神　83～92　己
貫索　財帛宮　亥</td>
</tr>
</table>

後面的兩年半，都是看導師了。另外說實話我也擔心自己能力不足，我也很擔心到時候很累。心情很複雜。

【預測】：

1、先說吉凶，看看能否讀博成功。

先看命宮，命宮是事情的主體。

命宮天府星不旺、右弼星陷落、照七殺、天鉞、天空星，說明沒有獲得幫助，倒是要求很苛刻。

2、再看官祿宮，天相、紅鸞星，照紫微、破軍、月德星，說明導師婉言拒絕了。

3、**所以判斷**：讀博的事被婉拒，沒有成功的應期。

【回饋】：

9月11日，求測者說，最新進展：我直接聯繫的那個老師沒有名額，她在幫我找另一個老師掛名，但是那個老師回覆說，他也沒有名額了，沒有成功。

例題16

【背景】：

求測者說，9月29開幕的一個藝術展，國家級的。準備了很久，能入選嗎？可有貴人相助？如果成功會發獎金。7月初評，8月複評，複評完出結果。多謝！

【預測】：

1、先說吉凶，看看能否入選。

先看官祿宮，廉貞、文昌、恩光、天福、台輔星，加會武曲化

<table>
<tr>
<td>天陀火天天八天天旬天
同羅星馬姚座使巫空虛
廟陷得平平廟平　廟旺
臨官
官府
歲驛　76～85　己
歲破　疾厄宮　巳</td>
<td>武天右祿鈴陰龍
曲府弼存星煞德
旺旺旺廟廟
祿
帝旺
博士
息神　86～95　庚
龍德　財帛宮　午</td>
<td>太太擎地天天華
陽陰羊劫月哭蓋
得不廟平　平陷
衰
力士
華蓋　96～105　辛
白虎　子女宮　未</td>
<td>貪左天天副劫天
狼輔鉞廚截煞德
平平廟　廟　平
權
病
青龍
劫煞　106～115　壬
天德　夫妻宮　申</td>
</tr>
<tr>
<td>破紅副大月
軍鸞旬耗德
旺廟陷平
冠帶
伏兵
攀鞍　66～75　戊
小耗　遷移宮　辰</td>
<td colspan="2" rowspan="2">坤造　己　庚　丙　丙(日空辰、巳)
　　　亥　午　申　申

1命宮；2兄弟；3夫妻；4子女；5財帛；6疾厄
7遷移；8交友；9官祿；10田宅；11福德；12父母

甲干　廉貞-太陽　乙干　天機-太陰　丙干　天同-廉貞　丁干　太陰-巨門
戊干　貪狼-天機　己干　武曲-文曲
庚干　太陽-天同　辛干　巨門-文昌　壬干　天梁-武曲　癸干　破軍-貪狼</td>
<td>天巨三天天截破
機門臺才官空碎
旺廟廟旺平廟平
死
小耗
災煞　116～125　癸
弔客　兄弟宮　酉</td>
</tr>
<tr>
<td>地龍天
空池傷
平廟陷
沐浴
大耗
將星　56～65　丁
官符　交友宮　卯</td>
<td>紫天天封寡
微相喜誥宿
得得陷　陷
墓
將軍
天煞　6～15　甲
病符　命宮　戌</td>
</tr>
<tr>
<td>廉文恩天臺孤
貞昌光福輔辰
廟陷平旺　平
身宮
長生
病符
亡神　46～55　丙
貫索　官祿宮　寅</td>
<td>天天蜚
刑壽廉
陷廟
養
喜神
月煞　36～45　丁
喪門　田宅宮　丑</td>
<td>七文天天解天咸
殺曲魁貴神空池
旺得旺廟廟陷陷
忌
8月份
胎
飛廉
咸池　26～35　丙
晦氣　福德宮　子</td>
<td>天鳳年
梁閣解
陷旺得
科
絕
奏書
指背　16～25　乙
歲建　父母宮　亥</td>
</tr>
</table>

祿、天府、右弼、祿存、鈴星，紫微、封誥星，說明獲得榮譽和獎金，官方發獲獎證書。

2、再看8月份在子位，其官祿宮在辰位，破軍、紅鸞、月德星，照紫微、天喜、封誥星，說明官方認為作品有創新、有創意，頒發獲獎證書。

3、**所以判斷**：能入選，作品評價較高，在應期內能成功。

【回饋】：

7月22日，求測者說，初評已通過，進入複評階段。8月25日，求測者說，昨日出結果了，入選了，成功了。

第十節 問健康、疾病

例題1

【背景】：

求測者說，老公有胃方面疾病，這週能住進醫院嗎？醫生說下午給回覆。

【預測】：

1、先說吉凶，看看是否有床位而住進醫院。

<table>
<tr>
<td>天陀地地天旬天
機羅劫空馬空虛
平陷不廟平廟旺

官府 歲驛 歲破
66～75
遷移宮
臨官 己巳</td>
<td>紫祿八天龍
微存座使德
廟廟旺平

博士 息神 龍德
76～85
疾厄宮
帝旺 庚午</td>
<td>左右擎天華
輔弼羊哭蓋
廟廟廟平陷

力士 華蓋 白虎
86～95
財帛宮
衰 辛未</td>
<td>破天三封天副陰劫天
軍鉞臺誥廚截煞煞德
得廟旺　廟　平

青龍 劫煞 天德
96～105
子女宮
病 壬申</td>
</tr>
<tr>
<td>七文鈴紅天恩天副大月
殺昌星鸞姚光傷旬耗德
廟得陷廟陷廟平陷平

伏兵 攀鞍 小耗
56～65
交友宮
冠帶 戊辰</td>
<td colspan="2" rowspan="2">坤造 己亥 己巳 癸卯 戊午 (日空辰、巳)

1命宮； 2兄弟； 3夫妻； 4子女； 5財帛； 6疾厄
7遷移； 8交友； 9官祿； 10田宅； 11福德； 12父母

甲干 廉貞-太陽 乙干 天機-太陰 丙干 天同-廉貞 丁干 太陰-巨門
戊干 貪狼-天機 己干 武曲-文曲
庚干 太陽-天同 辛干 巨門-文昌 壬干 天梁-武曲 癸干 破軍-貪狼</td>
<td>天截破
官空碎
平廟平

小耗 災煞 弔客
106～115
夫妻宮
死 癸酉</td>
</tr>
<tr>
<td>太天火龍
陽梁星池
廟廟利廟
科

大耗 將星 官符
46～55
官祿宮
沐浴 丁卯</td>
<td>廉天文天天天天解寡
貞府曲喜貴才壽神宿
利廟陷陷旺陷廟廟陷
忌

將軍 天煞 病符
116～125
兄弟宮
墓 甲戌</td>
</tr>
<tr>
<td>武天天天孤
曲相福月辰
得廟旺　平
祿

病符 亡神 貫索
36～45
田宅宮
長生 丙寅</td>
<td>天巨蜚
同門廉
不不

喜神 月煞 喪門
5月10日
26～35
福德宮
養 丁丑</td>
<td>貪天天臺天咸
狼魁刑輔空池
旺旺平　陷陷
權

飛廉 咸池 晦氣
16～25
父母宮
胎 丙子</td>
<td>太鳳天年
陰閣巫解
廟旺　得

奏書 指背 歲建
6～15
命 宮
身宮 絕 乙亥</td>
</tr>
</table>

先看夫妻宮，截空、破碎星，合七殺、紅鸞星，說明丈夫會有手術、外傷等。照太陽天梁化祿，說明得到醫院和醫生的救治。

2、再看夫妻宮的疾病宮，在辰位，七殺紅鸞星，照天府星，說明是胃部手術或者檢查。

3、再看流日10日（丁未）在丑位，其夫妻宮在亥位，夫妻宮的官祿宮在卯位，太陽、天梁化科、龍池星，說明醫院照顧，辦理住院手續。

所以判斷：會在5月10日住進醫院。

【回饋】：

事後，求測者說，是週五（5月10日）住院的。

例題2

【背景】：

求測者說，我爸有腎臟疾病，透析了兩年了，心臟也不太好，目前主要是太瘦了，食慾不好，他的健康如何能好轉？

【預測】：

1、先說吉凶，看看疾病什麼時候好轉。

先看父母宮的疾厄宮在子位，巨門、文昌、鳳閣、封誥、截空星，

祿紅八天副大龍 存鸞座巫旬耗德 廟旺廟　廟陷 4月份　絕 博士　15～24　丁 亡神 龍德　父母宮　巳	天擎天天 機羊貴廚 廟陷廟 忌 胎 力士　25～34　戊 將星 白虎　福德宮　午	紫破天寡天 微軍鉞宿德 廟旺旺不廟 養 青龍　35～44　己 攀鞍 天德　田宅宮　未	天解天 馬神哭 旺不廟 長生 小耗　45～54　庚 歲驛 弔客　官祿宮　申
太左陀恩臺旬天 陽輔羅光輔空虛 旺廟廟廟　陷陷 墓 官府　5～14　丙 月煞 歲破　命宮　辰	乾造 戊 甲 丙 戊(日空辰、巳) 　　 戌 寅 申 戌 1命宮；2兄弟；3夫妻；4子女；5財帛；6疾厄 7遷移；8交友；9官祿；10田宅；11福德；12父母 甲干 廉貞-太陽　乙干 天機-太陰　丙干 天同-廉貞　丁干 太陰-巨門 戊干 貪狼-天機　己干 武曲-文曲 庚干 太陽-天同　辛干 巨門-文昌　壬干 天梁-武曲　癸干 破軍-貪狼		天地天三天 府劫刑臺傷 旺平廟廟平 沐浴 將軍　55～64　辛 息神 病符　交友宮　酉
武七天天咸月 曲殺官福池德 利旺旺平平 死 伏兵　115～124　乙 咸池 小耗　兄弟宮　卯			太右天天華 陰弼壽月蓋 旺廟廟　平 權科 冠帶 奏書　65～74　壬 華蓋 歲建　遷移宮　戌
天天文龍天陰 同梁曲池才煞 利廟平平廟 病 大耗　105～114　甲 指背 官符　夫妻宮　寅	天天鈴地天副破 相魁星空姚截碎 廟旺得陷平不陷 衰 病符　95～104　乙 天煞 貫索　子女宮　丑	巨文鳳封截蜚年 門昌閣誥空廉解 旺得廟　陷　廟 身宮 帝旺 喜神　85～94　甲 災煞 喪門　財帛宮　子	廉貪火天天天孤劫 貞狼星喜使空辰煞 陷陷利旺旺平陷 祿 臨官 飛廉　75～84　癸 劫煞 晦氣　疾厄宮　亥

照天機化忌，說明你父親食慾不好、排泄不暢、記憶力下降、行動不便等症狀，疾病很嚴重。

2、再看疾厄宮的官祿宮在辰位，太陽、左輔、陀羅星，照太陰化權、右弼化科，說明有過轉院或者更換主治醫師的情況，官方給出的疾病名稱是男科或者生殖系統、慢性病，多種疾病。

3、再看父母宮的官祿宮，在酉位，天府、地劫、天刑、天傷星，照七殺星，說明生命受到威脅，比較嚴重的結果。

4、再看流月4月在巳位，其父母宮在午位，天機化忌、擎羊、白虎星，照巨門、封誥、文昌星，說明出院或者最後通牒等。

所以判斷：父親的疾病比較嚴重而且治療過程漫長，集多種疾病於一身，多關愛吧！多注意4月份。

【回饋】：

事後，求測者說，父親4月15日，因病情加重，過世。

例題3

【背景】：求測者說，老母親病重，請老師看看，這幾天會不會有事？能不能撐過這幾天？

【預測】：

1、先說吉凶，看看母親近幾天的安危。

先看母親宮，在午位，其疾厄宮在丑位，太陰、太陽、地空、恩光星，照廟旺的左輔、右弼、

<table>
<tr>
<td>天陀天八旬天
梁羅馬座空虛
得陷平廟廟旺
科
宮府　105～114　絕
歲驛　己
歲破　夫妻宮　巳</td>
<td>七祿天龍
殺存才德
旺廟旺
博士　115～124　胎
息神　庚
龍德　兄弟宮　午</td>
<td>左右擎火天華
輔弼羊星哭蓋
廟廟廟利平陷
力士　5～14　養
華蓋　辛
白虎　命宮　未</td>
<td>廉天鈴天副陰劫天
貞鉞星廚截煞煞德
廟廟陷　廟　　平
青龍　15～24　長生
劫煞　壬
天德　父母宮　申</td>
</tr>
<tr>
<td>紫天紅天臺副大月
微相鸞姚輔旬耗德
得得廟陷　陷平
5月20日
伏兵　95～104　墓
攀鞍　戊
小耗　子女宮　辰</td>
<td colspan="2" rowspan="2">坤造　己　己　丙　戊（日空子、丑）
　　　亥　巳　辰　戌

1命宮；　2兄弟；　3夫妻；　4子女；　5財帛；　6疾厄
7遷移；　8交友；　9官祿；　10田宅；　11福德；　12父母

甲干　廉貞-太陽　乙干　天機-太陰　丙干　天同-廉貞　丁干　太陰-巨門
戊干　貪狼-天機　己干　武曲-文曲
庚干　太陽-天同　辛干　巨門-文昌　壬干　天梁-武曲　癸干　破軍-貪狼</td>
<td>地三天截破
劫臺官空碎
平廟平廟平
小耗　25～34　沐浴
災煞　癸
弔客　福德宮　酉</td>
</tr>
<tr>
<td>天巨天龍
機門貴池
旺廟旺廟
身宮
大耗　85～94　死
將星　丁
官符　財帛宮　卯</td>
<td>破天解寡
軍喜神宿
旺陷廟陷
將軍　35～44　冠帶
天煞　甲
病符　田宅宮　戌</td>
</tr>
<tr>
<td>貪文天天天天孤
狼曲壽福使月辰
平平旺旺平　平
權忌
病符　75～84　病
亡神　丙
貫索　疾厄宮　寅</td>
<td>太太地恩蜚
陽陰空光廉
不廟陷廟
喜神　65～74　衰
月煞　丁
喪門　遷移宮　丑</td>
<td>武天文天天天封天咸
曲府昌魁刑傷誥空池
旺廟得旺平陷　陷陷
祿
飛廉　55～64　帝旺
咸池　丙
晦氣　交友宮　子</td>
<td>天鳳天年
同閣巫解
廟旺　得
奏書　45～54　臨官
指背　乙
歲建　官祿宮　亥</td>
</tr>
</table>

擎羊星，說明病很嚴重，集多種病於一身，稍不注意會突然陰陽交關。

2、再看母親疾厄宮的官祿宮，在巳位，天梁化科、天馬、八座、天虛、旬空，說明無醫能治，也就是說醫生都明白（已經不行了）。

3、再看流日，5月20日（丁巳）母親宮在卯位，其疾厄宮在戌，疾厄宮的官祿宮在寅宮，文曲化忌、天壽、天使、天月，說明已經病入天年，天命已經畫上了句號。

所以判斷：這次母親重病難以恢復了，已經到了天年，多關愛吧！5月20日多注意點。

【回饋】：

事後，求測者說，老母親沒有撐過去，5月20日走了。

例題4

【背景】：

求測者說，我奶奶現在有多種病症，糖尿病、心臟病、腦血栓，還有其他的病，想讓老師們看看她能不能撐過這一劫。醫生讓我們多回去陪陪她。我們認為住院幾個月就可以出院了，奶奶也認為能撐過去。

【預測】：

1、先說吉凶，看看能否撐過這一劫。

<table>
<tr>
<td>天右陀地地天旬天
梁弼羅劫空馬空虛
得平陷不廟平廟旺
科
絕
官府 42～51 己
歲驛
歲破 官祿宮 巳</td>
<td>七祿天天龍
殺存姚傷德
旺廟平陷
胎
博士 52～61 庚
息神
龍德 交友宮 午</td>
<td>擎天華
羊哭蓋
廟平陷
養
力士 62～71 辛
華蓋
白虎 遷移宮 未</td>
<td>廉天恩天封天天副劫天
貞鉞光使誥巫廚截煞德
廟廟平平　　廟　平
長生
青龍 72～81 壬
劫煞
天德 疾厄宮 申</td>
</tr>
<tr>
<td>紫天文鈴紅副陰大月
微相昌星鸞旬煞耗德
得得得陷廟陷　平
墓
伏兵 32～41 戊
攀鞍
小耗 田宅宮 辰</td>
<td colspan="2" rowspan="2">坤造 己 辛 丙 甲 (日空寅、卯)
　　 亥 未 午 午

1命宮； 2兄弟； 3夫妻； 4子女； 5財帛； 6疾厄
7遷移； 8交友； 9官祿； 10田宅； 11福德； 12父母

甲干 廉貞-太陽 乙干 天機-太陰 丙干 天同-廉貞 丁干 太陰-巨門
戊干 貪狼-天機 己干 武曲-文曲
庚干 太陽-天同 辛干 巨門-文昌 壬干 天梁-武曲 癸干 破軍-貪狼</td>
<td>左天截破
輔官空碎
陷平廟平
沐浴
小耗 82～91 癸
災煞
弔客 財帛宮 酉</td>
</tr>
<tr>
<td>天巨火龍天
機門星池月
旺廟利廟
死
大耗 22～31 丁
將星
官符 福德宮 卯</td>
<td>破文天寡
軍曲喜宿
旺陷陷陷
忌
冠帶
將軍 92～101 甲
天煞
病符 子女宮 戌</td>
</tr>
<tr>
<td>貪天三天天孤
狼刑臺貴福辰
平廟平平旺平
權
8月份 病
病符 12～21 丙
亡神
貫索 父母宮 寅</td>
<td>太太蜚
陽陰廉
不廟
身宮
衰
喜神 2～11 丁
月煞
喪門 命 宮 丑</td>
<td>武天天八天天臺解天咸
曲府魁座才壽輔神空池
旺廟旺陷旺平　廟陷陷
祿
帝旺
飛廉 112～121 丙
咸池
晦氣 兄弟宮 子</td>
<td>天鳳年
同閣解
廟旺得
臨官
奏書 102～111 乙
指背
歲建 夫妻宮 亥</td>
</tr>
</table>

先看奶奶的疾厄宮，在申位，廉貞、天鉞、封誥、劫煞星，說明集多種疾病於一身，心臟病、血管堵塞性疾病、代謝性疾病等。

2、再看奶奶的官祿宮，在巳位，天梁化科、陀羅右弼陷落、地空、旬空、天虛星，說明沒有可以救治的醫生了，堅持不了多久了。

3、再看流月8月份在寅位，其奶奶宮在寅位，天刑、貪狼化祿、天福、天貴星，合天同星，說明醫藥無效了，先天的福氣已經清零。

所以判斷：這次劫難奶奶難以撐過去了，天福已經耗盡。多注意8月份。

【回饋】：

8月12日，求測者說，奶奶昨天走了，走得很安詳。昨天早上奶奶一切都很正常，到了中午突然就不行了，沒想到走得這麼快，哎！！！

例題5

【背景】：

求測者說，哥哥的病是腮腺瘤，不知道是良性還是惡性，害怕呀，醫院病理懷疑惡性的，我哥哥腫瘤是良性還是惡性呢？進一步診斷7天後出結果。

【預測】：

1、先說吉凶，看看哥哥疾病的吉凶程度。

先看兄弟宮的疾厄宮，在丑位，

<table>
<tr>
<td>天祿鈴三天天天副副劫天
同存星臺壽官巫截旬煞德
廟廟得平平旺 廟廟 旺
祿
長生
博士
劫煞 104～113 癸
天德 夫妻宮 巳</td>
<td>武天擎地
曲府羊劫
旺旺陷廟
沐浴
力士
災煞 114～123 甲
弔客 兄弟宮 午</td>
<td>太太紅寡
陽陰鸞宿
得不陷不
冠帶
青龍
天煞 4～13 乙
病符 命 宮 未</td>
<td>貪解
狼神
平不
臨官
小耗
指背 14～23 丙
歲建 父母宮 申</td>
</tr>
<tr>
<td>破左陀地截旬蜚華
軍輔羅空空空廉蓋
旺廟廟陷陷陷 廟
養
官府
華蓋 94～103 壬
白虎 子女宮 辰</td>
<td colspan="2" rowspan="2">乾造 丙 庚 乙 癸 (日空午、未)
申 寅 酉 未

1命宮； 2兄弟； 3夫妻； 4子女； 5財帛； 6疾厄
7遷移； 8交友； 9官祿； 10田宅； 11福德； 12父母

甲干 廉貞-太陽 乙干 天機-太陰 丙干 天同-廉貞 丁干 太陰-巨門
戊干 貪狼-天機 己干 武曲-文曲
庚干 太陽-天同 辛干 巨門-文昌 壬干 天梁-武曲 癸干 破軍-貪狼</td>
<td>天巨天火天八封天咸破
機門鉞星刑座誥空池碎
旺廟廟得廟廟 旺平平
權
身宮
帝旺
將軍
咸池 24～33 丁
晦氣 福德宮 酉</td>
</tr>
<tr>
<td>文恩天大龍
昌光才耗德
利廟旺不
科
胎
伏兵
息神 84～93 辛
龍德 財帛宮 卯</td>
<td>紫天右天天
微相弼月哭
得得廟 平
衰
奏書
月煞 34～43 戊
喪門 田宅宮 戌</td>
</tr>
<tr>
<td>廉天鳳天天陰年
貞馬閣使虛煞解
廟旺廟平旺 廟
忌
絕
大耗
歲驛 74～83 庚
歲破 疾厄宮 寅</td>
<td>天天臺月
喜姚輔德
陷平
墓
病符
攀鞍 64～73 辛
小耗 遷移宮 丑</td>
<td>七龍天天天
殺池福傷廚
旺旺平陷
死
喜神
將星 54～63 庚
官符 交友宮 子</td>
<td>天文天天孤
梁曲魁貴辰
陷旺旺平陷
病
飛廉
亡神 44～53 己
貫索 官祿宮 亥</td>
</tr>
</table>

其官祿宮在巳位，天同化祿、鈴星、祿存、天官、天巫、天德星，說明腫瘤是良性的。

2、再看兄弟宮的遷移宮，主其疾病的未來情況，在子位元，七殺、天傷星，照武曲、天府、地劫星，說明動手術、破點財，沒有嚴重的後遺症。

3、**所以判斷：**哥哥的疾病是良性或者可以治癒的。

【回饋】：

3月25日，求測者說，是良性的。

例題6

【背景】：求測者說，我被查出是乳腺腫瘤，做彩超加彈性評分顯示良性的可能性較大，鉬靶顯示惡性的可能性能達到百分之七十，所以我有些擔心。醫生建議我下週去腫瘤醫院確診，現在有點擔心。

【預測】：

1、先說吉凶，看看腫瘤是良性還是惡性。

<table>
<tr>
<td>太左文祿三天天天副副劫天
陰輔昌存臺官使月截旬煞德
陷平廟廟平旺平 廟廟 旺
科
病
博士
劫煞 73～82 癸
天德 疾厄宮 巳</td>
<td>貪擎地天
狼羊空才
旺陷廟旺
死
力士
災煞 83～92 甲
弔客 財帛宮 午</td>
<td>天巨火紅封寡
同門星鸞誥宿
不不利陷 不
祿
墓
青龍
天煞 93～102 乙
病符 子女宮 未</td>
<td>武天天解天
曲相貴神巫
得廟陷不
身宮
絕
小耗
指背 103～112 丙
歲建 夫妻宮 申</td>
</tr>
<tr>
<td>廉天陀地恩天截旬蜚華
貞府羅劫光壽空空廉蓋
利廟廟陷廟廟陷陷 廟
忌
衰
官府
華蓋 63～72 壬
白虎 遷移宮 辰</td>
<td colspan="2" rowspan="2">乾造 丙 辛 甲 己（日空子、丑）
申 卯 寅 巳

1命宮； 2兄弟； 3夫妻； 4子女； 5財帛； 6疾厄
7遷移； 8交友； 9官祿； 10田宅； 11福德； 12父母

甲干 廉貞-太陽 乙干 天機-太陰 丙干 天同-廉貞 丁干 太陰-巨門
戊干 貪狼-天機 己干 武曲-文曲
庚干 太陽-天同 辛干 巨門-文昌 壬干 天梁-武曲 癸干 破軍-貪狼</td>
<td>太天右文天八天咸破
陽梁弼曲鉞座空池碎
平得陷廟廟廟旺平平
胎
將軍
咸池 113～122 丁
晦氣 兄弟宮 酉</td>
</tr>
<tr>
<td>鈴天大龍
星傷耗德
利陷不
帝旺
伏兵
息神 53～62 辛
龍德 交友宮 卯</td>
<td>七天天
殺刑哭
廟廟平
養
奏書
月煞 3～12 戊
喪門 命宮 戌</td>
</tr>
<tr>
<td>破天天鳳天年
軍馬姚閣虛解
得旺旺廟旺廟
臨官
大耗
歲驛 43～52 庚
歲破 官祿宮 寅</td>
<td>天月
喜德
陷
冠帶
病符
攀鞍 33～42 辛
小耗 田宅宮 丑</td>
<td>紫龍天天陰
微池福廚煞
平旺平
沐浴
喜神
將星 23～32 庚
官符 福德宮 子</td>
<td>天天臺孤
機魁輔辰
平旺 陷
權
長生
飛廉
亡神 13～22 己
貫索 父母宮 亥</td>
</tr>
</table>

先看命宮，命宮是事情的主體。

命宮七殺、天刑、天哭星，說明很苦惱、會有手術。加會貪狼、地空星，說明是生殖系統疾病。照天府、陀羅星，說明是乳部疾病。

2、再看疾厄宮，文昌化科，說明為婦科系統疾病；文昌、祿存、左輔、天月，說明是腫瘤疾病；天德、文昌化科、天官，說明是良性的腫瘤。

3、**所以判斷：**是良性腫瘤，沒有惡化的應期。

【回饋】：

事後，求測者說，我4月8日去腫瘤醫院的。是良性的。

例題7

【背景】：

求測者說，老爸的病在泌尿系統。請看看會發展得很嚴重嗎？

【預測】：

1、先說吉凶，看看老爸的病是否嚴重。

先看父母宮，廉貞化忌、火星、七殺，說明疼痛比較厲害；左輔、右弼、恩光、月德星照天府星，說明會有貴人幫助，能緩

<table>
<tr>
<td>武破祿天天天臺副副劫天
曲軍存貴官傷輔截旬煞德
平平廟平旺平 廟廟 旺

博士 絕
劫煞 55～64 癸
天德 交友宮 巳</td>
<td>太擎天天天
陽羊刑壽月
旺陷平平

力士 胎
災煞 65～74 甲
弔客 遷移宮 午</td>
<td>天紅天寡
府鸞使宿
廟陷平不

青龍 養
天煞 75～84 乙
病符 疾厄宮 未</td>
<td>天太天天陰
機陰才巫煞
得利廟
權

小耗 長生
指背 85～94 丙
歲建 財帛宮 申</td>
</tr>
<tr>
<td>天陀三解截旬蜚華
同羅臺神空空廉蓋
平廟廟廟陷陷 廟
祿

官府 墓
華蓋 45～54 壬
白虎 官祿宮 辰</td>
<td colspan="2" rowspan="2">乾造 丙 己 辛 己(日空辰、巳)
申 亥 丑 亥

1命宮； 2兄弟； 3夫妻； 4子女； 5財帛； 6疾厄
7遷移； 8交友； 9官祿； 10田宅； 11福德； 12父母

甲干 廉貞-太陽 乙干 天機-太陰 丙干 天同-廉貞 丁干 太陰-巨門
戊干 貪狼-天機 己干 武曲-文曲
庚干 太陽-天同 辛干 巨門-文昌 壬干 天梁-武曲 癸干 破軍-貪狼</td>
<td>紫貪天鈴天咸破
微狼鉞星空池碎
旺利廟得旺平平

將軍 沐浴
咸池 95～104 丁
晦氣 子女宮 酉</td>
</tr>
<tr>
<td>文大龍
曲耗德
旺不

伏兵 死
息神 35～44 辛
龍德 田宅宮 卯</td>
<td>巨地天八天
門劫姚座哭
陷平廟平平
身宮

奏書 冠帶
月煞 105～114 戊
喪門 夫妻宮 戌</td>
</tr>
<tr>
<td>天鳳天年
馬閣虛解
旺廟旺廟

大耗 病
歲驛 25～34 庚
歲破 福德宮 寅</td>
<td>廉七左右火天恩封月
貞殺輔弼星喜光誥德
利廟廟廟得陷廟
忌

病符 衰
攀鞍 15～24 辛
小耗 父母宮 丑</td>
<td>天地龍天天
梁空池福廚
廟平旺平

喜神 帝旺
將星 5～14 庚
官符 命宮 子</td>
<td>天文天孤
相昌魁辰
得利旺陷
科

飛廉 臨官
亡神 115～124 己
貫索 兄弟宮 亥</td>
</tr>
</table>

解。

2、再看父母宮的疾厄宮，在申位，天機化權、太陰、天巫、陰煞星，說明在隱蔽部位，難言之隱等。

3、再看疾厄宮的官祿宮，在子位，天梁、龍池星，照太陽星，說明醫院有很好的醫生，或者醫院有良好的治療該病的技術，能治癒。

所以判斷：不會發展得很嚴重，醫院有成熟的治療方案。

【回饋】：

11月21日，求測者說，目前看，病似乎不像原來擔心得那麼嚴重了。12月28日，求測者說，算是沒有事了。

第十一節 問買房、賣房、租房

例題1

【背景】：

求測者說，要簽合約了，房子很貴，有點超乎我的能力，所以心裡不安。是學區房，心裡是想買的。房子是新房，剛剛建好的樓盤，也有人搬過去。是最高檔片區的一般樓盤。請老師幫忙看看這間房子該不該買。

天陀地地天三恩旬天 梁羅劫空馬臺光空虛 得陷不廟平平平廟旺 科 官府 歲驛 歲破 105～114 夫妻宮 絕 己巳	七祿天天解龍 殺存才壽神德 旺廟旺平廟 博士 息神 龍德 115～124 兄弟宮 胎 庚午	擎天華 羊哭蓋 廟平陷 力士 華蓋 白虎 5～14 命宮 身宮 養 辛未	廉天天封天副劫天 貞鉞刑誥廚截煞德 廟廟陷　廟　平 青龍 劫煞 天德 15～24 父母宮 長生 壬申
紫天文鈴紅副陰大月 微相昌星鸞旬煞耗德 得得得陷廟陷　平 伏兵 奏書 小耗 95～104 子女宮 墓 戊辰	坤造 己 丁 癸 戊 (日空子、丑) 　　 亥 丑 亥 午 1命宮； 2兄弟； 3夫妻； 4子女； 5財帛； 6疾厄 7遷移； 8交友； 9官祿； 10田宅； 11福德； 12父母		八天截破 座官空碎 廟平廟平 小耗 災煞 弔客 25～34 福德宮 沐浴 癸酉
天巨左火龍 機門輔星池 旺廟陷利廟 大耗 將星 官符 85～94 財帛宮 死 丁卯	甲干 廉貞-太陽 乙干 天機-太陰 丙干 天同-廉貞 丁干 太陰-巨門 戊干 貪狼-天機 己干 武曲-文曲 庚干 太陽-天同 辛干 巨門-文昌 壬干 天梁-武曲 癸干 破軍-貪狼		破文天寡 軍曲喜宿 旺陷陷陷 忌 將軍 天煞 病符 35～44 田宅宮 冠帶 甲戌
貪天天天孤 狼福使月辰 平旺平　平 權 病符 亡神 貫索 75～84 疾厄宮 病 丙寅	太太蜚 陽陰廉 不廟 喜神 月煞 喪門 65～74 遷移宮 衰 丁丑	武天天天天臺天咸 曲府魁姚傷輔空池 旺廟旺陷陷　陷陷 祿 飛廉 咸池 晦氣 55～64 交友宮 帝旺 丙子	天右天鳳天年 同弼貴閣巫解 廟平平旺　得 奏書 指背 歲建 45～54 官祿宮 臨官 乙亥

謝謝老師。

【預測】：

1、先說吉凶，看看能否買成。

先看命宮，命宮是事情的主體。

命宮擎羊、天哭、華蓋星，照太陰星，加會巨門、天機星，說明是新房子，目前人在外地，買這間房子會花費很多錢，自己感到很吃驚的價格，無法承受。

2、再看田宅宮破軍、文曲化忌，說明沒有買房子，反悔了。

3、**所以判斷**：你最後決定不買了，沒有買這個房子成交的應期。

【回饋】：

2月3日，求測者說，這間房子我不買了。因為國內的新型肺炎，現在如果買的話，會損失很多錢。想來想去，還是用僅有的一點錢養孩子比較好。

例題2

【背景】：

求測者說，目前在租房，因為租房長期不是很方便。我在外地工作。呵呵，主要是考慮家裡老人，準備在市內買房子。請看看在此樓盤能否買到合適的房子，能買下自然是好，不行也只能另找。

【預測】：

1、先說吉凶，看看能否買成。

先看命宮，命宮是事情的主體。

<table>
<tr>
<td>天左文祿紅八天天副大龍
相輔昌存鸞座使月旬耗德
得平廟廟旺廟平　廟陷
絕
博士　　72～81　丁
亡神
龍德　疾厄宮　巳</td>
<td>天擎火地天天
梁羊星空壽廚
廟陷廟廟平
胎
力士　　82～91　戊
將星
白虎　財帛宮　午</td>
<td>廉七天封寡天
貞殺鉞誥宿德
利廟旺　不廟
養
青龍　　92～101　己
攀鞍
天德　子女宮　未</td>
<td>鈴天恩天解天天
星馬光才神巫哭
陷旺平廟不　廟
身宮
長生
小耗　　102～111　庚
歲驛
弔客　夫妻宮　申</td>
</tr>
<tr>
<td>巨陀地旬天
門羅劫空虛
陷廟陷陷陷
墓
官府　　62～71　丙
月煞
歲破　遷移宮　辰</td>
<td colspan="2" rowspan="2">乾造 戊　乙　壬　乙(日空寅、卯)
　　 戌　卯　子　巳

1命宮； 2兄弟； 3夫妻； 4子女； 5財帛； 6疾厄
7遷移； 8交友； 9官祿； 10田宅； 11福德； 12父母

甲干 廉貞-太陽　乙干 天機-太陰　丙干 天同-廉貞　丁干 太陰-巨門
戊干 貪狼-天機　己干 武曲-文曲
庚干 太陽-天同　辛干 巨門-文昌　壬干 天梁-武曲　癸干 破軍-貪狼</td>
<td>右文三
弼曲臺
陷廟廟
科
沐浴
將軍　　112～121　辛
息神
病符　兄弟宮　酉</td>
</tr>
<tr>
<td>紫貪天天天咸月
微狼官福傷池德
旺利旺平陷平
祿
死
伏兵　　52～61　乙
咸池
小耗　交友宮　卯</td>
<td>天天華
同刑蓋
平廟平
冠帶
奏書　　2～11　壬
華蓋
歲建　命宮　戌</td>
</tr>
<tr>
<td>天太天龍
機陰姚池
得旺旺平
忌 權
病
大耗　　42～51　甲
指背
官符　官祿宮　寅</td>
<td>天天副破
府魁截碎
廟旺不陷
衰
病符　　32～41　乙
天煞
貫索　田宅宮　丑</td>
<td>太天鳳截蜚陰年
陽貴閣空廉煞解
陷廟廟陷　　廟
帝旺
喜神　　22～31　甲
災煞
喪門　福德宮　子</td>
<td>武破天臺天孤劫
曲軍喜輔空辰煞
平平旺　平陷
臨官
飛廉　　12～21　癸
劫煞
晦氣　父母宮　亥</td>
</tr>
</table>

命宮天同、華蓋、天刑星，說明人在外地，房子一般品質，或者房子存在問題。

2、再看田宅宮，天府、天魁星，照七殺、封誥、天鉞星，說明房子價格增長很多，房子很貴，壓力很大。

3、**所以判斷**：成交的機率不大，買房壓力大。

【回饋】：

事後，求測者說，此樓盤已經果斷放棄，因為資訊不實，有的是已經賣掉，還有的是價格虛高，加上財力有限，所以已經放棄。也放棄在市內買房的想法。

例題3

【背景】：

求測者說，按揭買房，擔心房貸下不來，房貸能否辦下來？

【預測】：

1、先說吉凶，看看買房貸款能否批下來。

先看命宮，命宮是事情的主體。命宮貪狼化祿、天刑、華蓋星，照武曲、陀羅星，說明為了買房改善生活而貸款，正在按部就班

<table>
<tr>
<td>太左文祿紅恩天天副大龍
陽輔昌存鸞光使月旬耗德
旺平廟廟旺平平　廟陷
博士　72～81　絕
亡神　　丁
龍德　疾厄宮　巳</td>
<td>破擎火地三天天
軍羊星空臺壽廚
廟陷廟廟旺平
力士　82～91　胎
將星　　戊
白虎　財帛宮　午</td>
<td>天天封寡天
機鉞誥宿德
陷旺　不廟
忌
青龍　92～101　養
攀鞍　　己
天德　子女宮　未</td>
<td>紫天鈴天八天解天天
微府星馬座才神巫哭
旺得陷旺廟廟不　廟
身宮
小耗　102～111　長生
歲驛　　庚
弔客　夫妻宮　申</td>
</tr>
<tr>
<td>武陀地旬天
曲羅劫空虛
廟廟陷陷陷
官府　62～71　墓
月煞　　丙
歲破　遷移宮　辰</td>
<td colspan="2" rowspan="2">乾造 戊　乙　辛　癸 (日空子、丑)
　　 戊　卯　酉　巳

1命宮； 2兄弟； 3夫妻； 4子女； 5財帛； 6疾厄
7遷移； 8交友； 9官祿； 10田宅； 11福德； 12父母

甲干 廉貞-太陽　乙干 天機-太陰　丙干 天同-廉貞　丁干 太陰-巨門
戊干 貪狼-天機　己干 武曲-文曲
庚干 太陽-天同　辛干 巨門-文昌　壬干 天梁-武曲　癸干 破軍-貪狼</td>
<td>太右文天
陰弼曲貴
旺陷廟廟
權 科
將軍　112～121　沐浴
息神　　辛
病符　兄弟宮　酉</td>
</tr>
<tr>
<td>天天天天咸月
同官福傷池德
平旺平陷平
伏兵　52～61　死
咸池　　乙
小耗　交友宮　卯</td>
<td>貪天華
狼刑蓋
廟廟平
祿
奏書　2～11　冠帶
華蓋　　壬
歲建　命宮　戌</td>
</tr>
<tr>
<td>七天龍
殺姚池
廟旺平
大耗　42～51　病
指背　　甲
官符　官祿宮　寅</td>
<td>天天副破
梁魁截碎
旺旺不陷
病符　32～41　衰
天煞　　乙
貫索　田宅宮　丑</td>
<td>廉天鳳截蜚陰年
貞相閣空廉煞解
平廟廟陷　　廟
5月份
喜神　22～31　帝旺
災煞　　甲
喪門　福德宮　子</td>
<td>巨天臺天孤劫
門喜輔空辰煞
旺旺　平陷
飛廉　12～21　臨官
劫煞　　癸
晦氣　父母宮　亥</td>
</tr>
</table>

走程序。

2、再看田宅宮，天梁、天魁星，加會太陰化權、文曲、天貴星，說明買房了。

3、再看財帛宮，破軍、地空、火星，加會貪狼化祿，說明獲得大財接著花掉大財，也就是貸款成功了。

4、再看流月5月在子位，其財帛宮在申位，紫微、天府、天馬、八座星，說明銀行的錢財來了。也就是貸款下來了。

所以判斷：房貸會辦下來的。但是速度較慢，正在走程序，5月份能下來。

【回饋】：

5月18日，求測者說，今天辦下來了。

例題4

【背景】：

求測者說，他們是違規房，我們找到了證據，還沒和他們攤牌。不想買房子了，想退訂金，兩萬元。

【預測】：

1、先說吉凶，看看能否順利退訂金。

先看財帛宮，武曲、地劫、華蓋星，照貪狼化祿、陀羅、三台星，說明房子訂金能要回，但是

<table>
<tr>
<td>巨祿紅臺副大龍
門存鸞輔旬耗德
旺廟旺　廟陷

博士　　絕
亡神　32～41　丁
龍德　田宅宮　巳</td>
<td>廉天擎解天
貞相羊神廚
平廟陷廟

力士　　胎
將星　42～51　戊
白虎　官祿宮　午</td>
<td>天天天寡天
梁鉞傷宿德
旺旺陷不廟

青龍　　養
攀鞍　52～61　己
天德　交友宮　未</td>
<td>七天天天
殺馬刑哭
廟旺陷廟

小耗　　長生
歲驛　62～71　庚
弔客　遷移宮　申</td>
</tr>
<tr>
<td>貪陀三旬天陰
狼羅臺空虛煞
廟廟廟陷陷
祿

官府　　墓
月煞　22～31　丙
歲破　福德宮　辰</td>
<td colspan="2" rowspan="2">乾造 戊　乙　戊　癸 (日空戌、亥)
　　 戌　丑　辰　亥

1命宮； 2兄弟； 3夫妻； 4子女； 5財帛； 6疾厄
7遷移； 8交友； 9官祿； 10田宅； 11福德； 12父母

甲干 廉貞-太陽　乙干 天機-太陰　丙干 天同-廉貞　丁干 太陰-巨門
戊干 貪狼-天機　己干 武曲-文曲
庚干 太陽-天同　辛干 巨門-文昌　壬干 天梁-武曲　癸干 破軍-貪狼</td>
<td>天天
同使
平陷

將軍　　沐浴
息神　72～81　辛
病符　疾厄宮　酉</td>
</tr>
<tr>
<td>太左文天天天咸月
陰輔曲貴官福池德
陷陷旺旺旺平平
權

伏兵　　死
咸池　12～21　乙
小耗　父母宮　卯</td>
<td>武地八天華
曲劫座壽蓋
廟平平廟平

奏書　　冠帶
華蓋　82～91　壬
歲建　財帛宮　戌</td>
</tr>
<tr>
<td>紫天鈴龍天
微府星池月
旺廟廟平

大耗　　病
指背　2～11　甲
官符　命 宮　寅</td>
<td>天天封副破
機魁誥截碎
陷旺　不陷
忌

病符　　衰
天煞　112～121　乙
貫索　兄弟宮　丑</td>
<td>破火地天鳳天截蜚年
軍星空姚閣才空廉解
廟陷平陷廟旺陷　廟
身宮

喜神　　帝旺
災煞　102～111　甲
喪門　夫妻宮　子</td>
<td>太右文天恩天天孤劫
陽弼昌喜光巫空辰煞
陷平利旺不　平陷
科

飛廉　　臨官
劫煞　92～101　癸
晦氣　子女宮　亥</td>
</tr>
</table>

會有破費，而且速度慢，從現在起需要兩三個月時間。

2、再看田宅宮，巨門、祿存星，說明錢能進能出，也就是說能退回訂金。

3、再看流月3月份在辰位，貪狼化祿、陀羅、三台星，照武曲星，說明協定蓋章，訂金要回來了。

所以判斷：訂金能要回，3月份有好消息。

【回饋】：

2月25日，求測者說，他們同意退了，昨天（24日）去寫了退房申請和退款協議。口頭承諾最晚3月25日退回，為此事情已經花了一千五百多元。

3月25日，求測者說，今天對方全部退款了。

例題5

【背景】： 求測者說，門市房出租，看看什麼時候能租出去，多長時間能租出去。

【預測】：

1、先說吉凶，看看能否租出去，什麼時候租出去。

先看田宅宮，紫微平勢、天魁星，說明不是正房而是門面房。

照貪狼化祿、祿存、地劫、左輔

<table>
<tr>
<td>太陀鈴天旬天
陰羅星馬空虛
陷陷得平廟旺

長生
官府
歲驛　84～93　己
歲破　財帛宮　巳</td>
<td>貪左祿地恩龍
狼輔存劫光德
旺旺廟廟廟
權

沐浴
博士
息神　94～103　庚
龍德　子女宮　午</td>
<td>天巨擎天華
同門羊哭蓋
不不廟平陷

冠帶
力士
華蓋　104～113　辛
白虎　夫妻宮　未</td>
<td>武天右天天天副劫天
曲相弼鉞才廚截煞德
得廟不廟廟　廟　平
祿

臨官
青龍
劫煞　114～123　壬
天德　兄弟宮　申</td>
</tr>
<tr>
<td>廉天火地紅八天天副大月
貞府星空鸞座使月旬耗德
利廟陷陷廟旺陷　陷平

養
伏兵
攀鞍　74～83　戊
小耗　疾厄宮　辰</td>
<td colspan="2" rowspan="2">坤造　己　戊　丙　乙（日空申、酉）
　　　亥　辰　子　未

1命宮；　2兄弟；　3夫妻；　4子女；　5財帛；　6疾厄
7遷移；　8交友；　9官祿；　10田宅；　11福德；　12父母

甲干　廉貞-太陽　乙干　天機-太陰　丙干　天同-廉貞　丁干　太陰-巨門
戊干　貪狼-天機　己干　武曲-文曲
庚干　太陽-天同　辛干　巨門-文昌　壬干　天梁-武曲　癸干　破軍-貪狼</td>
<td>太天天封截破
陽梁官誥空碎
平得平　廟平
科

帝旺
小耗
災煞　4～13　癸
弔客　命宮　酉</td>
</tr>
<tr>
<td>文天龍
昌姚池
利廟廟

胎
大耗
將星　64～73　丁
官符　遷移宮　卯</td>
<td>七天三天解寡陰
殺喜臺壽神宿煞
廟陷旺廟廟陷

衰
將軍
天煞　14～23　甲
病符　父母宮　戌</td>
</tr>
<tr>
<td>破天天天天孤
軍貴福傷巫辰
得平旺平　平

絕
病符
亡神　54～63　丙
貫索　交友宮　寅</td>
<td>臺蜚
輔廉

墓
喜神
月煞　44～53　丁
喪門　官祿宮　丑</td>
<td>紫天天咸
微魁空池
平旺陷陷

死
飛廉
咸池　34～43　丙
晦氣　田宅宮　子</td>
<td>天文天鳳年
機曲刑閣解
平旺陷旺得
忌

身宮
病
奏書
指背　24～33　乙
歲建　福德宮　亥</td>
</tr>
</table>

星，說明降低一些價格，能談妥租出去。加會武曲、天相、天鉞、天府星，說明房款和合約都能辦成。

2、再看流月7月份在子位，其財帛宮在申，武曲、天相、天鉞、天廚、劫煞星，說明經過努力，房款和合約都拿到了。其田宅宮在卯位，文昌星坐宮，說明簽協定了。

3、**所以判斷：**租出去的時間在7月份。

【回饋】：

事後，求測者說，7月15日租出去了。

第十二節 問投稿、出版

例題1

【背景】：

求測者說，我從16年開始有名氣，近三、四年名氣上升，這次所寫論文能不能在核心期刊發表？過幾月發表？自己能力很強，一直被小人陷害，不會搞關係。

【預測】：

<table>
<tr>
<td>太陰 右弼 陀羅 天馬 旬空 天虛
陷 平 陷 平 廟 旺

官府 歲驛 歲破
26~35
福德宮
臨官 己巳</td>
<td>貪狼 文昌 祿存 天姚 封誥 龍德
旺 陷 廟 平
權
博士 息神 龍德
36~45
田宅宮
帝旺 庚午</td>
<td>天同 巨門 擎羊 地空 天哭 華蓋
不 不 廟 平 平 陷

力士 華蓋 白虎
46~55
官祿宮
衰 辛未</td>
<td>武曲 天相 文曲 天鉞 天傷 天巫 天廚 副截 劫煞 天德
得 廟 得 廟 平 廟 平
祿 忌
青龍 劫煞 天德
56~65
交友宮
病 壬申</td>
</tr>
<tr>
<td>廉貞 天府 紅鸞 副旬 陰煞 大耗 月德
利 廟 廟 陷 平

伏兵 攀鞍 小耗
16~25
父母宮
冠帶 戊辰</td>
<td colspan="2" rowspan="2">坤造 己亥 辛未 己未 戊辰 (日空子、丑)

1命宮； 2兄弟； 3夫妻； 4子女； 5財帛； 6疾厄
7遷移； 8交友； 9官祿； 10田宅； 11福德； 12父母

甲干 廉貞-太陽 乙干 天機-太陰 丙干 天同-廉貞 丁干 太陰-巨門
戊干 貪狼-天機 己干 武曲-文曲
庚干 太陽-天同 辛干 巨門-文昌 壬干 天梁-武曲 癸干 破軍-貪狼</td>
<td>太陽 天梁 左輔 天官 截空 破碎
平 得 陷 平 廟 平
科
小耗 災煞 弔客
66~75
遷移宮
死 癸酉</td>
</tr>
<tr>
<td>地劫 三臺 龍池 天月
平 陷 廟

大耗 將星 官符
6~15
命宮
沐浴 丁卯</td>
<td>七殺 天喜 天壽 天使 臺輔 寡宿
廟 陷 廟 陷 陷

將軍 天煞 病符
76~85
疾厄宮
墓 甲戌</td>
</tr>
<tr>
<td>破軍 鈴星 天刑 天才 天福 孤辰
得 廟 廟 廟 旺 平

病符 亡神 貫索
116~125
兄弟宮
長生 丙寅</td>
<td>火星 天貴 蜚廉
得 旺

喜神 月煞 喪門
106~115
夫妻宮
養 丁丑</td>
<td>紫微 天魁 解神 天空 咸池
平 旺 廟 陷 陷

飛廉 咸池 晦氣
96~105
子女宮
胎 丙子</td>
<td>天機 八座 恩光 鳳閣 年解
平 廟 不 旺 得
身宮
奏書 指背 歲建
86~95
財帛宮
絕 乙亥</td>
</tr>
</table>

1、先說吉凶，看看能否發表成功。

先看命宮，命宮是事情的主體。

命宮地劫、三台、龍池星，說明會多次投稿，有點墨水，但是這次難以成功。

2、再看官祿宮，天同、巨門陷落、擎羊星，說明不會被採用。

3、**所以判斷：**這次投稿沒有成功應期。

【回饋】：

2020年3月份，求測者說，沒有發表成功。

例題2

【背景】：

求測者說，文章提交給雜誌社兩個多月了，請看能被採用嗎？

【預測】：

1、先說吉凶，看看能否被採用。

先看命宮，命宮是事情的主體。命宮巨門化忌、旬空星，說明沒有通過、落空了。

2、再看官祿宮，天同平勢化權、右弼陷落、恩光陷落，說明難以受

<table>
<tr>
<td>巨左陀天天旬破
門輔羅廚月空碎
旺平陷　廟陷
忌
官府　　　　　臨官
指背　6～15　乙
白虎　命宮　巳</td>
<td>廉天祿紅咸天
貞相存鸞池德
平廟廟旺陷旺
博士　　　　　帝旺
咸池　16～25　丙
天德　父母宮　午</td>
<td>天擎寡
梁羊宿
旺廟不
力士　　　　　衰
月煞　26～35　丁
弔客　福德宮　未</td>
<td>七鈴解天
殺星神巫
廟陷不
青龍　　　　　病
亡神　36～45　戊
病符　田宅宮　申</td>
</tr>
<tr>
<td>貪臺副龍
狼輔旬德
廟　陷
伏兵　　　　　冠帶
天煞　116～125　甲
龍德　兄弟宮　辰</td>
<td colspan="2" rowspan="2">坤造　丁　癸　甲　甲 (日空辰、巳)
　　　酉　卯　午　戌

1命宮；2兄弟；3夫妻；4子女；5財帛；6疾厄
7遷移；8交友；9官祿；10田宅；11福德；12父母

甲干 廉貞-太陽　乙干 天機-太陰　丙干 天同-廉貞　丁干 太陰-巨門
戊干 貪狼-天機　己干 武曲-文曲
庚干 太陽-天同　辛干 巨門-文昌　壬干 天梁-武曲　癸干 破軍-貪狼</td>
<td>天右天地恩天
同弼鉞劫光哭
平陷廟平陷不
權
小耗　　　　　死
將星　46～55　己
歲建　官祿宮　酉</td>
</tr>
<tr>
<td>太三截天
陰臺空虛
陷陷平廟
祿
大耗　　　　　沐浴
災煞　106～115　癸
歲破　夫妻宮　卯</td>
<td>武天天天天
曲刑壽傷空
廟廟廟平陷
將軍　　　　　墓
攀鞍　56～65　庚
晦氣　交友宮　戌</td>
</tr>
<tr>
<td>紫天文天天天副大劫月
微府曲姚才官截耗煞德
旺廟平旺廟平陷陷
病符　　　　　長生
劫煞　96～105　壬
小耗　子女宮　寅</td>
<td>天火地龍鳳年華
機星空池閣解蓋
陷得陷平平得陷
科　　　　　身宮
喜神　　　　　養
華蓋　86～95　癸
官符　財帛宮　丑</td>
<td>破文天天封陰
軍昌喜使誥煞
廟得旺陷
飛廉　　　　　胎
息神　76～85　壬
貫索　疾厄宮　子</td>
<td>太天天八天天孤蜚
陽魁馬座貴福辰廉
陷旺平廟平廟陷
奏書　　　　　絕
歲驛　66～75　辛
喪門　遷移宮　亥</td>
</tr>
</table>

到雜誌社的支持，沒有發表。

3、**所以判斷：**沒有被採用的應期。

【回饋】：

事後，求測者說，沒有被採用。

例題3

【背景】：

求測者說，網路寫手，第二部書，能否順利簽約，以及上架以後能大賣嗎？

【預測】：

1、先說吉凶，看看能否順利簽約並掙到錢。

先看命宮，命宮是事情的主體。

命宮紫微、破軍、天鉞、恩光、

天貴、天德星，照天相、文曲、

<table>
<tr>
<td>祿紅天副大龍
存鸞才旬耗德
廟旺廟廟陷

博士
亡神　106～115　臨官
龍德　夫妻宮　丁巳</td>
<td>天左擎天
機輔羊廚
廟旺陷
忌
力士
將星　116～125　帝旺
白虎　兄弟宮　戊午</td>
<td>紫破天恩天寡天
微軍鉞光貴宿德
廟旺旺旺旺不廟

青龍
攀鞍　6～15　衰
天德　命宮　己未</td>
<td>右地天天
弼劫馬哭
不廟旺廟
科
小耗
歲驛　16～25　病
弔客　父母宮　庚申</td>
</tr>
<tr>
<td>太陀天旬天
陽羅月空虛
旺廟　陷陷

官府
月煞　96～105　冠帶
歲破　子女宮　丙辰</td>
<td colspan="2" rowspan="2">乾造　戊　丙　乙　乙(日空午、未)
　　　戊　辰　酉　酉

1命宮；　2兄弟；　3夫妻；　4子女；　5財帛；　6疾厄
7遷移；　8交友；　9官祿；　10田宅；　11福德；　12父母

甲干　廉貞-太陽　乙干　天機-太陰　丙干　天同-廉貞　丁干　太陰-巨門
戊干　貪狼-天機　己干　武曲-文曲
庚干　太陽-天同　辛干　巨門-文昌　壬干　天梁-武曲　癸干　破軍-貪狼</td>
<td>天
府
旺

將軍
息神　26～35　死
病符　福德宮　辛酉</td>
</tr>
<tr>
<td>武七天天天臺咸月
曲殺姚官福輔池德
利旺廟旺平　平

2019年
伏兵
咸池　86～95　沐浴
小耗　財帛宮　乙卯</td>
<td>太火解陰華
陰星神煞蓋
旺廟廟　平
權
奏書
華蓋　36～45　墓
歲建　田宅宮　壬戌</td>
</tr>
<tr>
<td>天天地龍天天
同梁空池使巫
利廟陷平平

大耗
指背　76～85　長生
官符　疾厄宮　甲寅</td>
<td>天文文天三八副破
相昌曲魁臺座截碎
廟廟廟旺廟廟不陷
身宮
病符
天煞　66～75　養
貫索　遷移宮　乙丑</td>
<td>巨鈴鳳天截蜚年
門星閣傷空廉解
旺陷廟陷陷　廟

喜神
災煞　56～65　胎
喪門　交友宮　甲子</td>
<td>廉貪天天天封天孤劫
貞狼喜刑壽誥空辰煞
陷陷旺陷旺　平陷
祿
飛廉
劫煞　46～55　絕
晦氣　官祿宮　癸亥</td>
</tr>
</table>

文昌、天魁、三台、八座星，說明很有才氣，能被發表上架。但是會有周折不順利。

2、再看官祿宮，貪狼陷落化祿、天喜、封誥、劫煞星，說明被官方打壓或者封存，取得的錢不多。

3、再看財帛宮，武曲利勢、七殺、天官、照天府星，說明因為被下架或者處罰等情況，掙錢不多。

所以判斷：這個小說還是很有才氣的，但是會有周折不利因素。掙錢不多。2019年這本書不太順利。

【回饋】：

11月28日，求測者說，今天簽約剛完成！2019年1月17日求測者說，本書簽約後，上架，收了一點錢，然後因為涉政被封了，收的是小錢。

例題4

【背景】：

求測者說，今年三月份申請了國家自然科學基金，能否中標？八月份會公佈結果。

【預測】：

1、先說吉凶，看看能否中標。

先看命宮，命宮是事情的主體。命宮破軍、天鉞、劫煞星，照天相、天刑星，加會貪狼化權、天魁星，說明希望破滅，沒能中

<table>
<tr>
<td>天右陀天恩天臺旬天
機弼羅馬光壽輔空虛
平平陷平平平　廟旺
長生
官府
歲驛　94～103　己
歲破　子女宮　巳</td>
<td>紫祿天龍
微存姚德
廟廟平
身宮
沐浴
博士
息神　104～113　庚
龍德　夫妻宮　午</td>
<td>擎天天華
羊才哭蓋
廟平平陷
冠帶
力士
華蓋　114～123　辛
白虎　兄弟宮　未</td>
<td>破天火天天副劫天
軍鉞星巫廚截煞德
得廟陷　廟　平
臨官
青龍
劫煞　4～13　壬
天德　命宮　申</td>
</tr>
<tr>
<td>七紅三副陰大月
殺鸞臺旬煞耗德
廟廟廟陷　平
養
伏兵
攀鞍　84～93　戊
小耗　財帛宮　辰</td>
<td colspan="2" rowspan="2">坤造　己　辛　庚　丁(日空子、丑)
　　　亥　未　申　亥

1命宮；2兄弟；3夫妻；4子女；5財帛；6疾厄
7遷移；8交友；9官祿；10田宅；11福德；12父母

甲干 廉貞-太陽　乙干 天機-太陰　丙干 天同-廉貞　丁干 太陰-巨門
戊干 貪狼-天機　己干 武曲-文曲
庚干 太陽-天同　辛干 巨門-文昌　壬干 天梁-武曲　癸干 破軍-貪狼</td>
<td>左鈴天天截破
輔星貴官空碎
陷得廟平廟平
8月份　帝旺
小耗
災煞　14～23　癸
弔客　父母宮　酉</td>
</tr>
<tr>
<td>太天文龍天天
陽梁曲池使月
廟廟旺廟平
科忌
胎
大耗
將星　74～83　丁
官符　疾厄宮　卯</td>
<td>廉天地天八寡
貞府劫喜座宿
利廟平陷平陷
衰
將軍
天煞　24～33　甲
病符　福德宮　戌</td>
</tr>
<tr>
<td>武天天天孤
曲相刑福辰
得廟廟旺平
祿
絕
病符
亡神　64～73　丙
貫索　遷移宮　寅</td>
<td>天巨天封蜚
同門傷誥廉
不不平
墓
喜神
月煞　54～63　丁
喪門　交友宮　丑</td>
<td>貪天地解天咸
狼魁空神空池
旺旺平廟陷陷
權
死
飛廉
咸池　44～53　丙
晦氣　官祿宮　子</td>
<td>太文鳳年
陰昌閣解
廟利旺得
病
奏書
指背　34～43　乙
歲建　田宅宮　亥</td>
</tr>
</table>

標。

2、再看財帛宮，七殺、三台、紅鸞星，照天府、加會貪狼化權、天魁，說明競爭白熱化，基金的願望被壓制或者被否決。

3、再看流月8月，在酉位，其官祿宮在丑位，天同巨門不旺、封誥、蜚廉星，說明沒有通過。

所以判斷：無法中標，8月份沒有獲得國家的基金。

【回饋】：

9月7日，求測者說，確實沒申請到。

例題5

【背景】：

求測者說，這本書投稿給某編輯能成嗎？

【預測】：

1、先說吉凶，看看能否投稿成功。先看命宮，命宮是事情的主體。命宮廉貞貪狼陷落、火星、旬空星，說明希望落空了。

2、再看官祿宮七殺、恩光陷落、武曲利勢，說明這位編輯不賞識你

<table>
<tr>
<td>廉貪火天旬
貞狼星馬空
陷陷得平廟
青龍　長生
歲驛　4～13　辛
弔客　命宮　巳</td>
<td>巨鈴解天副
門星神廚截
旺廟廟　廟
小耗　沐浴
息神　14～23　壬
病符　父母宮　午</td>
<td>天地天截華
相劫貴空蓋
得平旺廟陷
將軍　冠帶
華蓋　24～33　癸
歲建　福德宮　未</td>
<td>天天天紅天天天孤劫
同梁鉞鸞刑福空辰煞
旺陷廟廟陷廟旺平
權
奏書　臨官
劫煞　34～43　甲
晦氣　田宅宮　申</td>
</tr>
<tr>
<td>太擎天天副寡陰天
陰羊壽官旬宿煞德
陷廟廟旺陷陷　廟
忌
力士　養
攀鞍　114～123　庚
天德　兄弟宮　辰</td>
<td colspan="2" rowspan="2">坤造　乙　己　己　壬（日空辰、巳）
　　　未　丑　亥　申

1命宮；　2兄弟；　3夫妻；　4子女；　5財帛；　6疾厄
7遷移；　8交友；　9官祿；　10田宅；　11福德；　12父母

甲干　廉貞-太陽　乙干　天機-太陰　丙干　天同-廉貞　丁干　太陰-巨門
戊干　貪狼-天機　己干　武曲-文曲
庚干　太陽-天同　辛干　巨門-文昌　壬干　天梁-武曲　癸干　破軍-貪狼</td>
<td>武七恩
曲殺光
利旺陷
身宮
飛廉　帝旺
災煞　44～53　乙
喪門　官祿宮　酉</td>
</tr>
<tr>
<td>天左祿地八鳳蜚年
府輔存空座閣廉解
得陷廟平平旺　廟
博士　胎
將星　104～113　己
白虎　夫妻宮　卯</td>
<td>太天封
陽傷誥
不平
喜神　衰
天煞　54～63　丙
貫索　交友宮　戌</td>
</tr>
<tr>
<td>文陀天臺天龍
昌羅喜輔月德
陷陷廟
官府　絕
亡神　94～103　戊
龍德　子女宮　寅</td>
<td>紫破天破
微軍虛碎
廟旺廟陷
科
伏兵　墓
月煞　84～93　己
歲破　財帛宮　丑</td>
<td>天文天天天天咸大月
機曲魁姚才使池耗德
廟得旺陷旺陷陷旺
祿
大耗　死
咸池　74～83　戊
小耗　疾厄宮　子</td>
<td>右三龍天天
弼臺池巫哭
平平旺　平
病符　病
指背　64～73　丁
官符　遷移宮　亥</td>
</tr>
</table>

的作品，現實很殘酷。

3、所以判斷：這次投稿給某編輯難以成功。沒有成功的應期。

【回饋】：

2016年2月份，求測者說，沒成。

例題6

【背景】：

求測者說，自己寫了一本小說，請問何時能發表或出版（實體書，非網路）？

【預測】：

1、先說吉凶，看看能否出版。

我們看福德宮，三台、天鉞、天空、右弼陷落，說明感到多次投稿都沒有獲得幫助。

2、再看福德宮的官祿宮，在丑位，

<table>
<tr>
<td>天左祿八恩天天副副劫天
相輔存座光官月截旬煞德
得平廟廟平旺　廟廟　旺
長生
博士
劫煞　104～113　癸
天德　夫妻宮　巳</td>
<td>天擎鈴
梁羊星
廟陷廟
沐浴
力士
災煞　114～123　甲
弔客　兄弟宮　午</td>
<td>廉七地紅天寡
貞殺劫鸞壽宿
利廟平陷旺不
忌
冠帶
青龍
天煞　4～13　乙
病符　命宮　未</td>
<td>解天
神巫
不
臨官
小耗
指背　14～23　丙
歲建　父母宮　申</td>
</tr>
<tr>
<td>巨陀截旬蜚華
門羅空空廉蓋
陷廟陷陷　廟
養
官府
華蓋　94～103　壬
白虎　子女宮　辰</td>
<td colspan="2" rowspan="2">乾造 丙　辛　丙　丙（日空寅、卯）
　　 申　卯　午　申

1命宮； 2兄弟； 3夫妻； 4子女； 5財帛； 6疾厄
7遷移； 8交友； 9官祿； 10田宅； 11福德； 12父母

甲干 廉貞-太陽　乙干 天機-太陰　丙干 天同-廉貞　丁干 太陰-巨門
戊干 貪狼-天機　己干 武曲-文曲
庚干 太陽-天同　辛干 巨門-文昌　壬干 天梁-武曲　癸干 破軍-貪狼</td>
<td>右天三天咸破
弼鉞臺空池碎
陷廟廟旺平平
帝旺
將軍
咸池　24～33　丁
晦氣　福德宮　酉</td>
</tr>
<tr>
<td>紫貪地天天大龍
微狼空貴才耗德
旺利平旺旺不
胎
伏兵
息神　84～93　辛
龍德　財帛宮　卯</td>
<td>天火天封天
同星刑誥哭
平廟廟　平
祿
衰
奏書
月煞　34～43　戊
喪門　田宅宮　戌</td>
</tr>
<tr>
<td>天太文天天鳳天臺天年
機陰昌馬姚閣使輔虛解
得旺陷旺旺廟平　旺廟
權　科
絕
大耗
歲驛　74～83　庚
歲破　疾厄宮　寅</td>
<td>天天月
府喜德
廟陷
墓
病符
攀鞍　64～73　辛
小耗　遷移宮　丑</td>
<td>太文龍天天天陰
陽曲池福傷廚煞
陷得旺平陷
死
喜神
將星　54～63　庚
官符　交友宮　子</td>
<td>武破天孤
曲軍魁辰
平平旺陷
身宮
病
飛廉
亡神　44～53　己
貫索　官祿宮　亥</td>
</tr>
</table>

天府星，照廉貞化忌、七殺，說明作品被否絕，沒有被採用和出版。

3、**所以判斷：**還需要更多努力，努力提高作品品質，這本小說難以出版發行。沒有成功的應期。

【回饋】：

事後，求測者說，投稿多家出版社，沒有被出版。

第十三節 問懷孕、生產、生育

例題1

【背景】：

求測者說，備孕好長時間了。老公是在外地住，不常在一起住。備孕太煎熬了。請問，我現在懷上了嗎？

【預測】：

1、先說吉凶，看看能否懷孕成功。

天祿天天副副劫天 梁存壽官截旬煞德 得廟平旺廟廟 旺 臨官 博士 劫煞 2~11 癸 天德 命宮 巳	七擎鈴八恩解 殺羊星座光神 旺陷廟旺廟廟 冠帶 官府 災煞 112~121 甲 弔客 父母宮 午	地紅寡 劫鸞宿 平陷不 沐浴 伏兵 天煞 102~111 乙 病符 福德宮 未	廉天三 貞刑臺 廟陷旺 忌 長生 大耗 指背 92~101 丙 歲建 田宅宮 申
紫天陀天截旬蜚陰華 微相羅貴空空廉煞蓋 得得廟旺陷陷 廟 帝旺 力士 華蓋 12~21 壬 白虎 兄弟宮 辰	坤造 丙 庚 庚 甲(日空午、未) 申 子 寅 申 1命宮； 2兄弟； 3夫妻； 4子女； 5財帛； 6疾厄 7遷移； 8交友； 9官祿； 10田宅； 11福德； 12父母 甲干 廉貞-太陽 乙干 天機-太陰 丙干 天同-廉貞 丁干 太陰-巨門 戊干 貪狼-天機 己干 武曲-文曲 庚干 太陽-天同 辛干 巨門-文昌 壬干 天梁-武曲 癸干 破軍-貪狼		天天咸破 鉞空池碎 廟旺平平 身宮 養 病符 咸池 82~91 丁 晦氣 官祿宮 酉
天巨左地大龍 機門輔空耗德 旺廟陷平不 權 衰 青龍 息神 22~31 辛 龍德 夫妻宮 卯			破火天封天 軍星傷誥哭 旺廟平 平 胎 喜神 月煞 72~81 戊 喪門 交友宮 戌
貪文天鳳臺天天年 狼昌馬閣輔月虛解 平陷旺廟 旺廟 科 10月份 病 小耗 歲驛 32~41 庚 歲破 子女宮 寅	太太天天月 陽陰喜才德 不廟陷平 9月份 死 將軍 攀鞍 42~51 辛 小耗 財帛宮 丑	武天文天龍天天天 曲府曲姚池福使廚 旺廟得陷旺平陷 墓 奏書 將星 52~61 庚 官符 疾厄宮 子	天右天天孤 同弼魁巫辰 廟平旺 陷 祿 絕 飛廉 亡神 62~71 己 貫索 遷移宮 亥

先看子女宮，貪狼、文昌化科、鳳閣、天馬、台輔、天虛星，照廉貞化忌，合天同化祿，說明一個小女孩從另一個維度空間快馬加鞭來到了房內案前，也就是說受孕成功了。

2、再看子女宮的官祿宮，七殺、鈴星、恩光星，照武曲、天府、龍池星，說明權威確定有天使彪悍的入住瑤池了。

3、再看流月9月份在丑位，太陰天喜，說明婦女生產。流月10月的子女宮在亥位，天同化祿、天魁星，加會巨門、天機化權，說明已經有小朋友降臨了。

所以判斷：這次懷孕成功了。

【回饋】：

2月8日，求測者說，懷孕了，10月2日，求測者說，剖腹產女。

例題2

【背景】：

求測者說，預產期是1月19日，因為是二胎醫院請我11日、12日到醫院等安排剖腹，提前去醫院的。寶寶哪天生呢？好緊張。

【預測】：

1、先說吉凶，看看哪天能生產。

先看子女宮，太陽、巨門、文昌化科、天馬、鳳閣星，說明一個小女孩向著太陽飛奔而來了，

<table>
<tr>
<td>紫七祿天天副副劫天
微殺存壽官截旬煞德
旺平廟平旺廟廟　旺
博士
劫煞　2~11　絕
天德　命宮　癸巳</td>
<td>擎鈴解
羊星神
陷廟廟
力士
災煞　12~21　胎
弔客　父母宮　甲午</td>
<td>地紅天寡
劫鸞貴宿
平陷旺不
青龍
天煞　22~31　養
病符　福德宮　乙未</td>
<td>天
刑
陷
1月12日
小耗
指背　32~41　長生
歲建　田宅宮　丙申</td>
</tr>
<tr>
<td>天天陀截旬蜚陰華
機梁羅空空廉煞蓋
利廟廟陷陷　　廟
權
官府
華蓋　112~121　墓
白虎　兄弟宮　壬辰</td>
<td colspan="2" rowspan="2">乾造 丙 辛 癸 庚 (日空午、未)
　　 申 丑 巳 申

1命宮； 2兄弟； 3夫妻； 4子女； 5財帛； 6疾厄
7遷移； 8交友； 9官祿； 10田宅； 11福德； 12父母

甲干 廉貞-太陽　乙干 天機-太陰　丙干 天同-廉貞　丁干 太陰-巨門
戊干 貪狼-天機　己干 武曲-文曲
庚干 太陽-天同　辛干 巨門-文昌　壬干 天梁-武曲　癸干 破軍-貪狼</td>
<td>廉破天恩天咸破
貞軍鉞光空池碎
平陷廟陷旺平平
忌
身宮
將軍
咸池　42~51　沐浴
晦氣　官祿宮　丁酉</td>
</tr>
<tr>
<td>天左地八大龍
相輔空座耗德
陷陷平平不
伏兵
息神　102~111　死
龍德　夫妻宮　辛卯</td>
<td>火天封天
星傷誥哭
廟平　平
奏書
月煞　52~61　冠帶
喪門　交友宮　戊戌</td>
</tr>
<tr>
<td>太巨文天鳳臺天天年
陽門昌馬閣輔月虛解
旺廟陷旺廟　　旺廟
科
大耗
歲驛　92~101　病
歲破　子女宮　庚寅</td>
<td>武貪天天月
曲狼喜才德
廟廟陷平
病符
攀鞍　82~91　衰
小耗　財帛宮　辛丑</td>
<td>天太文天龍天天天
同陰曲姚池福使廚
旺廟得陷旺平陷
祿
喜神
將星　72~81　帝旺
官符　疾厄宮　庚子</td>
<td>天右天三天孤
府弼魁臺巫辰
得平旺平　陷
飛廉
亡神　62~71　臨官
貫索　遷移宮　己亥</td>
</tr>
</table>

會比預產期早一些到來。

2、再看流日1月12日（己亥）在申位，天刑星，照巨門、太陽、鳳閣、台輔、天月星，說明上手術臺生產。

3、再看流日1月12日（己亥）的子女宮在巳位，紫微、天德、天官，說明女兒來報到了，出生了。祿存劫煞，說明因為生女兒花錢等。

所以判斷：很快就會生產，比預產期早一些，1月12日多注意點。

【回饋】：

事後，求測者說，感謝，12日剖腹得千金。

例題3

【背景】：

求測者說，妻子做試管嬰兒，前三個月一直卵巢左側排卵，這一側正好有積水，所以觀察連續三個月均無法做，這次手術，試管嬰兒移植胚胎第七天了，是否懷孕了？不知道結果如何呢？

【預測】：

1、先說吉凶，看看受孕是否成功。

先看命宮，命宮是事情的主體。

<table>
<tr>
<td>巨祿火紅副大龍
門存星鸞旬耗德
旺廟得旺廟陷
博士 亡神 龍德
5～14 絕 丁巳
命宮</td>
<td>廉天文擎封天
貞相昌羊誥廚
平廟陷陷
力士 將星 白虎
15～24 胎 戊午
父母宮</td>
<td>天天鈴地三八天寡天
梁鉞星空臺座月宿德
旺旺利平廟平 不廟
青龍 攀鞍 天德
25～34 養 己未
福德宮</td>
<td>七文天天天
殺曲馬姚哭
廟得旺陷廟
小耗 歲驛 弔客
35～44 長生 庚申
田宅宮</td>
</tr>
<tr>
<td>貪陀天旬天
狼羅刑空虛
廟廟平陷陷
祿
官府 月煞 歲破
115～124 墓 丙辰
兄弟宮</td>
<td colspan="2" rowspan="2">乾造 戊 辛 癸 丙（日空寅、卯）
　　 戌 酉 丑 辰

1命宮； 2兄弟； 3夫妻； 4子女； 5財帛； 6疾厄
7遷移； 8交友； 9官祿； 10田宅； 11福德； 12父母

甲干 廉貞-太陽 乙干 天機-太陰 丙干 天同-廉貞 丁干 太陰-巨門
戊干 貪狼-天機 己干 武曲-文曲
庚干 太陽-天同 辛干 巨門-文昌 壬干 天梁-武曲 癸干 破軍-貪狼</td>
<td>天
同
平
將軍 息神 病符
45～54 沐浴 辛酉
官祿宮</td>
</tr>
<tr>
<td>太右地天天天天咸月
陰弼劫貴才官福池德
陷陷平旺旺旺平平
權科
伏兵 咸池 小耗
105～114 死 乙卯
夫妻宮</td>
<td>武天臺華
曲傷輔蓋
廟平 平
奏書 華蓋 歲建
55～64 冠帶 壬戌
交友宮</td>
</tr>
<tr>
<td>紫天龍解
微府池神
旺廟平廟
大耗 指背 官符
95～104 病 甲寅
子女宮</td>
<td>天天恩副破
機魁光截碎
陷旺廟不陷
忌
身宮
病符 天煞 貫索
85～94 衰 乙丑
財帛宮</td>
<td>破鳳天截蜚陰年
軍閣使空廉煞解
廟廟陷陷 廟
喜神 災煞 喪門
75～84 帝旺 甲子
疾厄宮</td>
<td>太左天天天天孤劫
陽輔喜壽巫空辰煞
陷不旺旺 平陷
飛廉 劫煞 晦氣
65～74 臨官 癸亥
遷移宮</td>
</tr>
</table>

命宮巨門、祿存、紅鸞、龍德、火星，說明家門家族可以薪火相傳了，也就是妻子受孕成功了。

2、再看子女宮，紫微、天府星，照七殺星，加會天相星，說明手術正規、嚴謹、順利，陰陽相遇結合，受孕成功。

3、**所以判斷：**妻子這次試管嬰兒受孕成功了。

【回饋】：

29月21日，求測者說，今天是妻子試管移植第十天，去醫院驗血懷孕了。

例題4

【背景】：

求測者說，我目前正在做試管嬰兒的手術，1月2日取卵的，因孕酮有點高不能移鮮胚，醫師說要「過兩個月後」看情況再決定。請看看我幾月份能移植成功？

【預測】：

1、先說吉凶，看看幾月份能移植成功。

先看命宮，命宮是事情的主體。

<table>
<tr>
<td>天祿紅副大龍
府存鸞旬耗德
得廟旺廟陷

博士 絕
亡神 5～14 丁
龍德 命宮 巳</td>
<td>天太擎解天
同陰羊神廚
陷不陷廟
權

力士 胎
將星 15～24 戊
白虎 父母宮 午</td>
<td>武貪天地天寡天
曲狼鉞劫壽宿德
廟廟旺平旺不廟
祿

青龍 3月份 養
攀鞍 25～34 己
天德 福德宮 未</td>
<td>太巨天天天
陽門馬刑哭
得廟旺陷廟

小耗 長生
歲驛 35～44 庚
弔客 田宅宮 申</td>
</tr>
<tr>
<td>陀三旬天陰
羅臺空虛煞
廟廟陷陷

官府 墓
月煞 115～124 丙
歲破 兄弟宮 辰</td>
<td colspan="2" rowspan="2">乾造 戊 乙 甲 壬(日空寅、卯)
戊 丑 辰 申

1命宮；2兄弟；3夫妻；4子女；5財帛；6疾厄
7遷移；8交友；9官祿；10田宅；11福德；12父母

甲干 廉貞-太陽 乙干 天機-太陰 丙干 天同-廉貞 丁干 太陰-巨門
戊干 貪狼-天機 己干 武曲-文曲
庚干 太陽-天同 辛干 巨門-文昌 壬干 天梁-武曲 癸干 破軍-貪狼</td>
<td>天火
相星
陷得
身宮

將軍 沐浴
息神 45～54 辛
病符 官祿宮 酉</td>
</tr>
<tr>
<td>廉破左地天天天咸月
貞軍輔空才官福池德
平陷陷平旺旺平平

伏兵 死
咸池 105～114 乙
小耗 夫妻宮 卯</td>
<td>天天八天封華
機梁座傷誥蓋
利廟平平 平
忌

奏書 冠帶
華蓋 55～64 壬
歲建 交友宮 戌</td>
</tr>
<tr>
<td>文恩龍臺天
昌光池輔月
陷平平

大耗 病
指背 95～104 甲
官符 子女宮 寅</td>
<td>天副破
魁截碎
旺不陷

病符 衰
天煞 85～94 乙
貫索 財帛宮 丑</td>
<td>文天天鳳天截蜚年
曲姚貴閣使空廉解
得陷廟廟陷陷 廟

喜神 帝旺
災煞 75～84 甲
喪門 疾厄宮 子</td>
<td>紫七右鈴天天天孤劫
微殺弼星喜巫空辰煞
旺平平利旺 平陷
科

飛廉 臨官
劫煞 65～74 癸
晦氣 遷移宮 亥</td>
</tr>
</table>

命宮天府、祿存、紅鸞、龍德星，合巨門、天馬、天哭星，說明肚腹中的種子走掉了。也就是沒有留住，沒有移植成功。

2、再看子女宮，宮氣陷落、龍池、天月星，說明子宮有點暗疾。龍池、台輔、天月、文昌星，合紫微、天喜、劫煞、天巫星，說明移植手術有點強硬和強制，也就是說時機不適合。

3、再看流月3月份在未位，其子女宮在辰位，陀羅、三台、陰煞、旬空、天虛星，照天機化忌、天梁星，說明需要多次手術，醫生技術不好等，也就是難以成功移植。

所以判斷：這次移植手術沒有成功。在今天之後的三個月之內不會成功。

【回饋】：

4月3日求測者說，沒有成功，未懷孕！

後語

時間和地球，地球與人事，互為因果，互為糾纏。地球把它感受到的能量傳遞給了人間，地球在宇宙中不好受了，那人間也就不好受了。

時間可以讓海枯石爛，可以讓你改變，一切都是過眼雲煙，只有時間的列車永不停息，你到站了，其實，時間的列車仍然在向前。

一切人事都是時間的作品，最偉大的是時間。

有預測需求的朋友，可以透過下面方式聯繫到我：

QQ：1801021669
電話：0086-19929203989
郵箱：sanheshanren@188.com

有償服務的主要項目有：
財運、官運、婚姻等預測；
男女合婚；
開業擇吉、婚姻擇吉等；
取人名或者公司名等。

國家圖書館出版品預行編目資料

紫微斗數定應期／三禾山人著.
－－第一版－－臺北市：知青頻道出版；
紅螞蟻圖書發行，2021.11
面　公分－－(Easy Quick；180)
ISBN 978-986-488-222-9（平裝）

1.紫微斗數

293.11　　110016852

Easy Quick 180

紫微斗數定應期

作　　者／三禾山人
發 行 人／賴秀珍
總 編 輯／何南輝
校　　對／周英嬌、三禾山人
美術構成／沙海潛行
封面設計／引子設計
出　　版／知青頻道出版有限公司
發　　行／紅螞蟻圖書有限公司
地　　址／台北市內湖區舊宗路二段121巷19號（紅螞蟻資訊大樓）
網　　站／www.e-redant.com
郵撥帳號／1604621-1　紅螞蟻圖書有限公司
電　　話／(02)2795-3656（代表號）
傳　　真／(02)2795-4100
登 記 證／局版北市業字第796號
法律顧問／許晏賓律師
印 刷 廠／卡樂彩色製版印刷有限公司
出版日期／2021年 11月　第一版第一刷

定價 320 元　港幣 107 元

ISBN 978-986-488-222-9　　Printed in Taiwan